普通高等学校学前教育专业系列教材

儿童性格涵养教学法简明教程

主　　编　赵先德
执行主编　夏竹筠
编　　委（按姓氏笔画排列）
　　　　　王建成　汤　志　张　博　杨　宁
　　　　　杨艳芳　陈绪龙　金　杰　易　容
编写人员（按姓氏笔画排列）
　　　　　马会兰　马鑫磊　王晓佩　田劲枝
　　　　　刘韶音　李桂玲　汪佳佳　陈　萍
　　　　　周玲敏　钱友莲　徐晋皖　雷　晨

复旦大学出版社

内容提要

本书以《关于实施中华优秀传统文化传承发展工程的意见》《中共中央 国务院关于学前教育深化改革规范发展的若干意见》《幼儿园教师专业标准(试行)》《3—6岁儿童学习与发展指南》的精神为指导，系统、详细地介绍了儿童性格涵养教学法这一以儒家文化为根基，以涵养幼儿良好性格为目的的系统教学方法的基本理论和实践策略，便于在校学生和教师了解与运用这一方法。其内容充分体现了扎根中国大地，构建有中国底蕴的启蒙教育理论和实践方面的研究成果，凸显了优秀传统文化在学前教育领域中的创造性继承和创新性发展。

本书分别从理论概述、一日常规活动、绘本和戏剧活动、美工活动、少儿太极、中华智慧感统区角游戏、家园合作共育等方面详细地对性格涵养教学法的核心概念、理论逻辑和实践方法进行了介绍。每一章都提供了重要知识点的聚焦和课后思考练习，并附有大量教学和游戏活动实施方案，实用易操作。

本书可作为各院校学前教育专业学生的教材，也可作为幼儿教师的进修培训用书。与课程内容相关的视频、音频资源均可通过扫描二维码获得；每一章均配有PPT教学课件，读者可登录复旦社云平台（www.fudanyun.cn）下载。

复旦社云平台
数字化教学支持说明

为提高教学服务水平，促进课程立体化建设，复旦大学出版社建设了"复旦社云平台"，为师生提供丰富的课程配套资源，可通过"电脑端"和"手机端"查看、获取。

【电脑端】

电脑端资源包括PPT课件、电子教案、习题答案、课程大纲、音频、视频等内容。可登录"复旦社云平台"（www.fudanyun.cn）浏览、下载。

Step 1 登录网站"复旦社云平台"（www.fudanyun.cn），点击右上角"登录/注册"，使用手机号注册。

Step 2 在"搜索"栏输入相关书名，找到该书，点击进入。

Step 3 点击【配套资源】中的"下载"（首次使用需输入教师信息），即可下载。音频、视频内容可通过搜索该书【视听包】在线浏览。

 【手机端】

PPT 课件、音视频、阅读材料：用微信扫描书中二维码即可浏览。

  扫码浏览

📖【更多相关资源】

　　更多资源，如专家文章、活动设计案例、绘本阅读、环境创设、图书信息等，可关注"幼师宝"微信公众号，搜索、查阅。

　　平台技术支持热线：029-68518879。

"幼师宝"微信公众号

序 PREFACE

"蒙以养正,圣功也。"无论是古代先贤的经典论述,还是近现代科学研究所取得的结论和进展,都越来越让人们认识到:童蒙时期的正确引导,对于个体发展、社会和谐和国家进步都具有重要价值。

站在全球文化交融渗透、创新变革与不确定性相伴而生的当下,中国的孩子需要什么样的启蒙教育才能立身于世界,才能面向于未来?这是一个应该基于对历史的纵向剖析和文化的横向比较,回归教育立德树人的根本任务来深入思考的问题。

回顾中国幼儿园课程建设的百年历史,我们实际上经历了一个不断向外求索的过程。尤其近40年来,在改革开放的背景下,我们面朝西方,展开了一系列的研究、学习和借鉴工作。这样的模式影响了我们将近30年,它在推动我国幼儿园课程改革的同时,也使得中国幼儿园课程的理念和实践在很大程度上浸润着西方的价值观。中国的孩子从小学习的是西方的生活习惯、生活方式,却忘记了我们自己的生活习惯、精神血脉,甚至忘记了自己的文化价值和文化底蕴。

中共中央办公厅、国务院办公厅于2017年初出台《关于实施中华优秀传统文化传承发展工程的意见》,明确提出中华优秀传统文化传承发展应"贯穿于启蒙教育、基础教育、职业教育、高等教育、继续教育各领域",并特别提出"编写中华文化幼儿读物,开展'少年传承中华传统美德'系列教育活动,创作系列绘本、童谣、儿歌、动画等"。这一号召,其实是对建构具有中国价值、中国立场、中国传统文化底蕴,适宜中国儿童的幼儿园教学体系和课程资源的殷切呼唤。它的实现,需要中国的学前教育研究者和实践者们将我们自己的精神血脉,中华文化独一无二的理念、智慧、气度和神韵贯穿到自身理论和课程构建的过程中,以符合儿童认知规律的方法促进幼儿的全面发展,奠定幼儿后继学习和终身发展的基础。

这一背景下,《儿童性格涵养教学法简明教程》的出版是令人欣喜的。这套教法体系立足儒家文化的优秀精神内涵,具有中国自身文化基因,符合学前儿童认知发展规律,传承中华精神血脉,有益于建立文化自信。

启蒙教育中的教育目标、内容和方法问题,是建构有中国底蕴、具中国特色的启蒙教育体系的关键问题。我们高度肯定中华民族独特精神标识在启蒙教育中的灵魂作用,但同时我们也坚信不遵循幼儿认知规律的做法会导致"掠夺式开发""拔苗助长"等灾难性后果。

从目标的角度看,儿童性格涵养教学法所强调的性格养正,其本质我认为是"立德树人"这一教育的根本任务在幼儿阶段的体现。它强调赋予我们的孩子"仁爱""专注"的特质,也凸显了浓厚的中国智慧。"仁"乃"德"的最高境界,它可表现在多个方面。教会幼儿心怀善意,有他人意识,他们才会懂得担当并知道如何与他人相处;"专注"则是一个人做事能成的智慧,所谓"君子结于一也",坚定专注体现了个体的学习品质和意志品质。

从方法的角度看,培养文化自信的启蒙教育,是切忌生搬硬套和复古化灌输的。我们需要以唤醒、激发、熏陶和浸润等方式,让幼儿接触中华优秀传统文化的思想理念和行为规范,在感知、体验和操作中养成良好行为习惯和学习习惯,从而从起点解决好人的培养问题。儿童性格涵养教学法中所采用的绘本教学、戏剧游戏和表演活动等,也恰好是以符合幼儿认知发展特点的方式,通过游戏的方法,将我们母体文化中的优秀成分,用以滋养幼儿的内心并形成外显行为。由此,"涵养"二字,颇为生动贴切。

任何一个新事物从诞生到完善,都必然经历一番阵痛。一个立足自身精神血脉又能够面向国际的教学法体系的构建过程,更是漫长而艰苦的,亦需要持续不断地向内审视、研究和优化。希望《儿童性格涵养教学法简明教程》的出版能够让更多的学生和教育工作者从理念到方法,认识和了解这套教法体系,亦参与到它的实践和持续建构中。

"人生百年,立于幼学"。幼年时期的启蒙教育,奠定了个体一生的精神血脉和精神家园。真诚希望,有更多的课程研究者和实践者参与到立足中国、面向国际的课程构建中来,为中国幼儿园课程"立根树魂",共同构建具有中国底蕴、中国风格、中国气象的启蒙教育体系。

霍力岩　教授
北京师范大学

前言

儿童的早期教育伴随着人类文明的发展不断演进。从以家庭和村落为中心的农耕社会过渡到工业文明为主的现代社会,幼儿集体保教的兴起是这种社会巨变最重要的标志之一。幼儿园的出现,为儿童通过模仿和与成人、同伴互动来促进个体能力的发展创造了更为有效的场所及条件。

应该说,全世界范围内幼儿园的兴起,为养育即将创造人类未来文明的孩子们,找到了更为科学的开端。但是,从1840年福禄贝尔(Friedrich Wilhelm August Fröbel)创办幼儿园之后的100多年里,人们对于在幼儿园这个场所里应该进行什么样的教育以及如何进行教育的问题,一直在研究。

无论是家庭教育还是园所集体教育,人们一直纠结于儿童早期的教育是知识的灌输重要还是行为习惯的培养重要,也就是我们所讨论的性格养成是否更重要这一问题。从众多的史料中,我们可以看到若干针对这一问题的现实个案。受到知识灌输的方仲永[①]最终未能成才的失败案例,与孟母教子重视环境影响、重视专注力培养的成功个案,让人们形成了共同的经验认知:童年早期,儿童行为习惯的养正,也就是对外在刺激相对稳定反应能力(性格)的形成,应该远远重于知识的积累。儿童性格涵养教学法正是从人类历史发展的长河当中,以教育的纵向发展视角和对无数个历史个案的观察,得出了这个结论。实际上,脑科学的快速发展、儿童发展心理学和社会学的诸多实证研究数据,也在从不同角度佐证这一结论。这一结论,正是儿童性格涵养教学法对于"学前教育到底培养儿童什么"这一目的性问题的思考,而且,这还并不是它最有价值的地方。它最有价值的地方应该是,在总结了受卢梭(Jean-Jacques Rousseau)的人文主义思想影响而形成的蒙台梭利(Maria Montessori)的教育思想,以及后期的各种流派的演变以后,不仅提出了0—7岁阶段教育的重要目的应该是养正儿童的性格这一鲜明的论点,并且从穿越2 000多年人类历史、对全世界文明产生了深远影响的儒家思想中,找到了培养儿童良好性格的方法。

16世纪意大利传教士利玛窦(Matteo Ricci)在中国传播天主教的时候,对儒家的思想有了深刻的认知和信仰,遂将《论语》翻译到欧洲,从而影响了伏尔泰等人,也影响了17—18世纪的欧洲启蒙运动。"民为贵,君为轻,社稷次之"的思想,以及"己所不欲,勿施于人"的处事原则,甚至成为启蒙运动时期最基本的人文准则。作为医学博士的蒙台梭利女士,恰恰是因为受到了卢梭等的人文主义思想的深刻影响,才产生了对于特殊儿童深入研究的兴趣,并于1907年创立了"儿童之家";在彼时的中国大地上,童蒙教育也无时无刻不在以儒家文化为基调的氛围之中实现着言传身教的浸润影响。尽管因个体差异,因个体文化氛围及区域(村落或小城)社会历史背景的不

---

① 出自王安石作品《伤仲永》,讲的是天资非凡的方仲永受后天教育环境影响而变得"泯然众人矣"的故事。

同而造就了千差万别的童年,但从二者的共性中,我们是能够看到儒家思想的影子的。

从儿童一生发展和儿童作为人类命运共同体的一员的角度来看,他们应该具备哪些良好的性格特质?教育要如何帮助儿童获得这样的性格特质?这是儿童性格涵养教学法在明确性格的重要性后深入思考的两个核心问题。对春秋时期的儒家思想内涵和对儿童身心发展规律的深入研究,以及近10年来的理论和实践探索,让我们充分认识到涵养式的教育才是养正儿童性格最有效的方法,也是我们认为最适合0—7岁儿童的方法所在。具体说来,就是要充分调动家长、幼儿园和社会共同的力量,创造一个充满爱意的正面环境,让幼儿在环境的刺激和成人适宜的引导下,促进他们大脑中关于仁爱意识和专注能力的神经元搭建模式的稳定建立,获得有益于他们一生发展的最宝贵的性格特质。

不仅如此,儿童性格涵养教学法为从业者在如何涵养性格的具体方法上给出了建设性的策略。通过游戏、绘本和手工活动、音乐律动、戏剧表演等方式,将幼儿发展中必须获得的语言、艺术、社会、科学、健康领域方面的营养有机地编织起来,不仅满足了五大领域的发展要求,更让幼儿在自然浸润的过程中得到性格的涵养。

值得一提的是,儿童性格涵养教学法中特别强调了高低结构不同的游戏对于幼儿产生的不同价值。我们既注重低结构游戏对于幼儿创造力、想象力和专注能力等的作用,也充分利用高结构游戏在培养幼儿规则意识、促进社会情绪情感能力、提升团队协作能力等方面的优势。因此,我们精选了儒家文化当中蕴藏着人类文明最宝贵的真理的故事,通过现代化、生活化、童趣化的改编,形成幼儿喜欢的戏剧表演活动,让幼儿在角色扮演中领悟这些思想并内化为相对稳定的行为习惯。

习近平总书记曾在2019年主持召开学校思想政治理论课教师座谈会时明确指出:"蒙以养正,圣功也。"同时,在人民大会堂出席纪念孔子诞辰2565周年国际学术研讨会上又着重提出儒家文化是中华民族的文化基因。强调青少年教育最重要的是教给他们正确的思想,引导他们走正路。在这个走正路的引导过程当中,要特别重视中华民族基因文化的现代化、创新性的运用。

在中国共产党第二十次全国代表大会的报告中,习近平总书记一方面对"推进文化自信自强"做了专门阐述,强调要"坚守中华文化立场,提炼展示中华文明的精神标识和文化精髓,加快构建中国话语和中国叙事体系,讲好中国故事、传播好中国声音,展现可信、可爱、可敬的中国形象";另一方面,再次明确科教兴国战略的重要地位,突出办好人民满意的教育之根本在于落实立德树人的根本任务。因此,在新的发展阶段,强化学前教育,加快建设高质量教育体系,必要求教育工作者扎根中国大地,踏实开展符合自身文化和国情的学术创新和实践。

儿童性格涵养教学法,正是基于对中国优秀传统文化内涵的深入研究,精粹提炼儒家文化中符合社会主义核心价值观的优秀成分,以符合儿童身心发展规律的方式,以涵养式的润物无声之方法,来达成以优秀文化润育健全人格的目的,并辅以具有中国传统文化特色的绘本故事、性格养正动画和特色游戏,为立德树人在学前教育阶段的落实提供了系统抓手。

这套教学法所提出的将学前期儿童的性格养正作为学前期教育的重要目标的理念,就是希望在儿童大脑神经元搭建最为快速、敏感的时期,在儿童心中种下真、善、美的种子,培养他们良好的习惯、启迪利他之心和培养专注能力,在富有爱意与正气的环境中实现性格的养正。这个目标的实现所依赖的基础是为儿童提供成长环境的家长和教师,是否能够成为"立德"之榜样,成为"树人"的积极滋养。这个目标所遵循的文化背景,就是以儒家文化为基因性特质的优秀传统文化的社会背景。这就要求,教授和学习此门课程的师生都需要首先有堂堂正正的人格和对儿童教育事业发自内心地热爱,对每一个儿童身心健康和人格健全培养由衷地关切。亲其师,才能信其道。因此,这门课的开设,对师生的思想政治素养、学识、人格表现和对中国优秀传统文化的素养都提出了较高要求,并也定会起到对教育者自身成长和人格健全的促进作用。

儿童性格涵养教学法适合不同层次的学前专业学生使用。对于本科学生,相信该体系的理论部分对他们研究儿童发展和教育理论,有着很好的启发与引导。对于高职和专科院校学生,教学法的实践部分,则适合他们实践操作。但是,无论理论研究还是保教实践,两者是不能割裂的,前者必须作为后者的指引,才能保证实践的适宜性和变通性。

促进儿童的成长和发展,必须要研究儿童的内在发展规律,才能够找到正确的方式。当我们赞美推动婴儿车的手就是推动世界的手的时候,我们更应该去研究、探讨,如何使这个摇篮里的婴儿能够感知到"这双手"所传递的经验,从而影响"婴儿"的行为习惯,使他们终身受益。

我们应该认识到,在人生的不同阶段开展相匹配的教育才是最为正确的教育,儿童性格涵养教学法当中提供的教育活动案例是可以在其理论的引导下进行拓展、完善和创新的。我也相信大家在完整了解了儿童心理学和教育学的相关理论之后,能够对该教学法提供的方法论进行有辨识性的应用,对提供的具体活动方案更能进行创造性的实践。

早在30多年前,聚集在法国巴黎的多位诺贝尔奖获得者,在讨论21世纪亟待解决的人类问题时,总结出的一个会议结论就是:要回到2 500年前的东方,向中国儒家思想的源头的孔子寻找智慧。儿童性格涵养教学法,本着扬弃的原则,对儒家文化进行了反复的筛选,并在近10年的实践应用中,于1 000例个案里归纳总结了教学实践经验,同时进行了观察和对比实验,相信我们的这些努力和总结,能够造福于人类的基础教育。其基本观点是学龄前儿童的教育最重要的目的是性格养正,特别强调了这一目的涵养式、浸润式的实现。该教学法自2017年通过中国教育学会的评审试用后,因既具操作性,又立足本土文化且兼具国际视野的理论支撑,获得广大幼教一线老师的认可,同时在国际性的学术交流会上获得海内外专家的高度评价。

在这套简明教程成书之际,我和参编的所有同人要衷心地感谢在理论创设方面给予我们鼓励的中国教育学会常务副会长杨念鲁先生,美国儿童发展研究会主席马克·伯恩斯坦先生(Mark Bernstein),美国《性格教育》杂志(*Journal of Character Education*)的创办人之一马尔文博士(Dr. Marvin W. Berkowitz),以及因为研究贫穷和暴力对于儿童性格影响,而获得哈佛大学终身荣誉奖项的琼斯女士(Stephanie M. Jones)等人对这套教学法的方法论的肯定。同时,要感谢在儒家文化现代化应用上给予了支持和肯定的华东师范大学的两位教授,朱家雄先生和周念丽女士。本书的成稿,是国家财政专项资金支持下,儿童性格涵养教学法课题研究取得的重要成果,也得到了2018年安徽省高等学校省级质量工程项目"学前教育实习实训中心"在儿童性格涵养教学法的实践路径子课题研究方面的支持,在此一并致谢。最后,要衷心感谢复旦大学出版社学前分社编辑部同人们辛勤的劳动和付出。

在二十大报告中,总书记有一句话令我和研究团队的同事印象深刻:"实践没有止境,理论创新也没有止境。"中华优秀传统文化源远流长、博大精深,是中华文明的智慧结晶,更是中国人民在长期生产生活中积累的宇宙观、天下观、社会观、道德观的重要体现。真切期望,儿童性格涵养教学法的理论创新和不断的实践探索,能够为这文化智慧的传承与创新从娃娃抓起而贡献一份微薄却恒久绵长的力量。

赵先德

目录 CONTENT

第一章　儿童性格涵养教学法概述 ·· 001
  第一节　儿童性格涵养教学法中的儿童观 ································· 001
  第二节　儿童性格涵养教学法性格概述 ···································· 008
  第三节　儿童性格涵养的原则和策略 ······································· 013

第二章　幼儿园一日常规活动 ·· 020
  第一节　一日常规活动与儿童性格涵养 ··································· 020
  第二节　一日流程中的常规活动安排 ······································· 024
  第三节　一日常规环节中的师幼互动 ······································· 038

第三章　语言教育之绘本活动 ·· 045
  第一节　绘本活动与儿童性格涵养 ·· 045
  第二节　绘本活动的设计与实施策略 ······································· 053
  第三节　绘本活动案例 ·· 062

第四章　领域融合之戏剧活动 ·· 072
  第一节　戏剧活动与儿童性格涵养 ·· 072
  第二节　戏剧活动的设计与实施策略 ······································· 077
  第三节　戏剧活动的具体开展 ·· 086

第五章　艺术教育之美工活动 ·· 092
  第一节　美工活动与儿童性格涵养 ·· 092
  第二节　美工活动的设计与实施策略 ······································· 097
  第三节　美工活动案例 ·· 107

第六章　健康教育之幼儿太极 ·· 112
  第一节　太极运动与儿童发展 ·· 112

第二节　学前儿童太极运动的教学方法 …………………………………………… 115
第三节　学前儿童太极实用课程详解 …………………………………………… 117

第七章　特色活动之中华智慧感统区角 …………………………………………… 133
第一节　中华智慧感统区角 ……………………………………………………… 133
第二节　中华智慧感统区角游戏的设计原则与实施策略 ……………………… 138
第三节　中华智慧感统区角游戏活动的具体开展——案例分析 ……………… 149

第八章　幼儿园、家庭合作共育 …………………………………………………… 162
第一节　家庭教育对于儿童性格涵养的重要作用 ……………………………… 162
第二节　家庭教育原则 …………………………………………………………… 167
第三节　家园合作的途径与案例 ………………………………………………… 171

主要参考文献 ………………………………………………………………………… 180

后记 …………………………………………………………………………………… 181

第一章 儿童性格涵养教学法概述

> **本章学习任务**
>
> 任务1:辨析"性格"一词,掌握儿童性格涵养教学法中对"性格"的定义。
> 任务2:能够从脑科学的角度阐述为何学前期是儿童性格形成的关键时期。
> 任务3:在见习实习中,通过观察和游戏材料投放、组织等环节尝试运用该教学法的基本原则。

儿童性格涵养教学法,是在科学认识儿童的基础上,以遵从儿童身心发展规律,尊重儿童成长的文化背景为前提,以儒家文化中符合核心价值观之优秀成分为指导,以涵养儿童仁爱、专注的良好性格为目的,强调涵养的环境营造和自然浸润式引导的系统教育方法。儿童性格涵养教学法的提出,是基于对儿童发展科学、教育科学、哲学和社会学等多学科视角的思考和对当代全球文化生态、教育现实的观察和剖析,同时也依托于对以往学者既有研究成果的辩证理解和自身多年的实践探索、总结。

一方面,在我国学前教育理论和实证研究受到西方学术思想和实践模式影响较大的当下,儿童性格涵养教学法希望尽力探索、构建一个扎根中国优秀文化基因,开放包容,具有国际视野的学前教育教学法体系,让优秀传统文化以适合学前儿童身心发展特征的方式进入幼儿教育过程中,为文化自信和文化自觉的真正落地而助力;另一方面,无论是中国历史上无数的先贤故事、典籍论述,还是具有代表性和影响力的诸如哈佛大学的格兰特研究(the Grant Study)、诺贝尔经济学奖获得者詹姆斯·赫克曼(James J. Heckman)博士关于学前教育投入产出比的计量经济学研究等实证研究都证明:一个受到关爱和良好教育的童年,之于个体幸福和成功,之于国家社会经济,都具有不可替代的重要作用。良好的家庭环境,优质的保教服务,在童年时期种在儿童们心中的爱的种子和培养起来的专注坚持的特质,这些不仅仅关乎儿童个体的未来,更关乎一个民族、一个国家的未来,乃至全球人类命运共同体的未来。

第一节 儿童性格涵养教学法中的儿童观

任何教学法的阐释,首先应当明确对其教育对象的认识和态度。儿童性格涵养教学法面向的主体,是学龄前的儿童(0—7岁),因此我们有必要先就教学法的儿童观进行一定的探讨。儿童观是指在既定时代和文化背景下,国家、社会、学校、家庭对儿童的基本认知和态度的总和,涉及儿童的特性、权利、儿童期的意义以及教育与儿童发展之间的关系等诸多问题。从小大人,到洛克的白板说,再到对儿童的发现,承认儿童是有能力的主体……如图1-1所示,不同历史阶段、不同学派的专家学者对"儿童观"的看法各有不同,而这些观点也都受到其所处历史时期社会政治经济状况、学术研究条件的影响。儿童性格涵养教学法中的儿童观,则在对前人观点的梳理基础之上,通过多学科的视角来看待儿童,具有多维性、综合性和现实性。

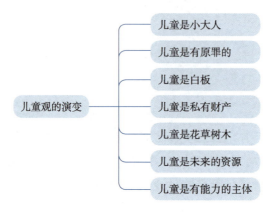

图1-1 儿童观的历史演变

一、儿童是自然的存在

(一)儿童身心发展有其自然规律

马克思(Karl H. Marx)说:"人直接是自然的存在物。"① 儿童期是人生的初始阶段,儿童当然直接是自然的存在物,其身心发展遵循着自然秩序。我们无法要求一个尚不能说出双词句的婴儿去背诵唐诗,更不能在学前期给幼儿讲解几何代数,因为他们正处于具体形象思维阶段。北宋历史学家司马光认为:"子能食,饲之,教以右手。子能言,教之自名及唱喏,万福安置。稍有知,则教之以恭敬长者,有不识尊卑长幼者,则严诃禁之。六岁,教之数与方名,男子始学书字,女子始学女工之初者。"② 意思是说,孩子能吃饭了,才断母乳,开始学着用右手拿筷子自己吃饭;孩子会说话了,才教他学会说自己的名字,然后学习面对尊长的时候,男孩儿能双手作揖,口念颂词,女孩会道万福;再大一点,懂点事儿了,才告诉他这些言语是在礼敬长者,并学习更多的礼仪;等到六岁时再开始学习书写和女红。上述例子都在传递一个讯息:儿童教育要发挥作用,必须遵循儿童身心发展的内在时间表。成人不能罔顾规律,为儿童提供超乎他们年龄发展特点所能吸收的经验和技能。

(二)儿童的自然力是其发展的内在动力

所谓自然力,从人的维度上来讲是人作为生命体的力量的外在表现。马克思说:"人以一种自然力的资格,与自然物质相对立。他因为要使用自然物质,采取对自己生活上有用的形态,乃推动各种属于人自身的自然力。"③ 也就是说,人作为一种有生命的自然存在物,为了自身的生存和发展,需要运用他本有的生命力加工在他之外的对象上。在儿童身上,这种自然力表现为:为了填饱肚子,他让嘴

---

① 卡尔·马克思.对黑格尔的辩证法和整个哲学的批判[M]//中共中央马克思、恩格斯、列宁、斯大林著作编译局.马克思恩格斯全集(第42卷).北京:人民出版社,1979.
② 司马光.居家杂仪[M]//费成康.中国的家族法规.上海:上海社会科学院出版社,2002.
③ 卡尔·马克思.资本论(第1卷)[M].郭大力,王亚楠,译.上海:上海三联书店,2009.

巴努力地哭号和吮吸;为了探索世界,他学会了转头、爬行、直立行走;为了得到父母的喜爱,他懂得了不打人、说谢谢……"这些力量作为天赋和才能,作为欲望存在于人身上"①。儿童的这种自然力是其发展的内在动力,恰当的儿童教育不能忽视这种源自生命内核的力量,也不应任其盲目发展,而要因势利导。

二、儿童是社会的存在

儿童作为一个生命体,有其自身发展的内在动力和固有的生长规律,但他的生存和发展并不是自然规律盲目起作用的结果,还受到周围社会及环境的影响。"每个单独的人都需要学习做人。在社会中生活,一个单独的人只靠他生来就具备的那些东西是不够的,他还必须掌握人类社会在其历史发展过程中所取得的东西"②。儿童的生存和发展只有置身于人类社会的环境中才能完成。

(一)儿童无法离开社会而生存

人类为了生存对同类表现出来的依赖性胜过其他任何动物。"今人固与禽兽、麋鹿、蜚鸟、贞虫异者也。今之禽兽、麋鹿、蜚鸟、贞虫,因其羽毛,以为衣裘;因其蹄蚤,以为绔屦"③。人和禽兽、麋鹿、飞鸟、爬虫这些动物是不同的。动物们利用它们的羽毛、皮毛抵御寒冷,利用它们的蹄爪爬树登高,相对而言,人的生存武器在从类人猿到人的进化过程中已经弱化。生物装备既已不足,只好通过后学的学习、人工创造的环境来获得"做人"的能力。

案例 1-1

> 1920年9月19日,在印度发现两个狼孩,分别为8岁和1.5岁。人们发现,她们不会和人一样直立行走,而是不会说话,像狗一般张大嘴巴喘气,借以散热降温。回到人类世界后,两人被分别取名为卡玛拉与阿玛拉。小阿玛拉不久即死于肾炎,卡玛拉在人类环境中用了7年时间学会了45个单词,用5年时间学会了直立行走,并慢慢有了高兴、伤心等情绪。卡玛拉一直活到17岁,但她直到死时还没真正学会说话,智力只相当于三四岁的孩子。

人们曾争论:类似卡玛拉与阿玛拉这样被野兽养大的狼孩、豹孩究竟算不算人?人类学的研究告诉我们,与动物相比,人的后代在子宫中并没有获得已经达到成熟的独立生存能力,如直立行走等都不是通过遗传而天生就可以具备的本领,而是需要人出生后去习得;如果没有进行这样的学习,那么他就可能像卡玛拉、阿玛拉一样,用四肢奔跑,张大嘴巴喘气。

从其现实性上来说,人的本质是一切社会关系的总和④。人的行为并非只受到本能指引,而是同时受到思想的指导;人的思想并不是天生的,是要在后天学习及受教育中形成,在人与人的交往过程中形成的。狼孩的自然属性、生理构造虽与一般人无异,但由于他们脱离了人类的社会环境,形成不

---

①④ 卡尔·马克思.对黑格尔的辩证法和整个哲学的批判[M]//中共中央马克思、恩格斯、列宁、斯大林著作编译局.马克思恩格斯全集(第42卷).北京:人民出版社,1979.
② 阿瓦涅索娃等.学前儿童教育学[M].杨艳敏,等译.北京:教育科学出版社,2004.
③ 墨翟.墨子[M].李小龙,译.北京:中华书局,2007.

了人所固有的特点,不能成为真正意义上的"人"。在这个意义上,我们认为,儿童不能离开社会而生存。

(二) 儿童无法离开社会而发展

儿童的发展同样只有置身于人与人的关系之中,在社会环境中才能完成。儿童的发展,包含生理和心理的诸多方面:儿童正常的生理发展,需要依托于其养育者和照料者的日夜照护和需求满足;儿童的语言能力发展,最直接的促进方式是与他人交流互动,无论是词汇还是语用能力;而儿童社会交往能力的获得是在与他人、与外部世界的互动中逐步实现的。儿童,是处在社会这个庞大关系体中的一个具备发展需求和潜力的,正在萌发的生命,他们从中吸收着各种成长的"养分",以获得自身不断的发展,进而走向成熟。

三、儿童是文化的存在

什么是文化？英国著名人类学家爱德华·伯内特·泰勒(Edward B. Tylor)在《原始文化》中说:"文化是人类在自身的历史经验中创造的'包罗万象的复合体'。"[①]它包括了物质的,以及精神的如知识、信仰、艺术、道德、法律、风俗、价值观等等。它对儿童而言,是居先存在的。儿童自降生后,就进入了一个特定的文化环境中,其由自然人向社会人的转变,是一个文而化之的过程。不同的国家有不同的文化,不同的文化造就了多样的儿童。

(一) 文化影响儿童外在的行为

文化环境影响着特定的动作技能,在特定的文化背景下存在着特定的动作风格。如"走"是任何文化背景下都存在的普遍动作,但走路的节律、振幅、步速在不同国度有着显著的差异。因此马塞尔·莫斯(Marcel Mauss)认为,不存在自然的走路方式,这个普遍存在的技能是通过文化传递和教育得来的[②];又如有研究者对我国上海儿童和美国丹佛儿童的动作发展进行比较,发现上海儿童的精细动作发展略早于丹佛儿童[③],而原因在于饮食习俗的差异。《礼记》中曾说:"饭黍无以箸。"在中国,筷子作为进餐工具的历史可以追溯到殷商时代。中国儿童4—5岁开始学习使用筷子,这极大促进了他们对手部小肌肉的控制与协调能力。

(二) 文化影响儿童内在的精神层面

文化的影响并不是固定在教育机构里按照一定严格的方式进行的"传授"活动,而是润物无声、自然而然发生的。人类学家将这一过程称为"濡化"[④]。"濡化"途径包括但不限于读绘本故事、看动画片、过节日、玩游戏、成人的教导……

以美日文化下的儿童为例来进行说明。文化人类学家威廉·考迪尔(William Caudill)通过比较美、日两国的育儿文化发现,两国婴儿在两种文化中的睡眠、喂养、换尿布的时间总量大抵是相当的,但是美国母亲喜欢教孩子多说话、多活动,日本母亲则倾向让孩子顺从大人,喜欢抱着孩子,或在摇篮中哄睡,安静休息;美国母亲把孩子看作单独个体,应该为自身生存而学会思维和行动,日本母亲则对

[①] 维克多·埃尔.文化概念[M].上海:上海人民出版社,1988.
[②][③] 董奇,陶沙.动作与心理发展[M].北京:北京师范大学出版社,2002.
[④] 濡化的概念由美国人类学家赫斯科维茨在1948年出版的《人及其工作》一书中首次提出。

孩子表现出"看管"心,主动去发现孩子需要或不需要什么,而不是引导孩子自我表达①。两种不同的育儿方式直接影响了美国儿童的独立性和日本儿童的依附性,如图1-2、1-3所示。

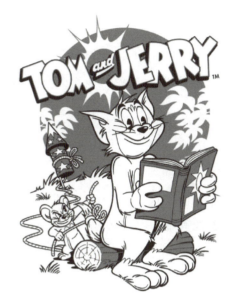 

图1-2　美国卡通片《猫和老鼠》②　　　　图1-3　日本卡通片《桃太郎》③

日本文化精神医学家江泗敬介(Keisuke Ebata)通过对美、日电视儿童故事内容的分析比较发现,在美国卡通故事中,当小动物受到来自大型动物的欺负时,小动物常常利用自己的聪明才智来反抗(例如《猫和老鼠》);在日本的儿童卡通故事中,当相似的状况发生时,小动物则多采取与其他小动物联合的方式,通过群体的合作来打败对手(例如《桃太郎》)。各国的卡通故事是受各国文化影响的成人所制作,用来濡化、浸润本国的儿童,向他们传递自己的价值取向。儿童从成人的引导方式、行为举止、社会对于不同行为给予的反馈、儿童媒体的宣传导向等方面建构起自己内心的道德准则和社会价值的判断,成长为特定文化系统中的一员。蓬生麻中,不扶自直;白沙在涅,与之俱黑。

综上,儿童教育应根植本土文化。如果说文化环境是无目的地、自发地影响儿童的外在动作、价值取向,而教育应当是有目的和方向的,那么,恰当的儿童教育就应是与文化环境相适应的,有目的地、主动地去涵养儿童,这样才可以最大限度地减少教育效果在社会环境中的耗散。陈鹤琴先生于20世纪二三十年代就曾感叹:"今日抄袭日本,明日抄袭美国,抄来抄去,到底弄不出什么好的教育来。"④霍华德·加德纳(Howard Gardner)也曾说:"一种教育模式或体系,无论怎样地理想化,它永远都置身于本土的环境之中。没有一个人能够把瑞吉欧的戴安娜幼儿园搬到新英格兰地区,也没有一个人可以把杜威的新英格兰学校搬到如旧罗马格纳这个地区。"赵人说赵语,楚人说楚语,文化从来就不是遗世而独立的,它从产生伊始便与群体的生活建立了深刻的联系。在教育上,脱离文化的根而去一味效仿其他国家的教育理论和实践,是不明智的,但这并不代表着不要去开放包容地学习和吸取他人长处,只是说教育的基础,从来都不能只有发展科学,而忽视了文化的基因性和社会的现实。

---

① S.南达.文化人类学[M].刘燕鸣,韩养民,译.西安:陕西人民教育出版社,1987.
② 图片来源于 https://www.photophoto.cn/pic/37614681.html。
③ 图片来源于 https://www.photophoto.cn/pic/10764429.html。
④ 陈鹤琴.陈鹤琴全集(第二卷)[M].南京:江苏教育出版社,1989.

在我们的教育理论和实践风潮中,实际上也存在着一定的跟风和钟摆现象,少了扎根于自身文化,深挖其对于教育的价值意义并在理论和实践上双向发展和实践的定力,如此一来,又如何能够谈教育的文化自觉?教育与文化之间,本身有着千丝万缕的密切联系,教育一方面既传承着文化,另一方面又反过来促进文化发展和创新。如果忽视这种关系,教育就如在真空之中发展。儿童性格涵养教学法的提出和不断探索,正是深深根植于中国优秀的传统文化之中,并以开放的视野,不断促进具备文化自觉、符合儿童身心发展规律、赋予儿童全面发展的"营养成分"的教法体系不断优化和向上生长。

四、儿童是自主的存在

受西方自由主义思想的影响,目前儿童教育界呼唤"儿童本位""儿童中心"的声音不绝于耳,有激进者甚至提出:儿童对自身的行动拥有绝对的话语权,他们甚至有不学习的权利;而成人只是"儿童世界"的"守夜人"。这无异于承认:儿童天生就知道应当如何融入人类共同的世界,成人应当被驱逐出儿童的教化队伍。在儿童性格涵养教学法看来,这种判断有失偏颇,也是对儿童自主性的一种误解。教学法对于儿童自主性的理解,主要包含以下两个方面:

(一)儿童渴望自由游戏

儿童的自主性,首先意味着儿童有支配与控制自己的权利和能力,有自我意识、会自我探索、能自我选择。玩游戏是儿童的天性,是其最基本的生活方式,儿童强烈渴望着游戏。在《缘缘堂随笔·随感十三》中,丰子恺这样描述游戏中的儿童:"当他热衷于一种游戏的时候,吃饭要叫到五六遍才来,吃了两三口就走,游戏中不得已出去小便,常常先放了半场,勒住裤腰,走回来参加一歇游戏,再去放出后半场。"的确,在幼儿园里,我们同样可以看到无数这样忘我投入的游戏场景。游戏中的儿童是那么专注,似乎永远不知疲倦!游戏中的儿童是那么富有想象力和创造力!

当儿童处于游戏状态时,行为是自愿、自主、自控的,这时他们心情愉悦,身体放松,注意力高度集中,他们对于外部世界的感知、判断和经验获得,也在游戏的过程中日渐丰富。但是,由于儿童本身身心发展水平较低,自我控制能力较弱,个人经验有限,纯粹从儿童自身的意愿、动机、兴趣出发,最终如何达到教育的规范性要求?儿童最终如何从游戏中获得成长?

尊重儿童的自主性,不要将儿童当作一个知识的容器,被成人规划着应该学什么、做什么;尊重儿童的自主性,也并不意味着完全放纵儿童的天性。教育者应该义不容辞地发挥自己的启发和教导功能,做到在尊重儿童兴趣和发展特点的基础上,为他们提供良好的环境、游戏材料和教育内容,并及时、适度地调整自己的教学引导,这才是真正的儿童在前,教师在后。

(二)儿童需要从自我意愿出发,自主拥抱社会规范

从自主性(autonomy)的词源上看,它蕴含着规范性的内容,即主体的行为不应是规范的,而应是合理的。克特·W·巴特(Kurt W. Back)说:每个新生儿都威胁着社会的秩序,它的生物潜能非常强大和不确定,任何社会都不会不加以引导而任其自由生长。成人(包括父母、老师及其他成人)要做的就是在儿童自由与社会规范之间架起桥梁,让儿童能从自我意愿出发,自主地拥抱社会规范。

案例1-2　错误示范

> 晚上,悦悦正在看电视,妈妈拿出新买的玩具,喊:"悦悦,我们来玩买菜的游戏吧!"悦悦开心地跑过来,好奇地观摩这套玩具。妈妈说:"你来卖番茄,我来买。如果一个番茄一元钱,我买两个番茄,该给你多少钱?"悦悦不假思索,脱口而出:"五元钱。"妈妈的脸瞬间"黑了":"不对,再重新算算。"悦悦有点儿不想玩这个游戏了,便跑到钢琴旁边敲击琴键。妈妈着急了:"悦悦,过来。我教你算术题。"①

在这个案例中,悦悦的自主性没有得到充分的体现。玩游戏的提议是家长提出的。整个游戏过程以家长为主导,儿童服从,家长通过示范、命令、评论、指派角色等行为与儿童互动。其实,儿童参加游戏活动是出于内在的动机,仅仅是因为游戏是好玩的。在家长导演的游戏活动中,我们看不到儿童对游戏的迫切需求,看不到本能的释放,看不到生命的激情。

案例1-3　正确示范

> 满满和弟弟正在客厅搭积木。他们决定搭一座彩色的城堡。妈妈在旁边看着。满满突然对弟弟喊:"哎呀,大笨蛋。我说的是红色积木,红色积木!"弟弟没说话。满满又喊:"大笨蛋,拿红色的积木给我。"弟弟哭了,说:"我不是大笨蛋。"妈妈扮演弟弟对满满说:"哥哥,我还不认识红色。你先教我认识红色吧。"满满说:"好吧。我是老师,来教你认识红色、黄色、绿色……现在请你听老师指挥,帮我拿个红色积木。"
>
> 妈妈愉快地捡起一块红色积木,递给了满满,并说:"哥哥,你该谢谢我。"
>
> 满满说:"谢谢。"
>
> 弟弟也捡起一块红色积木,递给了满满。满满说:"谢谢。"
>
> 就这样,满满负责指挥和搭建,弟弟和妈妈负责拿积木。一座歪歪扭扭的小房子建好了。②

当儿童行为表现不当时(说"大笨蛋"),成人以引导者、支持者、玩伴的角色介入,对其进行间接指导,推动游戏的自然发展,以儿童能够接受的方式实施自己的教育目的,引导儿童采取符合社会规范的行为方式。让游戏活动既符合儿童自由、自愿的原则,又能够让儿童获得他们成长中不同发展领域里"养分"的滋养,获得适应社会生活的能力。

综上所述,性格涵养教学法认为儿童是自然的、社会的、文化的、自主的存在。无论在理论研究层面,还是在现实社会生活和教育实践的场域中,单独地将儿童当作其中任何一种人,是行不通的。我们应当综合考虑儿童自然发展规律、内在兴趣和动机、文化环境和社会实际,以教师的专业智慧和良好的言行示范科学地引导儿童向上发展,为儿童提供良好的浸润式涵养环境。

---

① ②　案例源自深圳乐学乐园儿童性格养正研究中心个案观察记录。

第二节　儿童性格涵养教学法性格概述

一、"性格"定义

（一）从东西方文化和学术研究视角看性格的定义

我们首先梳理一下东西方学者对"性格"的认识，具体如图1-4所示。

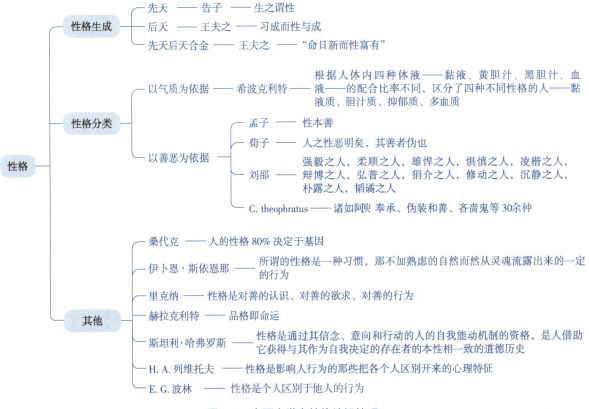

图1-4　东西方学者性格认识梳理

通过图1-4，可以清晰地看到：从性格形成的角度看，学者们或者认为性格是天生的，如告子直接将"性"定义为"生之谓性"；或者认为性格是通过后天教育得到的，即王船山所谓的"习性"；或者将其定义为"先天后天的合金"，如王船山的"命日新而性富有"，"性格"在人的生活实践中是一日日发展变化的。

从性格分类的角度看，学者们或者依据气质的不同来划分性格，如希波克里特根据人体内四种体液——黏液、黄胆汁、黑胆汁、血液——的配合比率不同，区分了四种不同性格的人——黏液质、胆汁质、抑郁质、多血质。或者依据道德的不同维度来描述性格，三国的刘邵在其著作《人物志》中将人的性格划分为12类：强毅之人，柔顺之人，雄悍之人，惧慎之人，凌楷之人，辩博之人，弘普之人，狷介之人，修动之人，沉静之人，朴露之人，韬谲之人。①

---

① 刘邵.人物志[M].梁满仓,译.北京:中华书局,2012.

后来，人们从精神病学、哲学、教育学、心理学、翻译学、语言学等角度不断拓展性格的内容，对于性格的描述也就越来越丰富，研究也愈加系统。20世纪初，美国心理学家Roback曾认为性格是个体在社会化过程中形成的一种稳定的为人处世的态度以及惯常的行为模式。1931年荣格提出了性格的生理划分，认为"力比多"是个体的基本心理能量，也是人的心理活动的基本动力，其流动和分布决定着不同的性格类型[①]。德国心理学家捷因（Th. Ziehen）把性格解释为个人的、比较恒定的一般情、意反应的总体。诚然，这些定义中，由于翻译的精确度、文化情境和研究话语体系的不同，有共性也有差异，其中共识的点是，"性格"之于个体发展具备一种基本的底层作用，且它是具有稳定性的，会体现在个体面对外部世界的各种"反应"上，性格具有综合性。

（二）儿童性格涵养教学法对于"性格"的理解

儿童性格涵养教学法定义性格为：个体后天由行为习惯习得而来的，对外部刺激相对稳定的反应能力。该定义特别强调性格中的仁爱和专注这两种核心特质对于儿童未来人生成就和幸福的基石性作用，而学前期正是帮助幼儿获得这两种特质的关键时期。

儿童性格涵养教学法认为，性格一旦形成，则具有相对稳定性。它的形成不是由遗传的生理因素或本能所决定，后天环境的影响和教育发挥着决定性作用，它是能够通过行为习惯的习得而获得的。

如果性格由遗传决定，那么儿女注定将成为父母的翻版，日后种种改变性格的努力都将以失败告终。中国明代哲学家王船山科学地在先天之"性"中加入了后天的内容"习"。习，甲骨文为習，由羽（羽，翅膀）和日（口，像鸟窝状）组成，本义为幼鸟在鸟巢上振动翅膀练习飞行，后被引申为演练、模仿。"习"的存在使各人原本相似的生性变得有了分别，王船山将两者明确称为生性——先天之性与习性——后天之性。生性是习性形成不可或缺的基础，生性在人的生活实践中发展变化，"孩提始知哭，旋知爱亲，长始知言，旋知敬兄"，"命日新而性富有"，逐渐形成习性。幼儿有自己内在的生理心理发育规律，教育者要尊重这一规律，在幼儿身心发育尚未成熟之前，要耐心地等待，不可拔苗助长；但是"性相近，习相远"，正是后天习得的习惯的形成和变化让人与人之间日渐产生较大的差异。

还需注意，性格的形成过程中，仍旧是体现了幼儿的自由意志的，环境和教育的引导与幼儿的主体性，这两者是一体两面的。幼儿会根据成人和周围环境的反馈来决定是率性而为还是压抑自己的意愿，以使得自己能够适应外部环境。因为对于来自环境的刺激，人类不像昆虫或其他动物那样触发反射性和机械性的反应，而是反复思考、计划、决策、处理资讯，以知识、情报和经验，来判断刺激的意义，选择应对方法，然后才去行动，这是一种刺激-思考-决策-行为的模式，是一种创造性、自主性的活动。通过不断与外部世界的互动，幼儿脑中特定的神经网络得到加强，使某种行为模式从大量的可能性中逐步脱颖而出，从而产生稳定的适应性行为。幼儿小小的身体里隐藏着各种可能，任何一种经历和事件都有可能对他们正在形成的性格产生影响，关键在于如何通过预设环境和给予正确的引导与反馈来进行启发和教育。儿童性格涵养教学法正是在努力寻求这样一种解决办法，在尊重儿童的自主性基础上，发挥环境中的"物境（物理环境）"和"人境（幼儿周围的同伴和成人）"的正向影响、积极引导、示范和反馈作用，共同帮助幼儿养成良好的性格。

（三）性格与"个性""品格""人格"的关系

在学术研究的过程中，我们总会发现一些学术概念的界定一直是众说纷纭的。不同的历史时期、

[①] 杨飞.赖希的性格理论研究[D].华中师范大学，2019.

不同的文化背景、不同的学科背景的学者在为一个概念下定义时,都会带有从自身视角出发的侧重和解读,而当这些概念在中文语境中还受到源自翻译的影响时,想要清晰、精准地对"品格""人格"和"个性"这些概念进行区分就会容易陷入"概念的丛林",遭遇剪不断理还乱的概念界定困境。但真正推动实践的研究,永远都不应当局限和受困于概念本身,回归概念的本质,回归我们当下所使用的中文学术话语体系,对其作出合逻辑的、合乎当下研究命题的阐释即可。

儿童性格涵养教学法认为,如果打破心理学、法学、哲学等这些时常使用上述概念的学科之间的边界,回归于这几个词本身的中文内涵,那么可以这样阐述性格与个性、品格、人格的关系:

"个性"是个体性格相对成熟之后,人们对个体某些区别于他人的特性的描述,是相对于"共性"而言的。个性的表现,往往具有一定的场景性,但仍旧源自一个人的性格底色。

"品格"是偏向于个体的道德品质的,它更具情感色彩。而儿童性格涵养教学法所定义的性格,是个体对外物、外部人际的综合反应能力,它既包含个人的一般心理特点和行为方式,也涉及个人对待社会道德规范的心理态度和行为方式。因此可以说,品格恰是个体性格中仁爱意识的外在表现。

"人格"在拉丁文最初的意思里,有"演员的面具"的含义,因此它从本源上就具有着外在表征性,不管是后来心理学家们描述的个体稳定的行为方式还是个体的人际过程,都是个体的性格作为底层能力的体现。两者在某种角度上是具有一致性的,在一些情况下可能被混用。

综上,无论我们对于个体的多方面特质的外部描述是什么,性格都是具有基本的底层作用和核心意味的,如果我们希望培养优秀的个性,闪耀光辉的人格和高尚的品格,那么去养正一个人的性格才是真正具有本源作用的。

二、学前期是性格形成最重要的时期

尽管性格是看不见、摸不着的,但却会影响个体面对外物时的决定和选择,影响一个人的认知模式、情感倾向、评价标准、行为模式。就像前文所述,它是具有底层驱动作用的。正如亚里士多德所说:"每一个人都在性格的指导下说话、行为和生活。"

1964年至2019年,英国导演迈克尔·艾普特(Michael D. Apted)执导并在ITV和BBC播出了一系列名为"人生七年(the Up Series)"的纪录片,共完成了9集(每7年1集),即《7 UP》《14 UP》《21 UP》……《63 UP》。纪录片跟拍记录了14位来自英国不同家庭背景的7岁儿童,包括4个女孩、10个男孩:其中5个来自上流社会,2个中产家庭,4个工人家庭,1个出身农村,2个来自孤儿院。经过55年的追踪拍摄,这部纪录片发现个体的事业、财富、家庭等多个方面,都会深深受到其童年时期的家庭出身、成长环境和教育的影响。而且在受访者的人生经历中,还能发现坚毅、勇敢、积极、向上等这些性格品质永不过时,它们会支持普通人更加卓越,也会使人在面对艰难时毫不畏惧。这些特质,也再次印证童年时期所形成的性格特质对个体人生的重要意义。

这个纪录片,不仅仅是一个视频作品,更是一个长期的、令人震撼的社会学个案研究。其中有一句话,更是令人深思。这个纪录片的导演在每一集的开头都会说:"让我带一个孩子到七岁,以后随你怎样带,随他怎样长,他会成为什么样的人已是注定(Give me a child until he is seven and I will give you the man)。"性格,就好像"居住"在我们的身上,可以跨越时间和环境,追随和影响人的一生,而它形成最重要的时期,正是在7岁之前。心理学和脑科学的研究也在不断探索和验证幼年时期的经历对于性格形成的重要意义。

从心理学角度看,学前期是儿童性格发展的关键期。"关键期"这一概念最初是由奥地利生态学家康罗德·洛伦兹提出来。他在对鸟类自然习性的观察中,发现刚孵出的幼鸟,如小鸡、小鹅等,会在出生后很短的一段时间内学会追逐自己的同类或非同类,过了这段时间便再也不能学会此类行为,这段时间被称为关键期。在关键期,特定事件会造成重大影响,对正在成长中的个体造成永久的、不可逆的结果。在儿童与周围环境不断互动的过程中,某种特定的行为模式从大量的可能性中逐步脱颖而出,从而产生的稳定的适应性行为,这一过程是不可逆的。在这一关键期,如能达到性格养正的目的,该儿童未来的行为也必然会自然而然地、相对稳定地符合社会规范;而那些性格中的缺陷和不足,在成年期则要耗费数倍的努力去调整和改变。正如荣格先生所言,"人的一生都在修正童年时形成的性格"。

从脑科学的角度看,幼儿的神经系统包含大量神经元,多于成人所需要的数量。随着幼儿在世界上经验的增加,它会刺激某些神经元之间建立起连接,而没有被刺激和使用到的神经元则会被剪除。在我们人生的最初几年,脑部的主要任务就是建立神经元之间的完善、快捷的交流网络。神经元与神经元之间传输信息的部位叫作轴突,轴突外部有一层脂肪般的物质叫作髓鞘,类似于电线外面包裹着的绝缘材料,提供保护并加速神经冲动的传递速度。当一个动作或行为不停地被刺激、被重复的时候,这些连接就会不停地产生,而特定的神经元搭建模式也在快速形成。髓鞘会不停地一层接一层地包裹,层数越多,信息传递的速度就越快,这个信息传递的速度就是行为和动作的应激反应速度。一旦完成上述过程,就形成了我们常说的行为习惯。人们不用思考,在一定情境下,就会很自然、下意识地做出这样或那样的反应,逐渐形成一种稳定的反应机制,这就是性格。在出生后的最初几年,神经元连接的可塑性是最大的。

同时,儿童性格涵养教学法的研究团队通过个案观察记录、调查问卷、家长访谈的方式,在近10年的时间内,对约1 000名1.5—7岁的儿童进行了个案记录、初步的比较和追踪。结果发现:这些从乐学乐园托育园开始就接受儿童性格涵养教学法引导的幼儿,他们自知自爱的能力、精细动作的发展、个人物品管理的能力和专注能力等方面,经入园前后对比,都表现出十分快速的进步和变化,在共情能力、与他人合作能力方面也多优于同年龄的幼儿的平均发展水平。更让研究者们惊讶的是,那些年龄越小,越早接触儿童性格涵养教学法实践的幼儿,在观察的指标中能够看到更加突出的能力表现[①]。可见在儿童期进行性格养正教育实践,确实能够为幼儿发展带来正向积极的引导,且年龄越小越容易达到预期效果。

综上,7岁之前是幼儿性格养正的关键期。抓住这一关键期,对幼儿的一生发展意义重大。"少成若天性,习惯如自然",在这一关键的年龄阶段让儿童感觉到爱、理解对自己和对他人的爱并习惯于感受专注游戏与学习活动的乐趣,才更能够让幼儿在未来人生和社会关系中,展现性格的魅力。

三、儿童良好性格的核心要素

新西兰学者琳达·鲍艾(Lynda Boyd)指出,好的性格在不同的时代、文化中,有不同的标准。诚然如此。在维多利亚时代的英国,一个拥有良好性格的人至少应展现出纯洁、节俭、整洁、虔诚和彬彬有礼。在美国拓荒时代,良好的性格则更多意味着勇敢、独立、智慧、勤奋和毅力。那么,在多元文化冲击及全球化背景下,一个现代中国儿童应具备的良好性格应包含哪些要素呢?儿童性格涵养教学

---

① 深圳乐学乐园儿童性格养正研究中心从2011年起,开始收集接受儿童性格涵养教学法引导的幼儿成长个案观察记录,通过轶事记录、前后对比观察、家长访谈结合观察的方式,收集了约1 000个案记录。

法,基于对发展心理学、文化学、社会学,尤其是对中国优秀传统文化的深入研究,认为现代中国儿童的良好性格,最关键的应该是要具备"仁爱"和"专注"这两个具备普世价值的核心要素。

(一) 仁爱

仁爱是让自己与自我、他人、社会和谐相处的智慧。"仁"是儒家学说的核心观念,从人从二,就表明了"仁"不是一个人的事情。每个人都处在一定的社会关系中,"仁爱"是处理社会关系的不二准则。仁爱以血缘的亲疏为基础,是先"亲亲",而后"仁民",再而后"爱物"的"差等之爱"。它有别于一视同仁,追求平等的墨家"兼爱"和基督教"博爱"。很明显,"仁爱"这种"差等之爱"实际上是遵守了自然原则,是自然情感发展的必然过程,从爱自己、爱亲人开始,扩而充之,到爱他人、爱万物。所以,在培养儿童的仁爱意识时,要注意遵照它本身的自然情感原则,尊重幼儿的身心发展规律,有计划、有目的、有层次地帮助幼儿养成仁爱意识。仁爱意识的养成,有助于幼儿很好地处理与自我、与亲人、与朋友、与自然界的关系,将为他一生的发展奠定基础。仁爱应该是每个儿童必修的智慧课程。

在儿童性格涵养教学法的实践中,教师该如何拆解和培养幼儿的仁爱之心呢?儿童性格涵养教学法认为仁爱应当分解为爱自己、爱他人和爱社会三个维度,分别对应儒家思想中"仁爱"所指的亲亲、仁民和爱物等方面,同时,这是由近及远,由儿童最直接的经验延伸到外部他人和社会的。基于这样具有实操指导性的拆解,儿童性格涵养教学法专用教案将这些内容融入了主题课程规划和一日常规流程的细节中,循序渐进而又具体地落实儿童仁爱之心的涵养(如图1-5)。

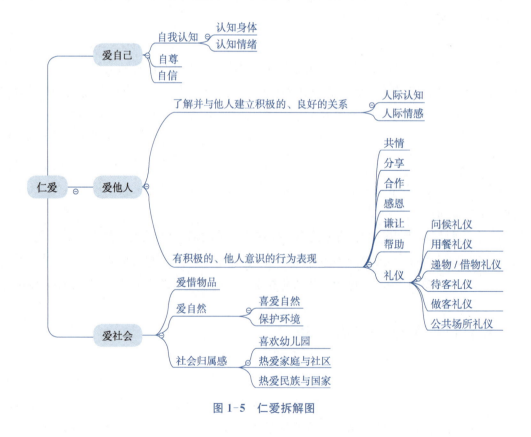

图1-5 仁爱拆解图

(二) 专注

专注是一种让自己身心愉悦和做事的智慧。心理学研究证明,如果一个人能够专注于某件事,身心就会处于和谐的安稳中,很容易引发一种超然舒缓的愉悦感。许多观察和实验都表明,注意力集中、稳定的幼儿,往往智力、情绪管理能力都发展较好;而注意力不集中、不稳定的孩子,往往智力、情绪管理能力都发展较差。谚语说,能够到达金字塔顶端的动物只有两种:一种是雄鹰;一种是蜗牛。雄鹰之所以能够到达是因为它拥有傲人的翅膀;而慢吞吞的蜗牛能够爬上去就是因为认准了自己的方向,并且一直沿着这个方向努力,这就是专注、恒心。实际上,专注之于个体做事能成的重要性,我们的先贤早有论述。譬如,《易经》中说,圣人因为有恒心,能够专注于一件事,所以能化成天下。普通人如果能够专注其事,也是通往圣人的途径。《荀子·劝学》中说:"目不能两视而明,耳不能两听而聪……故君子结于一也。"这都是在强调专注之于个体的重要性。实际上,儿童发展心理学近年来的诸多实证研究,也都证明了专注所需的自我调节、自我控制能力,对于儿童未来学业的成功,具有着较高的预测性。不仅如此,结合时代发展变化的特点来看,在这个信息爆炸的时代,对于儿童来说,寻找自己感兴趣的事物并在较长时间内凝聚注意力关注这一事物或者活动,一次只将精力放在一个目标或活动任务上,摒弃其他诱惑,这是一种需要培养的能力,是一切学习得以深入展开的先决条件。

儿童性格涵养教学法对"专注"这一性格特质也进行了拆解,认为它包括了乐学(体现专注的内驱性和兴趣的重要作用)、延迟满足、自我调节以及坚毅这三个方面。儿童性格涵养教学法既强调教师要创设适宜的环境和活动,激发幼儿的兴趣、培养乐学的品质,又重视幼儿在活动过程中的自我调节、自我约束和不放弃的能力及品质(如图1-6)。

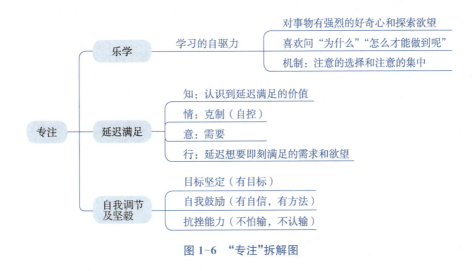

图1-6 "专注"拆解图

第三节 儿童性格涵养的原则和策略

一、儿童性格涵养的基本原则

儿童性格涵养教学法认为,性格对个体一生的发展发挥着如基石一般的作用;同时,在多样的性格特质里,仁爱和专注这两点特质,是在穿越千年、对人类文明的进步产生重大影响的儒学思想中,对个体性格培育而言最具有启发性、也最具备普世价值的两点,关乎个体在人与人的关系中生存的智慧,更关乎个体是否能沉心钻研,持续不断地探索和挑战的能力。无论是中国历史上数千年来的真实个案,还是西方在20世纪之后开展的诸多揭秘"幸福和成功人生密码"的研究,都用不同的话语、从不同的侧面不断印证着这两种基本特质对于个体一生发展的重要价值,这也是儿童性格涵养教学法创新地从中国优秀传统文化中为当代学前儿童教育寻找到的答案:强调站在个体一生发展的角度,去为幼儿打好他们未来幸福的底色。另一方面,无论是精神分析学派,还是行为主义流派,或者是对学前教育影响深远的认知流派和社会学习流派,都无一不认同童年时期是个体后来行为和反应模式形成至关重要的时期,儿童性格涵养教学法更加明确地将性格的形成作为学前教育阶段教育的基本目的,系统性地提出了帮助儿童形成良好性格的方法,这恰恰是儒家童蒙养正的最有利的明证。

同时,正如前文所论述的,大量对于个体发展的长期追踪研究,如格兰特研究(the Grant Study)这样具有代表性的研究以及发展心理学不同的流派对于童年经历的探索,如依恋和后续行为发展、原生家庭养育模式对于个体性格的形成等,都有一个共识:个体在童年时期的经历,或者说童年时期能否得到关注和爱,会对个体对人与人之间关系的认知、对外部世界的理解以及个体日后表现出来的行为反应模式产生巨大的作用。

这正是儿童性格涵养教学法引导幼儿获得良好性格的一个基础认识:如果一个孩子能在童年时期成长在充满爱意的环境中,他就能自然而然地从中获得爱自己、爱他人、爱周围的社会和自然的能力,从而也就能养成仁爱的良好性格,知道如何和世界相处,也就更容易获得幸福。

因此,儿童性格涵养教学法创造性地提出,帮助幼儿形成良好性格的方法应该是"涵养式"的。在我国传统文化中,"涵养"一词主要有两种用法:一是作名词,意为修养;二是作动词,意指滋润养育或者保持水分,这是涵养最为字面的意思。作为儿童性格涵养教学法方法论的"涵养"是作动词用的。它有三层意思:第一,为幼儿提供一个正面的成长和学习环境,让幼儿从头发梢到脚后跟都完完全全"浸泡"其中,帮助幼儿形成积极的性格;第二,这个环境具有有机性,家庭、园所、社区乃至更大范围的社会,都是幼儿获得良好性格的影响因素,它们彼此交织、相互作用,共同影响着幼儿的身心发展过程,而处于同一滋养环境下的不同个体,因其兴趣、选择不一样,其收获也是因人而异的,具有个体差异性;第三,性格涵养是以温柔的、润物无声的方式来传递和实现的,而不是强制的、粗暴的、灌输的方式,这一点,也符合了儿童的年龄发展和学习特点。

这里需要强调的是,在涵养儿童性格的过程中,以符合儿童身心发展特点的、现代化的方式渗透儒家文化中的优秀内涵,是营造充满爱意的涵养环境的必要条件,这就需要养育者和教育者,在教育内容的选择上依托于优秀的儒家文化内涵,做到精心、审慎而专业。这样做,既是儿童性格涵养教学法强调环境和教育引导对于人的性格形成的重要性的体现,又是对个体性格形成依赖于其所处的文化背景这一认识的重要体现。

那么,儿童性格涵养教学法在教育实践层面要遵循哪些具体的原则呢?

(一) 尊重儿童身心发展的规律,科学渗透教育中的文化要素

儿童性格涵养教学法强调,为学前儿童进行环境创设和运用儒家文化的精神内涵对他们进行教育引导,必须要尊重这一时期他们的生理、心理的发展特点和规律,尊重他们内在发展的顺序,不能够拔苗助长超前教学,更不能以教条的、强制灌输的方式来进行教育,这是儿童性格涵养教学法尊重儿童自然性、自主性的重要体现。成人应科学地把握学前期儿童各领域发展和性格发展的综合特点,提供涵养式的环境和保教引导,将去小学化真正落到实处。

1. 坚持以儿童的兴趣为驱动

兴趣是个体对某件事物、某项活动的选择性态度和积极的情绪反应,是儿童探索未知世界的动力,更是他们发展专注力的基石,因为一切持续自律的专注表现最初都源自个体的内在驱动。那么,

如何确保儿童性格涵养教学法在实践中能够尊重儿童的兴趣？

一方面，就像《幼儿园教育指导纲要（试行）》里指出的，幼儿园教育内容要"贴近幼儿的生活来选择幼儿感兴趣的事物和问题"。在儿童性格涵养教学法专用教案中，一切教学主题的选择和安排，既满足传递优秀儒家文化的内涵的指导要求，又依照幼儿的成长和亲身体验进行组织。譬如，培养幼儿具备仁爱意识中"君子爱物、爱生命和自然"的品质，在小班是进行"身边的动物朋友"主题探究，让幼儿从认识身边他们最感兴趣的小动物开始，跟小猫、小兔子交朋友，在教室里养蝌蚪，或者和原创绘本故事里必喜爷爷熬制出来的"糖蝴蝶"一起到森林去探险，萌发对其他生命最初的喜爱；在中班阶段，则是围绕着吼吼捡到的一只"特别的鸟蛋"并照顾和"孵化"了这个蛋的故事而展开，教师带领幼儿一起了解各种各样"奇妙的蛋"，初步认识生命发展的神奇旅程，还能和同伴一起画蛋壳、做手工，乐此不疲；进入大班这一主题探索的外延就更大了，在"拥抱大自然"的主题探索中，有对身边植物和动物的观察和探索，有尝试对"好狐狸、坏狐狸"的判断思考，还有各种亲近大自然的户外活动。儒家文化所指的"仁爱"，本身就是推己及人、由近及远的，这与幼儿兴趣的发展特点完全契合，也成为儿童性格涵养教学法系统教案设计的一个基本线索。

另一方面，通过精心的内容设计和材料投放激发幼儿的兴趣。例如，儿童性格涵养教学法中的中华智慧感统区角的玩教具对中国古代的六艺进行了现代化、低幼化的改造创新，是一套幼儿喜爱、独具特色的幼儿游戏支持系统。其中的投壶，即将箭投入酒壶中，是一种投掷游戏，也是一种礼仪，起源于春秋战国时期。古代投壶是要将箭投入很小的壶内，这对幼儿来说难度太大，儿童性格涵养教学法中将投壶与教学法体系内原创动画中的皮休形象相结合，变成了背靠莲藕的皮休（如图1-7），同时配以鲜艳的颜色，激发幼儿对投壶的兴趣。而且根据幼儿年龄特点设置了投杆和投球两种不同难易程度的投掷物，教师可以根据幼儿的发展程度来设置不同的游戏规则和投掷距离，还可以创设更多的投掷物给幼儿使用。幼儿在游戏中可以逐步提升上肢操控物体的技能，增强上肢力量，而且由于在投掷的过程中，幼儿需要眼看手掷，所以还同步培养手眼协调性及专注力，促进感觉统合能力的发展。

图1-7　皮休投壶

2. 重视具体形象的呈现与幼儿的直接体验

学前期儿童的认知发展，具有感知性、形象性和具体性的特点，因此儿童性格涵养教学法强调教学内容的呈现，应该更加直观具体，重视幼儿的已有经验和体验。在儿童性格涵养教学法的托育园和幼儿园的课程活动中，就有大量的生活体验、社会体验和戏剧体验活动。譬如腊八节时，教师会和幼儿一起制作腊八粥，一起品尝自己做的腊八粥；春分节气，教师和幼儿会一起尝试"立蛋"的小游戏，一起去挖春泥等。通过这些活动，幼儿不仅发展起好学、乐学的性格特质，还了解了传统的节日节庆文化。

关于儿童性格涵养教学法中的一些源自儒家经典的教学素材，儿童性格养正研究中心曾经做过一个实验，将60名5岁志愿者分为两组：研究人员为组一的幼儿讲了一个小故事《颜回吃粥》，并且大家一起把它编成了一出小戏剧进行表演，还一起唱了关于颜回吃粥的儿歌，最后告诉幼儿这个故事的寓意是"人不知而不愠，不亦君子乎"；而组二的幼儿被带领反复背诵"人不知而不愠，不亦君子乎"这句话，并且由研究人员告诉他们意思是君子不被人了解也不生气。7天之后，对60个志愿者进行回访,结果是:组一的幼儿基本上都能回想起当时的场景,并能清楚地说出"人不知而不愠,不亦君子乎"这句话的意思;而组二的幼儿则很少有人能够回忆起实验当天记住的那句话。这也再次证明了:教育内容本身的选择来自传统文化,并不会成为让幼儿不喜欢或者无法了解其内涵的理由,关键仍然在于教学引导的方式方法是否能够激发兴趣、重视体验,符合这一阶段幼儿的认知发展特点。

3. 循序渐进地推动幼儿的全面发展,实现性格养正

"或问读书之法,其用力也奈何?曰:'循序渐进。'"早在12世纪,南宋的朱熹就提出读书要根据自己的能力,由易到难,讲究次第。幼儿各方面能力的发展,是具有一系列的累积效应的。也就是说,幼儿在发展比较复杂的、抽象的能力之前,先发展比较简单的、具体的才能。每一项才能的发展,都是以已经习得的经验和能力为基础的。教育者在进行教学设计时,应充分认识到这一点,由易及难,以幼儿现有的知识经验为基础,科学地、由易到难地加入"一点点新的东西",帮助幼儿达到潜在的发展水平。以儿童性格涵养教学法中的玩具鲁班树为例(图1-8、图1-9),它可单独作为具备榫卯结构特色的区角玩具,也可以配合《特别的鸟蛋》绘本故事进行活动引导。最初,教师可以先让幼儿在读完绘本故事后,认识树上的鸟妈妈和鸟蛋,了解小树是鸟儿们的家,森林是鸟儿们的乐园,待幼儿兴致勃勃的时候,可以将鲁班树拆开,引导幼儿为鸟儿们重新拼插完整的小树,好让小鸟们回家,培养幼儿的共情意识,提升幼儿专注于某事物的能力。再比如,为了帮助幼儿感受仁爱意识中的"亲亲仁民"这一点,儿童性格涵养教学法就会引导幼儿从认识自己、学会爱护自己出发,再过渡到中班的"我爱我家"主题,感受来自父母家人的爱,并学会表达爱;最后到大班"谢谢每一个你"的主题,即幼儿向周围的为自己服务的各种职业的人表达感恩之心,由近及远,不断进行经验的提升。

图1-8 鲁班树

图1-9 鲁班树组成部件

需要阐明的是,尊重儿童身心发展规律,承认儿童是自然的、自主的存在,并不意味着儿童性格涵养教学法对儿童是放任自流的,恰恰相反,这种尊重需要教师具备更高的教育智慧,并悉心引导。正如本章第一节所阐述的,儿童除了是自然的存在,还是社会的和文化的存在。后天的环境创设和教育的引导,必须要考虑儿童所存在的社会背景和文化基因,发展科学不能成为学前教育理论和实践的唯一依据,真正能够为儿童一生幸福和发展谋福祉的教育应当是要充分重视教育的文化功能和社会功能的。在儿童性格涵养教学法的实践中,教师需要结合对儿童的兴趣、儿童的行为表现的观察,为他们创设充满爱意、涵养性情的良好环境;辅以由易到难的教学和游戏活动引导,将五大领域的发展要求和优秀的儒家文化内涵有机融入精心创设的游戏、绘本故事、手工、音乐律动、戏剧表演等环节中。

(二) 从物境到人境，全面构建儿童性格涵养的有机环境

前文已经提及，幼儿性格特征表现之一是易受环境的影响。好的教育环境本身就是幼儿的教科书和良师，通过熏陶、浸染的方式，影响幼儿的性格形成。春秋时期墨家创始人墨子看到有人在染丝，忍不住概叹："染于苍则苍，染于黄则黄，所入者变，其色亦变，五入必，而已则为五色矣。故染不可不慎也。"白色的丝进入青色的染缸，则成为青色；进入黄色的染缸，则成为黄色。每个幼儿来到这个世界上，都会不由自主地被环境所影响、所浸染。教育者当时刻牢记"染不可不慎"的箴言，有目的地的为幼儿创设充满爱意的、能够滋养他们身心发展的环境。

第一，根据幼儿的认知发展所处阶段的特点，幼儿是在他"看见"和"感受到"的环境中成长的，而不是在成人的说教中成长的。幼儿自己看到的物理环境是否有序、整洁，感受到的来自成人的言语和行为是否温暖、亲切平等、谦和有礼，远胜于成人刻意教给他们什么，所谓身教胜于言教。因此，成人需要在"物境"和"人境"方面都做到能够渗透真、善、美，以身作则，为幼儿创设滋养他们生命的有机环境。

第二，在提供涵养环境和教育引导的过程中，要注意把握幼儿爱模仿的特点，帮助幼儿内化仁爱意识和行为。因为幼儿在通过自己的模仿去理解他人的同时，也会通过这种方式来感受他人的内心活动，从而塑造自己的性格。比如，在儿童性格涵养教学法教案中，《幸福村的舞会》这个故事讲的是皮休独自打扫了舞会会场，最终累得睡着了，而小伙伴们知道后贴心地为它准备了漂亮的新装。在进行教学环境布置时，教师特意利用彩带、花束等材料将教室布置为幸福村舞会的场景。活动中，幼儿可以模仿皮休打扫会场，还可以模仿小白兔、小松鼠等角色为皮休准备新衣。在这样轻松有趣的游戏情景中，在与教师、同伴的积极交流和互动中，"仁爱"的意识已经悄悄地在他们心中生根发芽了！

第三，要清晰认识到幼儿专注力有限，无意注意占优势，容易受到无关因素干扰的特点。在环境创设时，注重环境的安静而有序；环境投放的玩具和游戏材料要能够激发幼儿的兴趣和探索欲。因为对于幼儿来说，兴趣和情绪很多时候是影响他们专注力是否能持久的重要因素。当然，现实生活世界是一个处处充满诱惑，时时有外来干扰的环境，教育者要有效调控环境中的各种要素，还要注意不能让自己成为幼儿专心工作时的打扰源，给予幼儿专注游戏和探索的足够空间与时间。

第四，应明确在涵养环境的构建中，涵养性格的"人境"的重要组成部分不仅仅包括幼儿的父母、教师、同伴，也包括幼儿所处的园所、社区、他们生活中所能够接触到的各种社会职业角色，乃至整个国家和社会，这些都会对幼儿的性格养成产生影响。因此，在儿童性格涵养教学法的具体实施中，充分调动幼儿生活世界里的不同人员和资源为幼儿提供好的榜样作用、积极的言行引导，同时与之共建温暖的关系，使得幼儿"目见正事，闻正言，行正道，左视右视，前后皆正人"，才是儿童性格涵养教学法不仅于儿童教育，也是于未来社会的美好意愿。

二、儿童性格涵养教学法的系统实践策略

儿童性格涵养教学法中的实践，是以"儿童性格涵养教学法体系"为实现载体的。它是在《3—6岁儿童学习与发展指南》框架下，以"儿童性格涵养教学法"为理论核心，以与之相配套的理论教程、0—7岁学前儿童教学和游戏资源与材料、独具特色的中华智慧感统区角、教师专业成长体系等为教育载体的一套旨在养正儿童良好性格的完整系统；《巧手鲁班》性格教育主题动画片，则是儿童性格涵养教学法体系的大众普及传播辅助与补充，让学前儿童在充满兴趣地观看优秀原创绿色动画的过程中，潜移

默化地获得智慧启迪,克服困难,收获成长。从理论到教师策略,再到具体的课程资源载体和具备大众传媒性质的绿色原创性格养正动画,彼此支撑构建起了一个系统的教学法体系,也为教育者提供了具体的落地支持。

从托育园和幼儿园的保教实践入手,儿童性格涵养教学法的系统实践主要包含以下五个方面,也是本书在后续的章节会逐一详细展开介绍的。

(一)建立从家庭到园所再到社区的有机涵养环境

涵养环境的创设,需要人境和物境的有机结合,为幼儿创设充满爱意、积极回应和正面引导的环境,需要教师的推动和引导,但同时更需要家长和社区的共同参与。因此,在儿童性格涵养教学法的实践过程中,园所需通过多种途径和形式,开展家园合作共育工作,借助家长课堂,以教学法主题课程为线索开展的亲子活动和家长委员会等,帮助家长了解性格涵养的重要意义和方法,并通过对社区资源,如志愿者、地方博物馆、当地特色公园等的整合运用,为儿童性格的涵养提供充分的既结合幼儿生活经验,又有益于优秀传统文化和地方文化创造性继承、创新性发展的环境和养分。

(二)通过一日常规活动的引导,培养幼儿良好的行为习惯

良好行为习惯的建立,是个体形成稳定的性格特质的基础,而行为习惯的培养,应该是渗透在幼儿的一日生活环节之中的,可以通过园所一日常规活动的引导来实现。由于学前期的儿童具有好模仿和爱重复的发展特点,儿童性格涵养教学法建议教师通过规范一日流程,在来园问好、论语诵唱、排队、用餐等环节中,为幼儿树立良好的榜样,并引导幼儿自觉愉悦地拥抱规则,文明、重礼。

(三)以绘本故事和戏剧活动为主要途径,涵养幼儿的仁爱之心

故事和戏剧,是对人类进行情感表达和在模仿中进行内化的极佳载体与途径。儿童天生是喜爱听故事的,也天生是喜爱模仿和假装的。通过戏剧游戏和表演,他们可以认识自我,了解他人和认知社会。在教学法提供的课程资源中,从托育园到幼儿园,每一个主题活动都涵盖了一些引导幼儿具备仁爱之心,尤其是培养他人意识、懂得爱己爱人的故事。通过读绘本,看 Flash 动画,开展戏剧游戏和表演活动,在幼儿内心种下真、善、美的种子。例如,儿童性格涵养教学法中有一个叫作《不吃面包的猫妈妈》的故事,讲的是巧手鲁班和伙伴们,遇到了一只骨瘦嶙峋的猫妈妈,他们将自己喜欢的面包分享给了猫妈妈。虽然这只大猫非常饿,但是它并没有吃,而是将面包带给了自己的猫宝宝。但是猫宝宝并不吃面包,因为它们才刚出生没多久,它们只喝母乳。后续幼儿们想了各种办法来帮助可怜的猫妈妈和猫宝宝。儒家文化中的"亲亲、亲人、泛爱众"的仁爱思想,博大精深,对幼儿而言不容易理解,但是这个故事则将仁爱意识转化为故事主人公巧手鲁班对小动物的关爱和猫妈妈对猫宝宝的呵护。这样贴近幼儿实际生活的"仁爱",才更易理解,让幼儿初步认知亲人之间的情感,培养幼儿关爱他人的意识,启蒙幼儿的感恩之情。同时,儿童性格涵养教学法创编了多个取材自《论语》智慧,适合幼儿演绎的剧本,如《阳虎问路》《子路染布》《颜回吃粥》等,让幼儿通过对情节的理解,对角色言语、动作的表达表现,能够理解"德不孤,必有邻""知之为知之""人不知而不愠"等道理。

(四)通过美工活动和独具匠心的木玩,帮助幼儿培养审美和专注力

在儿童性格涵养教学法提供的教学资源中,有大量具有中国传统文化特色和审美,蕴含中国特有的工匠智慧的美工活动,譬如自制吹龙、做风筝、刺绣中华母亲花"萱草花"等,更有融入了榫卯结构,

难度逐步提升的鲁班树、鲁班球等玩具。通过这些活动,幼儿不仅可以在动手操作中了解中国优秀的文化意蕴和形式,更可以在解锁木玩、挑战自己的过程中发展专注力。

(五)通过幼儿太极,辅助幼儿仁爱之心、专注之性的培养

良好性格的培养需以健康的身体为基础。太极运动作为一项讲求天人合一、沉稳平和、老少皆宜的运动,被引入儿童性格涵养教学体系之中,用以辅助幼儿性格的涵养。它虽是武术,却不重攻击,重视以柔化刚,这恰是仁爱意识在武术中的一种精妙的体现。同时,它侧重眼随手动、心手合一,于平缓中正之中逐步促进幼儿专注力的发展。将幼儿太极与儿童性格涵养教学法中其他的实践策略相结合,便能够从身心全面发展的角度,动静交替,全面提供涵养环境与引导。

综上,儿童性格涵养教育体系乃是立足于中国优秀的儒家文化,通过性格养正动画片、原创绘本等儿童感兴趣的、能接受的方式来讲故事,利用一日习惯的培养、美工、戏剧、区角游戏、太极等具体途径和策略让仁爱之心和专注之性在幼儿心中生根发芽,让优秀传统文化故事化、游戏化、生活化和现代化。帮助儿童在体验和操作之中,在与自己、与他人和社会的积极互动中,最终实现养正良好性格,走向美好未来人生的目的。

📝 思考与实训

模块一:思考任务

1. 儿童性格涵养教学法如何看待儿童?
2. 儿童性格涵养教学法中强调哪两种核心的积极性格特质?如何理解这两种特质?
3. 儿童性格涵养教学法的原则和策略是什么?
4. 办好人民满意的教育,全面贯彻党的教育方针,落实立德树人的根本任务需要从娃娃抓起。请结合对儿童性格涵养教学法基本理念和策略的理解,谈谈该方法是如何在幼儿教育阶段结合中国优秀传统文化的精神内涵,落实立德树人的?

模块二:实训任务

根据本章所学内容,在园所实践中了解和观察所处幼儿园的家园共育工作现状,结合实际撰写一份该园所家园共建涵养式环境的案例分析。具体写明该园所已经采取了哪些家园共育措施,还有哪些可以优化,以形成有机、一致的涵养环境。

第二章 幼儿园一日常规活动

> **本章学习任务**
>
> 任务1：厘清个体行为习惯与性格养成之间的关系。
> 任务2：理解儿童性格涵养教学法中幼儿在托育园和幼儿园的一日常规活动原则。
> 任务3：能够运用本章中的一日常规具体策略和流程来组织幼儿的特定常规活动。

第一节 一日常规活动与儿童性格涵养

一、行为习惯与儿童性格的养成

在学龄前期，无论是托育园所的一日保教流程实施，还是幼儿园里的常规习惯培养，都涉及婴幼儿一日生活的各个环节，是集体教育场景下，为幼儿提供全面的行为规范引导的重要途径。《幼儿园教育指导纲要(试行)》《3—6岁儿童学习与发展指南》中都明确提出，要帮助幼儿"培养健康的生活态度和行为习惯"，其中"习惯"作为每个儿童个体自然而然地对外部事物做出的表现，贯穿在了幼儿每天来园、离园、用餐、盥洗、睡眠等各个环节，在日复一日的重复和积累中不断内化和稳定。

美国著名社会心理学家亚伯拉罕·马斯洛曾(Abraham H. Maslow)在《动机与人格》一书中说："心若改变，你的态度跟着改变；态度改变，你的习惯跟着改变；习惯改变，你的性格跟着改变；性格改变，你的人生跟着改变。"英国作家威廉·萨克雷(William M. Thackeray)说："播种行为，可以收获习惯；播种习惯，可以收获性格；播种性格，可以收获命运。"这两句话充分地表达了行为习惯之于性格和性格之于个体一生的重要意义，也基本阐明了儿童性格涵养教学法对于行为习惯培养在良好性格养正过程中重要地位的认识(如图2-1)。

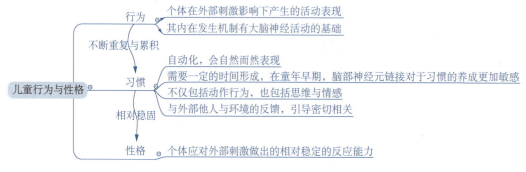

图2-1 行为习惯与性格

性格是心理活动的外在体现,而心理活动则是大脑活动的产物。在人类大脑中,构成神经系统的细胞,被称为神经元。它们负责传递和接收神经冲动,也就是大脑的信息。人脑中大约有1 000亿个这样的神经元,正是它们构成了筑造大脑的砖石。人的每一种感觉、每一次思考和每一个动作与行为都可以追溯到神经元。神经元彼此之间进行连接,就会产生突触,它是神经冲动从一个神经元进入另一个神经元必须要经过的细小空间①。通过突触的不断生成和变化,大脑的网络结构就不断形成,有趣的是,突触的发生,在出生后的两年里,以最快的速度在形成,脑的总重量也随之增加了两倍。但是,突触的增长是遵循"用进废退"原则的,在随后的发育过程中,那些没有被刺激或者使用到的突触会被不断清理和剪除,使得神经系统更加有效地运行。这也再次证明了在童年早期,为幼儿提供良好环境刺激和教育引导的重要性。

神经元与神经元之间传输信息的部位叫作轴突,轴突外部有一层脂肪般的物质叫作髓鞘,类似于电线外面包裹着的绝缘材料,提供保护并加速神经冲动的传递速度。在人生的最初几年,幼儿脑部的主要任务就是建立神经元之间完善、快捷的交流网络。研究表明:髓鞘化的过程,同样在童年早期经历高峰,并促进大脑网状结构的形成。当一个动作或行为重复发生的时候,相关的神经突触就会不断被加强,日复一日,逐渐形成一个搭建模式。而髓鞘也会不停地一层接一层地包裹,层数越多,信息传递的速度就越快。这个信息传递的速度就是人们行为和动作的应激反应速度。一旦完成特定神经元之间相对稳定的搭建模式和髓鞘化的过程,也就形成了我们常说的行为习惯,一种稳定的外化表现形式。我们在一定情境下就会很自然、下意识地做出这样或者那样的反应。行为习惯日积月累,当它逐渐变为个体应对外部刺激时相对稳定的综合反应能力的时候,也就形成了性格。

当然,如果深入剖析性格的形成,就会发现它是一个十分复杂的机制和过程。但是,不可否认,童年期大脑表现出来的可塑性和外部环境影响作用于大脑神经网络能够产生的积极影响,为成人有意识地培养幼儿的良好行为习惯,促进仁爱、专注的性格特质的养成提供了神经生物学基础。儿童性格涵养教学法体系则在多年的实践中切实见证了诸多幼儿行为习惯的积极变化,并不断修订形成了指导婴幼儿保育教育工作者进行一日常规教育的原则和方法。

二、儿童性格涵养教学法中的一日常规活动指导原则

案例 2-1

在中班教室,主班教师王老师和另一名搭班教师正在一边看孩子们吃饭,一边大声聊天,时不时指着某个孩子吆喝一句:"那谁?你赶紧吃啊!"然后一个"眼神"狠狠地瞄过去,望向坐在离自己远一些的孩子们,教室里顿时一片安静。没过几分钟,王老师的声音穿透了整个走廊:"亮亮,你到底会不会吃饭?已经是中班小朋友了,如果还不会吃饭,我就把你送到小班去,跟小班小朋友好好学一下!"被训斥的亮亮这时候小脑袋一埋,赶紧低头扒拉了一口饭,但是没过一会儿,又开始东张西望了。全班大部分孩子都吃完了,他的饭还剩下大半碗。这时候王老师站起身,开始大声吼道:"好了,停下!我们不吃了,我现在就把你送到小班去。"然后拉起亮亮的手就要走,同时不忘和搭班老师交代:"小刘,你组织孩子们收拾一下,我到隔壁班去一下,这孩子,不给他点颜色就是不知

---

① 丹尼斯·博伊德,海伦·比等.儿童发展心理学[M].夏卫萍,译.北京:电子工业出版社,2016.

道规矩！让小班孩子们都看看这个不会吃饭的中班哥哥。"站在旁边的亮亮眼泪立即掉了下来,哇哇大哭央求老师不要送他去小班,小脸憋得通红。随后王老师把他拉到门口,他的小手死命拉住门框,嘴里哀求着:"我不要去,我不要去啊,老师你别拉我……"僵持中,班里的其他孩子分为两拨:一拨是停下自己手里的事儿,站着不动眼巴巴望着的,眼里充满了疑惑;另一拨是瞄了一眼正在发生的事,然后没事儿人一样继续玩自己的……

思考:

相信每一位教师都理解并认可在幼儿园帮助幼儿建立规则意识,学会自主用餐的重要性。但是上面这个真实的案例不禁让我们思考:在要求幼儿安静吃饭的时候,教师是否也做到了轻言细语?在教师的大声呵斥和"监督"撤销之后,幼儿又是否能够真的养成好好吃饭的习惯?教师是否考虑到通过这样的方式建立起来的规则和习惯,将会给他们幼小的心灵留下怎样的印记?对于亮亮,他那时那刻身体里那个小小的"自我"感受如何?而那些在旁边观看的幼儿,是否学会了一种以极端的情绪和行为(呵斥怒吼和拖拽)去强迫别人接受自己的控制和意愿的方式?另外,那些对此事早已习以为常的孩子,是不是已经对自己同伴的无助哀求和哭闹全然麻木了?那当这些幼儿长大以后呢?又将如何看待自己身边的人的无助?

上述情形和思考,也许对于在幼儿园工作或者实习过的老师并不陌生,又或许在我们的成长经历中,就有类似体验。儿童性格涵养教学法希望教师们能够打破"抓常规、培养幼儿的良好行为习惯就是用严苛的管教换来听话的孩子"这样的认知,个体在童年时期的性格形成深受其所处环境的影响。这个环境,不仅包括物理环境,更重要的是家长和教师能否给幼儿提供一个充满爱意的、积极回应、正确引导的环境,它是无法摆脱社会文化来进行讨论的。因此,需要融入对优秀儒家文化内涵的渗透,通过对儒家文化的现代化运用,帮助教师为幼儿创设起培养良好行为习惯、涵养良好性格的环境。这是确保幼儿一日在园的常规教育能体现文化适宜性,且能够促进幼儿仁爱、专注的核心性格特质养成的关键。

要做到这一点,需要教师们明晰并掌握儿童性格涵养教学法中的常规活动安排与指导原则。

(一)明确儿童性格涵养教学法中常规教育的目的

教学法中常规教育的目的是通过有序的、科学的一日生活规范和流程,帮助幼儿养成良好的生活习惯和学习习惯;通过不同的常规环节和活动,让幼儿懂得如何自我管理、自我爱护,知道如何友爱地与身边同伴和教师相处,明白规则和礼仪的重要性。

(二)儿童性格涵养教学法中的常规教育强调遵循儿童身心发展规律

儿童性格涵养教学法中的常规教育,重点强调要根据幼儿的年龄发展特点进行引导,并重视幼儿的心理感受。通过平时的良好环境浸润和教师的示范、引导、鼓励,帮助幼儿自愿地拥抱规范,调节自己的言行。儿童性格涵养教学法反对制定超乎幼儿实际年龄发展水平的规则,比如,要求托班、小班幼儿一定要把小手背在身后,整个集体活动期间都不能有一点改变,这就不符合这一年龄段幼儿行为控制时间较有限的特点。更不主张采取严苛训斥、威胁、处罚等会给幼儿身心发展带来负面影响的"做规矩"的方式,而是要时刻有意识地将遵循幼儿的年龄发展特点、关注现实生活中的具体发展表现和创设涵养环境的意识落实到教学中。

（三）儿童性格涵养教学法中的常规教育强调教师的示范引导和积极回应

在机构和园所教育教学环境中，教师作为重要的涵养幼儿性情的"人境"，首先需要处事有序，有条理、有目的地科学安排班级幼儿的一日常规流程和活动。因为这样的流程与环境，能够帮助婴幼儿建立起对外部世界的安全感和信任感。同时，教师在每一个常规环节中自己首先要做到：站姿端正、微笑有礼、明确示范、积极回应、谦和冷静。

1. 站姿端正与微笑有礼

站姿端正与微笑有礼代表了积极的心态、健康的体态和饱满的精神状态，这也是让幼儿喜欢上自己的老师，建立良好的师生关系的基本要求。

2. 明确示范

明确示范是指教师能够正确、细致、明确地向幼儿示范每一个常规环节应该如何做的具体做法。这就要求教师要用清晰明了、幼儿能够听得懂的话说明自己的要求。比如对待托班的幼儿，"贝贝，请你在排队的时候把小手放在自己的裤子两边"，比起"贝贝，请你不要总是用手去弄乐乐的帽子"，对幼儿来说就更加可操作。对大班的幼儿可以说："果果，请你去帮我看看科学区的沉浮实验材料那里有没有我昨天给你们用的灰色天平，有的话请拿过来给我。"但是对于中班的幼儿，上面的句子信息过多，可以换成"果果请你去科学实验区，帮我拿一下灰色的天平"更加合适。

3. 积极回应

积极回应是指在教育实施的过程中，教师对于幼儿的行为表现要快速地、及时地给予适当的回应，而不是置之不理或者应付了事。只有积极的回应，才能帮助教师不断巩固与幼儿之间的良好关系，让幼儿对教师产生信任感。这样，教师提出的活动要求、示范的动作流程，也就自然而然有了"被聆听"的可能。

4. 谦和冷静

谦和冷静意味着教师能够放低姿态，尊重幼儿，并能够随时用稳定平和的心态处理问题，哪怕是遇到幼儿一些不良的行为表现，比如发脾气、同伴争执等，也能够做到不主观、不被情绪主导，能根据观察和了解到的幼儿不良行为表现背后的原因与需要，积极做出调整。

综上，在案例2-1中，面对亮亮吃饭较慢的情况，教师首先就要考虑从小班的用餐环节开始就注意正确、细致地为幼儿进行如何吃饭的动作示范，并明确进餐要求。如果到了中班仍然表现出用餐习惯的各种问题，教师更应关注这些行为表现背后的原因，譬如亮亮是否因为厌食挑食而吃饭磨蹭？是否因为对餐具的运用不够熟练，被批评后产生了气馁心态？在遇到幼儿需要帮助或支持的行为问题时，先细心观察，再与家长了解情况，共同探讨支持策略。切忌在遇到类似情况后情绪暴怒，或在其他幼儿面前以要挟、贴标签等方式强制幼儿服从教师权威。

（四）儿童性格涵养教学法中的一日常规教育渗透着中国文化之韵

在一些具体的常规活动引导中，把"好礼""仁爱"等儒家文化精神内涵进行了融合。比如：问候礼仪、用餐礼仪、做客与待客礼仪、中华智慧感统区角中的游戏礼仪，都会在教学法的具体活动中有所体现，以帮助幼儿成为有礼有节、专注做事的小君子。

第二节 一日流程中的常规活动安排

儿童性格涵养教学法强调以润物细无声的涵养式教育，来培育幼儿的良好性格。因此，它的落实一定是渗透在幼儿一日活动的各个环节之中的，强调在每一个生活细节和特定的带有"仪式感"的某些环节中（图2-2），体现儒家文化的意蕴，培养幼儿的良好行为习惯，助力良好性格的养成。

一、来园环节

来园环节是幼儿在园一日生活的开始（图2-3），不仅关乎幼儿在园的一日情绪和精神状态，也是引导幼儿学会人与人之间如何亲切有礼地打招呼，了解问候礼仪的好时机。在这个过程中，儿童性格涵养教学法强调教师要有温和亲切、仪态大方的形象和温暖的互动，目的是希望通过这些具体的要求和言语引导，帮助教师做好行为示范，表达出对幼儿和家长的关注与尊重，突出环境中教师作为重要的"人境"因素的示范作用。

图2-2 一日流程示例[①]

图2-3 入园

[①] 本教学法下的实验园乐学乐园托育园一日活动流程举例，各托育园和幼儿园可结合各地要求和园所实际情况来安排。

（一）建议教师在来园环节做到的事项

（1）教师站立于门口两侧，微笑迎接幼儿，屈膝下蹲挥手问候幼儿。如果家长和幼儿本人不介意，则教师在确保健康的情况下，可以给予幼儿一个温暖的拥抱，让幼儿感受到来自老师的关注与接纳，并完成入园晨检（图2-4）等环节。

图 2-4　入园晨检

（2）牵手带领幼儿进入活动区域（图2-5）。

图 2-5　牵手进入活动区

（二）教师动作要点

（1）站立：挺胸收腹，腰背挺直；两脚跟靠拢成小丁字（男老师可以双腿打开自然站立）；双臂自然下垂或双手相叠(女老师左手下,右手上;男老师则相反)放在胃部或腹部(图2-6)。

图 2-6　站姿示意

(2) 微笑:面部肌肉放松,眉心舒展,嘴角轻轻上扬。
(3) 屈膝下蹲:左脚在前,右脚在后,左脚完全着地,右脚脚跟提起,上身微前倾(图2-7)。

图 2-7　蹲姿示意

(4) 挥手:左手放在腹部或自然垂于身体旁侧,右手手指分开,手肘弯曲,进行摆动。

（5）拥抱：保持屈膝下蹲姿势，双臂大大张开，双手轻轻交环于幼儿背部而不是紧紧抱住，否则容易引起幼儿的不适。

（6）牵手：一只手轻轻牵着幼儿的小手，身体向幼儿一侧微微倾斜。

注意，教师的动作规范，旨在帮助教师表现出亲切、自信的风貌，并不在于刻板的要求。教师应把握的原则是仪态端庄、亲切有礼，如果在条件不允许，譬如到园人数在某个时间段较多的时候，可以稍作简化。

（三）教师言语引导（图2-8）

教师："××宝贝，早上好！"

幼儿："××老师，早上好！"

图 2-8　问好示意

（四）入园及问好礼仪歌曲

儿童性格涵养教学法体系下的实验园，取名为乐学乐园，并已开展了近十年的教学法实践。它的名称源自《论语·雍也》中的"知之者不如好之者，好之者不如乐之者"。同时，"乐学乐园"也是巧手鲁班原创性格养正动画片中巧手鲁班和他的朋友们一起快乐成长和学习的地方。希望每一个实施儿童性格涵养教学法理念和实践的园所，都能够让幼儿发自内心地喜欢，在探索知识和未来人生的道路上，成为拥有乐学精神、仁爱、专注的小君子。因此，在实践中教师可以将《乐学乐园之歌》作为入园环节的背景音乐，欢迎幼儿入园，或者是在问好环节中引导幼儿进行歌唱和律动。问好歌，则通常安排在一天的集体活动刚刚开始的时候，用来帮助幼儿在一天的伊始以愉悦的心情彼此问候，相互问好。

1. **个人问好歌**（建议托育园使用，适合幼儿较少的时候逐一问好）

个人问好歌

1= C 4/4

桑嘉苡 词
桑嘉苡 曲

♩=100　热烈地

音频：
个人
问好歌

| 1　1　5 5 5 | 1 1 1 4 5 - | 6　6　5 4 3 | 5 4 3 2 1 - ‖

拍　拍　小小手，朝你　点点　头，　××　你　　好，××　你　　好。

2. **集体问好歌**（建议托育园使用，适合集体合唱）

集体问好歌

1= C 4/4

桑嘉苡 词
桑嘉苡 曲

♩=100　热烈地

音频：
集体
问好歌

| 1 2　3 4　5 5 | 6 6 6　5 5 5 | 1 2　3 4　5 5 5 | 4 3 2　1 3 1 |

小朋　友们 拍拍手，拍拍手　拍拍手，小朋　友们 拍拍手，拍拍手　拍拍手，

| 1 2 3 4 5 - | 1 5 1 5 1 5. | 5 4 3 2 1 - | 5 3 5 3 5 1. ‖

左边　小朋　友，　　你好 你好 你好，右边　小朋　友，　　你好 你好 你好。

3. **乐学乐园之歌**

可在开学之初教唱，之后可在主题活动中、外出活动、亲子活动等大型活动或者日常教学中按需使用。

乐学乐园之歌

1= C 4/4

桑嘉苡 词
桑嘉苡 曲

♩=100　热烈地

音频：
乐学乐园
之歌

| 5　5　5 6 6 5 | 6 6 6　6 3 3 5 - | 1 1　6 6　5 6 3 | 4 5　4 4 3 2 - |

天空　是 小鸟的 家，大地是 小草的 家，　乐学　乐园 是 我 家，我们　都 爱　它。

$\underline{5}\ \underline{5}\ \underline{5}\ \underline{5}\ \underline{6\overset{\frown}{3}}\ \underline{5}\ |\ \dot{1}\ \dot{1}\ \underline{\dot{2}\dot{1}}\ \underline{\dot{2}\ 3}\ -\ |\ \dot{1}\ \dot{1}\ 0\ \underline{5\ 5}\ 0\ |\ \dot{1}\ 3\ \dot{1}\ 0\ |$

知 之 不 如 好 之，好 知 不 如 乐 知， 仁 爱 　 专 注 　 朋 友 多。

$\underline{5\ 5}\ \underline{5\ 6}\ \underline{6\ 5}\ |\ \underline{6\ 6}\ \underline{6\ 3}\ \underline{5\ 6}\ \underline{5}\ |\ \dot{1}\ \dot{1}\ \underline{\overset{\frown}{6\ 6}}\ \underline{5\ 6}\ 3\ |\ \underline{4\ 5}\ \underline{4\ 3}\ \underline{2\ 3}\ 2\ |$

爱 唱 歌，会 表 演，文 质 彬 彬 小 君 子，讲 故 事， 做 手 工， 心 灵 手 巧 人 人 夸。

$\underline{5}\ \underline{5}\ \underline{5}\ \underline{5}\ \underline{6\overset{\frown}{3}}\ \underline{5}\ |\ \dot{1}\ \dot{1}\ \underline{\dot{2}\dot{1}}\ \underline{\dot{2}\ 3}\ -\ |\ \dot{1}\ \dot{1}\ 0\ \underline{5\ 5}\ 0\ |\ \dot{1}\ 3\ \dot{1}\ 0\ \|$

乐 学 乐 园 是 我 家，是 我 的 　 家， 乐 学 　 乐 园 　 是 我 家。

4. 幼儿园问好歌（建议幼儿园使用，适合集体合唱，如图 2-9）

幼儿园问好歌

1=C $\frac{4}{4}$

桑嘉苡 词
桑嘉苡 曲

♩=100 热烈地

$\underline{5\overset{\frown}{3}\ 4}\ \underline{5\ 3\ 4}\ \underline{5\ 1}\ 5\ |\ \dot{1}\ \underline{\overset{\frown}{5\ 6}}\ \underline{5\ 3\ 4}\ \underline{3\ 2}\ 1\ |\ \underline{5.\ 6}\ \underline{5.\ 6}\ \underline{5\ 6\ 5}\ 5\ |\ \underline{3.\ 4}\ \underline{3.\ 4}\ \underline{3\ 4\ 3}\ |$

小 朋 友 们 你 们 好，扬 起 笑 脸 来 问 好，小 手 小 手 伸 出 来，跟 着 节 奏 拍 一 拍。

$\underline{5.\ 6}\ \underline{5.\ 6}\ \underline{5\ 6\ 5}\ |\ \underline{2.\ 3}\ \underline{4\ 3}\ \underline{2\ 6}\ 5\ |\ \underline{5\ 3\ 4}\ 5\ 0\ \underline{5\ 1\ \dot{2}}\ |\ \underline{\dot{2}\ \dot{1}}\ \underline{7\ 6}\ \underline{5\ 2}\ \dot{1}\ \|$

小 脚 小 脚 抬 起 来，跟 着 节 奏 踩 一 踩，啪 啪 啪 　 咚 咚 咚，小 朋 友 们 你 们 好。

音频：
幼儿园
问好歌

图 2-9　问好

二、《论语》诵唱

《论语》诵唱活动是儿童性格涵养教学法一日流程中的一个特殊环节,但并不主张幼儿死记硬背文化典籍,因为这是不符合0—6岁儿童的学习方式和发展规律的。但是,音乐一直是润养人类心灵、激发个体真善美的情趣的最好形式,所以将《论语》中适合于幼儿理解的句子,经过改编配上音乐,形成了朗朗上口的一系列原创"《论语》歌",通过音乐律动的方式,让幼儿浅显地感受《论语》中孔子的经典教诲。实际上,通过这样的日常音乐律动和接触儿童性格涵养教学法中有趣的绘本故事以及原创动画,孔子在幼儿心中早已不是那个千年之前离他们很远的圣者,而是就在他们身边充满智慧、可亲可敬的老师形象。在园所实践中,这个环节深受幼儿喜欢,通常安排在每天幼儿来园之后、集体教学活动开始之前进行。我们还鼓励教师结合每个主题的设计内容,在诵唱环节加入与主题贴合的其他童谣,譬如在5月中华母亲节①所处月份,可以在唱诵完《论语》歌谣之后,加入与母爱、温暖的亲子关系相关的其他童谣,形成一个以充满爱意的音乐涵养幼儿性情的美好环节。

(一)诵唱流程

(1)教师组织幼儿围坐成圆圈(可使用蒲团软垫等,如图2-10)。

图2-10 《论语》诵唱教室

(2)教师请幼儿起身问好,大家弯腰鞠躬、就座。

(3)领唱教师组织诵唱《论语》歌(图2-11),在幼儿不熟悉的时候,可以先进行示范,幼儿逐句跟唱,无法跟上的幼儿,不必强求,随音乐跟随教师做相应的动作即可。

(4)《论语》歌比较短小,如果幼儿感兴趣,可以多唱几遍;在唱完《论语》歌之后,由幼儿共同"点歌",即提议一起唱更多幼儿熟悉的童谣,整个唱诵环节约10—15分钟。

(5)《论语》歌诵唱结束,领唱教师组织起身致谢,再次弯腰鞠躬。

---

① 中华母亲节为农历四月初二,即孟母生孟子之日,以赞颂以孟母为代表的中华贤母,表达子女爱母、敬母,对母亲的感恩之心。

（6）教师引导幼儿将蒲团或者软垫放到特定的位置,另一名教师在回收蒲团的地方等候,当幼儿将蒲团放回的时候,说出幼儿的名字,并感谢。

（二）教师动作要点

教师在带领诵唱活动的过程中,通过自己规范大方、亲切自然的身姿动作和积极的、尊重有礼的言语引导,一方面引导幼儿感受一种仪式感,引导幼儿专注认真地对待正在进行的活动;另一方面,通过双手递物、向幼儿致谢等行为举止,为幼儿树立良好的行为榜样。

图2-11 《论语》诵唱

（1）起身:挺胸收腹,肩部放松;两脚跟靠拢成小丁字(男老师可以双腿打开自然站立);双臂自然下垂或双手相叠(女老师左手下,右手上,男老师则相反)放在胃部或腹部。

（2）鞠躬:双手交叠放在胃部或腹部,身体呈90°弯曲。

（3）就座:双腿屈膝盘坐,双臂自然垂放在双腿上。

（三）教师言语引导

教师:"小朋友们请起立,小手放在肚脐上方(如果有的幼儿做不到,双手自然下垂放好,能够专注开始活动即可)。小朋友们,早上好!"

幼儿:"老师早上好!"

教师:"小朋友们请坐下!"

教师(领唱者):"今天我们要来唱《论语》歌啦,第一首《论语》歌你们想唱什么呢?"(之后教师根据幼儿的提议,一起唱诵《论语》歌,可配合相应律动。)

教师:"接下来是儿歌时间,小朋友们想想,今天我们唱什么儿歌呢?"(教师可以根据幼儿的自由提议,带领孩子们一起唱其他童谣,也可以结合主题和节气、节日来教幼儿唱诵一些其他时令的歌谣。)

教师:"今天的《论语》诵唱完毕,小朋友们请起立,谢谢大家!"

幼儿:"谢谢老师!"

教师:"现在请小朋友们拿起你的小蒲团,把它送到××老师那里吧!"

教师(在收到蒲团后):"××小朋友,谢谢你。"(无论幼儿有没有回应,教师也要做到对幼儿的感谢。)

（四）原创《论语》歌

1.《学而》歌

《学而》歌的歌词源自《论语·学而篇》,是《学而》的开篇,提出以学习为快乐的事情,传递了快乐学习的良好心态,还提出"人不知而不愠"的朋友相处之道。这也是儿童性格涵养教学法中所倡导的以兴趣为目的,用发现、探索、感受等方式来快乐学习,同时在与同伴的相处中去发现与人交往的乐趣,发展社会性。

视频:
《论语歌(上)》

视频:
《论语歌(下)》

学 而

1= C 4/4

桑嘉苡 词
桑嘉苡 曲

♩=100 热烈地

5 5̇ 6̇ 1 1 1 | 1 2 1 6̇ 1 - | 1 1 2 3 3 3 | 3 4 3 2 3 - |
学 而 时习之， 不亦说 乎？ 有 朋自远方来，不亦乐 乎？

5 5 5 3 6 6 | 5 6 5 3 2 - | 5 3 2 3 5 - | 2 3 2 6̇ 1 - ||
人不知而不愠，不亦君子乎？ 温故而知新， 可以为师矣。

音频：
学而

2. 小君子六艺歌

六艺起源于周王朝的贵族教育，分别指六项技能：礼、乐、书、数、射、御。每一项技能在古代都有着重要的作用。《小君子六艺歌》让幼儿初步了解了六艺的类别，也蕴含着希望幼儿能够全面发展的美好愿望。

小君子六艺歌

1= C 4/4

桑嘉苡 词
桑嘉苡 曲

♩=100

5 5 3 3 3 5 6 1 5 | 1. 7 6 5 1 2 3 2 | 3. 3 2 1 3 5 6 5 6 | 5 5 1 1 2 5 1 - ||
小君子呀学 六 艺，学会 一身 好本 领，要问 六艺有 哪 些？礼乐书数 和射 御。

音频：
小君子
六艺歌

3. 小君子学礼歌

礼，是古六艺之一。从《论语》"不学礼，无以立"可看出古代非常重视礼仪教育，且礼仪被广泛地运用于社会生活中。当今的礼仪与古代的礼文化有一定的区别，相比古代的婚嫁、丧娶、入学、拜师、祭祀礼仪，现在的礼仪更是渗透到了人际交往和一日生活中。例如：在进门时的随手关门、出门时的随手关灯、在公共场合的轻声细语等是个人礼仪，与人沟通时的微笑、礼貌用语（"你好""请问""谢谢"等）、双手接递物品是人际交往中的礼仪。正是基于此，儿童性格涵养教学法自创《小君子学礼歌》，让幼儿初步了解和感受礼仪的重要性。

小君子学礼歌

1=C 4/4

桑嘉苡 词
桑嘉苡 曲

♩=100

音频：
小君子
学礼歌

6 6 6 5 3 6 6 | 5 3 3 5 6 6 | 7 7 7 6 5 6 6 | 5 3 3 5 6 6 |
做个小小的君子，要学礼 要学礼，不学礼就无以立，无以立 无以立，

7 7 7 6 6 5 3 5 6 | 6 — — — ‖
做 个 小 小的君子 要 学 礼。

4. 子游问孝

《子游问孝》歌词出自《论语·为政篇》，记录了子游在问到孝道时，孔子对其的解答。孝，是我国传统美德之一，是子女对父母的一种善行，更是一个人仁爱的重要表现。这种善行没有年龄的界限，每个人都可以根据自己的能力尽孝道。儿童性格涵养教学法中的《子游问孝》通过歌曲的形式让幼儿初步了解我国的传统美德——孝，再辅以教学活动及日常生活的引导，帮助幼儿思考他们可以如何关心父母。例如：对做出美食的父母表示感谢，和父母沟通时使用敬称呼，在父母疲惫时抱一抱，等等，从而习得中华民族的传统美德。

子 游 问 孝

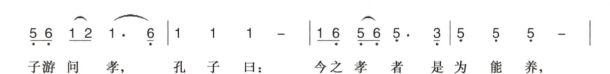

三、排队

幼儿每天都要经历多次的排队,其实这正是帮助他们建立起秩序感、规则意识和懂得礼让的重要环节。而儒家文化本身就是"好礼"的,通过对儒家礼仪文化的现代化、童趣化的转化,我们可以很好地将它渗透到幼儿的排队过程中。首先,在喝水、放书包、区角游戏、离园等多个环节中,由教师引导幼儿有序排队,重视幼儿秩序感的建立;其次,通过教师的言语引导或排队小游戏帮助幼儿在排队过程中养成不争不抢、不插队的好习惯,涵养谦让、有礼的性格特质;再次,在排队走的过程中,教师可以通过唱排队歌谣等方式引导幼儿跟着同一节奏一起走;最后,排队行进结束时,幼儿应根据教师指令有序离开队伍。除了这些之外,幼儿排队过程中还有一些教师需要注意的事项。性格涵养教学法也为排队活动提供了原创的托育园和幼儿园排队歌曲。

(一)教师应做到的事项

精神饱满,身姿挺拔,以亲切洪亮的声音提醒幼儿排队,并告知排好队之后要转入的下一个活动是什么,帮助幼儿明白每天的活动环节是规律的、可以预测的,这同样有助于他们建立安全感和归属感,尤其是对于3岁之前的幼儿。在组织幼儿排队的过程中,引领幼儿唱排队歌,在歌谣中懂得:一个接一个排队,不推挤,要像小君子一样尊重、礼让他人。

(二)排队歌谣

1. 托育园排队歌

排 队 歌

1=C 4/4

桑嘉苡 词
桑嘉苡 曲

♩=100

5 3 5 3 1 5 5 | 4 2 4 2 1 3 5 | 5 3 5 3 1 5 5 | 4 3 2 7 1 3 1 |
一二 三四 五六 七, 宝宝 宝宝 排队 去, 一个 一个 接一 个, 不插 队来 不乱 挤。

6 6 6 5 5 5 | 4 3 2 3 1 5 5 | 6 6 6 5 5 5 | 4 3 2 7 1 3 1 ‖
啦啦 啦 啦啦 啦, 不插 队来 不乱 挤, 啦啦 啦 啦啦 啦, 不插 队来 不乱 挤。

音频:
排队歌

2. 幼儿园排队歌

幼儿园排队歌

1=C 4/4

桑嘉苡 词
桑嘉苡 曲

♩=100

5 5̂6 53 25 5	5 5̂6 53 23 2	5 1̇ 1̇ 3 5 5
一 二 三 四 五 六 七， 我们 一起 来排队， 你在 前， 我在 后，

7 1̇ 2̇ 1̇ 76 5	5 1̇ 1̇ 3 6 5	5 5̂6 53 23 2
一个 跟着 一个 走， 抬起 头， 向前 看， 甩起 胳膊 踏踏 步，

5 5̂6 71̇ 2̇1̇ 7	5 5̂6 76 67 1̇	X X X —	X X X — ‖
都是 文明 小君 子， 整整 齐齐 向前 走， 一 二 一 一 二 一。

音频：
幼儿园
排队歌

四、用餐

在儿童性格涵养教学法一日常规活动中，用餐环节是一个能很好地引导幼儿培养"爱物""好礼"，甚至也包括"专注"能力的好时机。首先，幼儿的用餐应该要有一定的仪式感，要有先做什么后做什么的特定顺序；其次，希望教师引导幼儿对食物保持一种基本的爱惜和敬畏心，对吃饭有愉悦和感恩之

图 2-12 餐厅

心,因此设置有专门的介绍每日饭菜的"介绍菜名"环节;同时,用餐应该要安静而专注,吃饭的过程,如果也能做到"用志不分,乃凝于神",那么幼儿就更加容易做到细嚼慢咽、享受吃饭的过程,帮助消化吸收。

(一)用餐过程

(1)组织幼儿餐前洗手,并自己搬椅子到自己的位置坐好。

图 2-13　洗手区

(2)引导幼儿安静喝汤,喝完汤的幼儿排队取餐,取餐后引导幼儿向发餐的教师道谢:"谢谢××老师。"教师需礼貌回应:"不客气。"

(3)教师盛饭菜的动作要轻,根据幼儿的食量为幼儿盛饭。

(4)提醒盛好饭的幼儿把碗端平,慢慢走,轻拿轻放(教师可提前规划好排队路线,避免发生泼洒和碰撞)。

(5)根据幼儿年龄,指导幼儿使用勺子或者筷子安静进餐,懂得不把饭菜放进别人的碗中,鼓励幼儿细嚼慢咽、不挑食、不偏食、不剩饭。

(6)及时纠正个别幼儿不良的进餐习惯,如汤泡饭、只嚼不吞等,对进餐能力较弱、身体不适的幼儿给予针对性帮助。

(7)关注有食物过敏、忌口等幼儿的进餐情况,适当调整食物搭配。

(8)为有需要的幼儿适当添加饭菜,避免浪费。

(9)幼儿进餐全程,教师应保持轻声轻语、小声说话,不催促幼儿进餐,营造安静、轻松的就餐环境。

图 2-14　用餐

视频:
扫地

(二)用餐结束

(1)引导幼儿将掉落在桌上、地上的饭菜收拾干净,倒入垃圾桶。

(2)引导幼儿收拾自己的餐具,对身边的同伴和教师说"我吃完了,请你们慢用"。

（3）引导幼儿将用过的餐具放到固定的回收位置。

（4）引导幼儿将自己的椅子归位摆放整齐。

（5）引导幼儿饭后擦嘴、洗手、漱口，养成餐后整理和盥洗的良好习惯。

（6）组织幼儿餐后进行安静的活动，如看书、玩玩具，避免跑动和喧哗，不打扰其他幼儿进餐。

（三）言语引导

1. 分餐

幼儿："谢谢××老师。"（教师引导幼儿双手接递碗盘。）

2. 介绍菜名

教师："小朋友们中午好，今天由××老师为大家介绍美味的午餐。"

教师："今天的午餐是红烧黄鱼、番茄炒蛋、白灼青菜、营养鸡汤、白米饭（幼儿跟念），小朋友们请用餐。"

幼儿："谢谢老师，大家请用餐。"

3. 用餐完毕

幼儿："我吃饱了，大家请慢用。"（整理桌面，收拾餐具）

（四）吃饭歌

在幼儿用餐之前，托育园中建议在教师报完菜名之后直接用餐，而幼儿园中可以由教师报菜名或者请幼儿轮流来作为当天介绍菜名的小值日生。报完菜名之后，可以大家一起唱一首吃饭歌，里面有关具体菜肴的部分，直接说出当天的菜肴即可。

图 2-15 一日食谱

吃 饭 歌

桑嘉苡 词
桑嘉苡 曲

音频：
吃饭歌

图 2-16 午餐

第三节 一日常规环节中的师幼互动

在儿童性格涵养教学法一日常规活动中,师幼互动是确保教师能够开展积极有效的良好性格涵养教育的纽带,更是教师向幼儿传递和激发他们"仁爱之心""专注之性"的切实载体。因此,教师在与幼儿的一日互动中,需要将本章所陈述的原则融会贯通地进行实践,做一名拥有教学智慧的教师。本节内容将对常规互动中教师容易遇到的实践问题予以解析。

一、教师如何在幼儿来园之初建立充满信任的积极师幼关系

"仁者爱人",儿童性格涵养教学法中的"仁",其根本在人与人之间充满尊重、有爱意的和谐关系。幼儿与教师之间想要建立起彼此信任、尊重、安全依恋的师幼关系,就需要在托班或者小班入园时,敏感捕捉幼儿的行为表现,分情境进行引导,在入托、入园之初,就建立起积极的师幼关系。

(一)情景一

初入托班或者小班,幼儿在园所或班级门口,表现出哭闹、不敢接触教师、对周边环境没有安全感等抗拒行为时,教师可以采取的做法有以下四点。

(1) 蹲下来,调整自己与幼儿之间的高度、距离和角度,使幼儿能在平等、舒适的状态下和教师交流。距离太近会产生压迫感,太远幼儿则无法集中注意力,太高,则幼儿仰头会很不舒适。应正向面对幼儿,便于幼儿与教师对视。

(2) 采用和幼儿家长一样的方式叫幼儿的姓名(增加亲切感)。

(3) 用亲切自然的笑容和语态,以亲切柔和的声音尝试与幼儿交流,安抚幼儿情绪,让幼儿感受

到教师能够理解他们此刻的心情。例如:"小朋友,你好呀!我看到你刚刚在哭,一定很难过吧?看到你伤心我也很着急。也许我们可以一起想想办法。"等待几秒钟,待幼儿情绪缓和一些,向幼儿介绍自己,可以问:"我是××老师,今后会和你一起做游戏,请问你叫什么名字?"

(4)如果幼儿不予以理睬,或害羞不好意思,教师需根据自己的观察,从幼儿熟悉的事物切入。例如:"你的衣服上有一只可爱的小兔子,它是你的好朋友吗?今天小兔子陪你一起来乐学乐园玩呢!"

(二)情景二

当幼儿走进园区后,如果感到陌生,缺乏安全感不敢进班级教室,教师可以采取以下做法:

(1)如果是小、托班,在有条件的情况下,可由家长陪伴和幼儿一起参观园所环境,教师为家长和幼儿介绍各个功能区。见到已经在园的其他幼儿,教师可以轻松愉快地打招呼,并告诉正在参观的幼儿:"这是××,他/她在乐学乐园可开心了,以后也会是你的朋友。你们可以一起玩。"过程中,教师可以与家长沟通询问幼儿最喜欢的玩具是什么?根据了解,引导幼儿到相应的游戏区,或者提供他/她喜爱的玩具,如积木、波波球、玩具车等。

图 2-17　波波球

图 2-18　波波池

(2)如果是幼儿园小班,建议在入园准备过程中,就提前安排家长和幼儿进行园所参观活动。向家长和幼儿介绍班级教师、班级布局、有哪些有趣好玩的玩具等,消除陌生感,激发幼儿的来园兴趣。

图 2-19　公共区域

图 2-20　教室

(3)无论是托班还是幼儿园小班,当引导幼儿能够配合安静下来探索环境中的玩具之后,教师需积极与幼儿互动,增加幼儿对教师的熟悉感和信任感。例如:"××宝贝,可以分享给我一个波波球吗?""谢谢××宝贝。"

(4) 在游戏中,教师可仔细观察,及时对幼儿的行为进行肯定、表扬与鼓励,但是必须要具体。例如:"××宝贝真厉害,自己爬进了波波池,没有让老师帮忙。""是的,这个是红色,你说对了。"

(三) 情境三

家长离开后,幼儿出现抵抗反应,教师可采取以下方法:

(1) 认真倾听幼儿的表达,给予关切的、积极的回应。让幼儿感受到来自教师的理解与关注,并让幼儿明白家长是会回来的,何时回来等。例如:"是的,妈妈去工作了,老师知道你很想她。如果想妈妈,老师可以陪着你,还有这么多小朋友陪着你。""等你和其他小朋友们一起听一个故事,玩一个游戏,再做一个手工后,妈妈就会来接你了。"

图 2-21 讲故事

(2) 通过游戏活动和语言提示转移幼儿注意力。例如:"小朋友们要吃水果了,××宝贝帮老师一起去给小朋友们拿水果吧!""今天的手工是折小飞机哦,××宝贝你坐过飞机吗?"

(3) 在确保自己身体健康的情况下,也可以与低年龄幼儿有一定的身体接触,用拥抱给予幼儿关怀。在身体接触前,先观察幼儿反应或询问幼儿意见,等待幼儿的反馈。例如:"××宝贝,你愿意牵着老师的手一起过去和别的小朋友一起玩吗?""××宝贝,如果你想妈妈了,可以抱抱我。"然后观察等待幼儿的反应,再决定下一步应该如何做。

(四) 情境四

当幼儿进入班级开展集体活动后,教师需要做的有以下三个方面。

(1) 多和新入托、入园的幼儿进行眼神的交流,眼神需要温暖而坚定,让幼儿感到自己被关注,被鼓励。仁者爱人,幼儿对于爱人之心的理解,其实也正来自他人对自己的关注和善意。

(2) 主动引导班级里的幼儿轮流进行自我介绍(包括新加入的幼儿),简单即可,不要增加心理压力。如果幼儿不愿意介绍自己,可以由教师先代为介绍,并请幼儿跟大家挥挥手。

(3) 在集体活动中,留意观察每个孩子的行为表现,及时回应。如果对于个别幼儿的需求,可以请搭班教师协助处理和协调。

图 2-22 故事教学

总之,只要幼儿能够感受到来自教师的关注、肯定,和平等亲切的交流,加上教师一直都保持一种亲切自然、喜悦的状态,那么,相信经过一段时间之后,幼儿一定能够与教师建立起良好的师生关系,融入集体生活。

二、教师如何应对幼儿专注能力不足

相信不少教师都经历过以下这些情况:幼儿在吃饭时东张西望,一会儿伸手拿勺敲敲桌面,一会儿离开椅子寻找玩具。或者幼儿在听故事时坐不住,一会儿拽一拽旁边幼儿的衣角,一会儿在教室内四处跑动;还有的幼儿,仿佛对所有事情都只有"三分钟热度"。这些都是托育园和幼儿园里常见的,也是家长经常反馈的问题,它背后体现出来的恰是幼儿专注能力的不足。在儿童性格涵养教学法中,专注能力包含着两个层面的意思:一方面,指幼儿能够对某一个活动、某一具体目标保持相对长时间的注意集中;另一方面,还意味着幼儿能够自我控制、自我调节,在遇到困难时能够坚持。因此,专注既是基于兴趣,自发的,也是克制的,需要毅力的支持。由于婴幼儿阶段有意注意尚在逐步完善的过程中,因此,教师以符合这个阶段幼儿发展规律的方式促进专注能力的发展,就显得更加重要。

(一)家园合作关注幼儿专注力弱的背后原因

国内外已有研究证实,幼儿专注力的发展受到多种因素的影响,比如生理原因——听视觉障碍、铅中毒、睡眠障碍;环境原因——混乱、嘈杂、过多刺激和干扰的环境;饮食原因——摄入含有过多咖啡因的食物;教养原因——宠爱过分,玩具过多,社交过于频繁等。此外,还有幼儿的年龄、性格、兴趣、知识水平差异等等。[1] 因此,当遇到幼儿在园期间表现出专注力与其他幼儿相比明显落后的情况时,教师首先要通过细致观察和与家长、专业人士的积极沟通,排除可能存在的生理因素,早诊断,早干预。如果并非生理因素造成,则要与家长密切配合,确保幼儿的睡眠和饮食健康,并共同优化教养方式,一起促进幼儿专注力的发展。关于这个部分,在家园合作章节中,给家长提供了更加具体的如

---

[1] 眭文娟.幼儿专注习惯的培养探究[J].少年儿童研究,2009(12):52-58.

何在家培养幼儿专注能力的建议。

（二）创设有利于促进幼儿专注力发展的环境

婴幼儿期专注力发展的最大特点是无意注意占优势，有意注意逐步发展，同时有意注意的时间有限，稳定性较弱，容易受到环境中其他因素的干扰。因此，教师要注意为幼儿营造安静、整洁的环境，减少外界刺激对幼儿的干扰，更好地保持幼儿的注意。具体可以注意以下五个方面。

（1）环境创设要适量适度，避免用过于鲜亮的颜色全部占满幼儿的视觉空间，在集体活动区域内，更是要避免在空间里投放大量容易吸引幼儿注意的物品，如亮晶晶的彩带、叮当响的铃铛等。

（2）空间规划和物品摆放有序合理，充分与幼儿的活动区域结合，便于幼儿自主拿取，让幼儿节约获取材料的时间，从而把更多时间用于探索和游戏中。

（3）注意教师的个人形象，不过度打扮，亲切自然的淡妆即可，不佩戴夸张、不必要的首饰等。

（4）活动导入或者过渡环节，提供欢快动听但不是过于喧闹的音乐，避免噪声引起幼儿过度激动和烦躁。

（5）不要在幼儿沉浸于探究、操作或者探索的过程中随意打扰和打断幼儿，给予幼儿充分的专心探索空间和时间。

（三）更好培养专注力的前提是激发幼儿的兴趣

幼儿发自内心感兴趣，才能有探究和后续的深入学习的可能。因此，教师在日常的活动设计、材料的选取上，需要充分考虑幼儿的经验水平、兴趣点，以及充分利用他们对鲜艳的、有趣的事物的好奇心。

（1）通过特定的游戏和活动，培养专注力。一些特定的活动确实能够对幼儿的专注力培养起到促进作用，如美工活动中的黏贴、撕纸、折纸、穿编、刺绣，其他比如拼图、串珠、磁铁钓鱼、找相同和不同等。

图 2-23　剪纸

图 2-24　手工龙舟

（2）可以为幼儿提供目标明确、有一定挑战和较长时间的任务。比如大班数名幼儿合作，完成用彩虹塔①组建尽可能多的玩法造型（图 2-25）；或者从设计图纸开始，用积木搭建一个复杂的建筑物；

---

① 儿童性格涵养教学法体系下中华智慧感统区角中的一款游戏材料，旨在发展幼儿的空间知觉、手眼协调和团队协作等能力，详情可见本书第七章。

再比如完成组合块数较多的乐高积木等。可以鼓励幼儿分次达成,在遇到问题和困难的时候给予具体的、积极的鼓励,增加自我效能感,培养专注力。

图 2-25　彩虹塔分组游戏

（3）在丰富的体育活动中,磨炼心性、增强抗挫能力。体育活动在促进幼儿体能发展、感统能力、专注力方面都有很好的作用,在户外活动环节,可以通过投壶、射箭、幼儿太极等方式,帮助幼儿提高自我控制、自我调节的能力。

三、教师如何应对幼儿不吃饭的情况

不管是在家庭中还是在园所,幼儿不愿意吃饭都是一个令人头疼的问题。一方面,如果因为不好好吃饭导致摄入的营养不足、不均衡,那么会影响幼儿身体发育,良好性格的养成缺少了身体基础。另一方面,性格涵养中,非常强调专注用心地做好每一个当下的事情,正如王阳明所言:"饥来吃饭倦来眠,只此修行玄更玄。说与世人浑不信,却从身外觅神仙。"说的就是吃饭的时候就要专心想着吃饭,这才是大智慧的道理。但现实中,当幼儿怎么都不愿意吃饭时,很多成人其实是缺乏合适策略的,比如威胁:"再不吃饭妈妈就不要你了""不吃饭就打你……"。再比如无限度的物质奖励:"乖乖,吃完饭妈妈给你买汽车模型""吃完可以去游乐场玩哦!"这些方法都无法从根本上帮助幼儿建立起良好的用餐习惯,建议教师可以采取以下做法。

（一）首先了解幼儿不好好吃饭的原因

幼儿确实是不饿才不想吃？还是饭菜不合胃口？又或者是长期脾胃不好？还是说当天生病了？找到原因后,采取正确的措施解决问题,而不是一味地追求把这顿饭吃下去这个眼前的结果目标。实际上,幼儿不爱吃饭的原因可能有很多种,比如:身体因素——缺锌厌食、牙齿问题、运动量不足等;食物本身的因素——饭菜不合口、食物过敏等;环境因素——用餐环境压抑或者用餐环境中有太多吸引幼儿注意力的玩具等。只有找到幼儿行为表现背后的原因,才可能采取针对性的辅助措施加以合理引导。

（二）注意提供的饭菜口味和营养均衡

园所和家庭都要考虑为幼儿提供新鲜可口、菜色多样、丰富的饭菜（图 2-26）,教师还可适当关注

个别幼儿的特别需要,如食物过敏、体重过重或者营养不良等。对于发育迟缓、需要适当补充微量元素的幼儿,可在饮食上做出适当调整,缺锌可适当多吃瘦肉、猪肝、鱼类、蛋白、花生、小米、萝卜等,缺钙可以补充牛奶、海带、豆制品、动物骨头汤等。

(三)明确用餐流程和行为规范

通过用餐常规流程要求,帮助幼儿清晰了解在园用餐流程和规则。例如,运用一些简明的行为要诀:碗里干净、桌上干净、地面干净这样的"三干净"要诀,帮助幼儿明确怎样做才是更好的做法,引导幼儿不挑食,不浪费。

图 2-26 可口的饭菜

(四)科学安排并注重言语引导

通过一日生活流程中动静交替的活动安排,对吃饭时总"不饿"的幼儿,适度增加运动量,让幼儿能够更好地消化和吸收。如果有的幼儿总是没吃完就想离开座位去玩,教师不应强迫喂食,而是告诉幼儿:"你吃饱了吗?现在是吃饭的时间,吃饭的时候,小朋友需要坐在椅子上安静吃饭。吃完饭了,我们可以到户外去散步。"进食完毕,幼儿主动将自己的碗勺放进洗碗盆,椅子归位。

最后,任何幼儿行为习惯的养成,都非一日之功,也非一人之事。需要家长和教师密切配合,通过积极的行为示范、良好的师幼互动和亲子互动、及时积极的言语反馈和引导,帮助幼儿形成良好的行为习惯,最终使幼儿具备优秀的性格品质。

 思考与实训

模块一:思考任务
请简要阐述儿童性格涵养教学法的常规活动安排和指导原则。

模块二:实训任务
假设遇到如下情况,你会如何帮助右右小朋友?请分析并小组模拟与家长沟通的过程。

案例

右右两岁半时就进入了全日制生活。第一天吃饭的时候,小朋友们开始安静地吃饭,老师发现右右在用手抓饭吃,右右并没有觉得自己和其他小朋友有什么不同,而非常享受这样吃饭的方式。

背景信息:

右右出生在一个四代同堂的家庭里,每一代都是单传,所以右右成了全家人关注的焦点。家人都非常宠爱这个孩子,特别是在吃饭的时候,爷爷奶奶、外公外婆轮流来喂饭,完全不用自己动手,所以右右不会自己拿勺子吃饭。

Chapter 3 第三章 语言教育之绘本活动

> **本章学习任务**
>
> 任务1：能够理解并阐述绘本在促进儿童良好性格养成方面的作用。
> 任务2：能够为托育阶段、幼儿园阶段的幼儿分别设计结构完整的绘本活动。
> 任务3：知道如何剖析绘本的教育价值，选择对幼儿性格养成有益的绘本。
> 任务4：基本掌握通过集体和区角两种形式组织幼儿绘本活动的能力。

第一节 绘本活动与儿童性格涵养

绘本，以其生动而充满童趣的人物角色、贴近学前儿童认知能力、富于想象空间的故事情节，以及依托故事可以延展的丰富活动空间，成为儿童最喜欢，也是最适合的阅读载体。在绘本阅读中，儿童可以发展出对人物角色情感和行为的理解，可以与故事角色一起体验各种各样的场景和挑战，收获爱的体验和战胜困难的信心……正是因为绘本在贴合儿童的阅读兴趣和能力，促进儿童情绪情感体验方面不可替代的作用，以及它作为儿童戏剧活动开展的基础铺垫，儿童性格涵养教学法将绘本活动的开展作为一个重要部分，并为此创设了一系列取材于儒家文化精神内涵、涵养儿童良好性格的原创绘本。

一、儿童绘本活动

案例3-1

情景一：最近，4岁的小可迷上了《快点，快点》①这本书，总要求爸爸妈妈讲给他听。每当爸爸妈妈催着他快点起床、刷牙、吃饭、睡觉的时候，他总会模仿书里的角色小野猪吼吼，说："妈妈，爸爸，慢点好吗？"那无辜的小眼神像在提醒爸爸妈妈不要唠叨和催促，要尊重他自己的生活和生理节奏。

---

① 《快点，快点》为儿童性格涵养教学法体系中，巧手鲁班系列儿童绘本。绘本故事中，讲述了成人日常最常用的催促幼儿动作快一些的语句"快点，快点"，在幼儿的视角中是如何被看待和认识的。幼儿在成人眼里"磨蹭"的时候，可能是在脑海中幻想一幕故事，可能是在期待妈妈温暖的帮助等。这本书为成人正确理解和看待幼儿的行为打开了一个新的视角。

情景二：大一班图书角，丫丫安静地坐在地毯上，捧着一本书津津有味地读着。她看着上面的图画和文字，时而眉头紧锁，时而呼吸紧促。终于，她如释重负、意犹未尽、微笑着合上了书。接着，她又拿起旁边的一本。而她身边，来看书的幼儿也都不曾停过，沉浸在阅读之中。

思考：

案例中呈现的那样让幼儿如此着迷的书，便是被全世界公认的21世纪以来最适合幼儿学习和阅读的书籍——绘本。绘本英文名为"Picture Story Book"，意思就是画出来的故事书。培利·诺德曼（Perry Nodelman）认为："绘本至少包含三个故事：文字讲述的故事，图画暗示的故事，文字与图画相结合产生的故事。"①台湾著名阅读推广人郝广才认为："绘本大概是一本书，运用图画，去表达一个故事，或者一个主题。"日本"图画书之父"松居直则认为："假如以数学式来形容图画书表现特征的话，那么可以这样写：文＋图＝有插画的书，文×图＝图画书。""只有文图结合，才能表现出只有文字或只有图画所难以表达的内容。"②无论学者们如何定义绘本，都应以图画为主要载体、文字为辅助进行故事表达，是绘本的主要特征。因此，图与文的和谐共鸣和它们共同带给读者的文学启示与审美体验是优质绘本创作的关键。

图 3-1　绘本《快点，快点》

相较于其他读物，绘本对幼儿有着天然的亲和力：图文合奏、以图为主的表达系统与幼儿尚处于读图为主的认知发展阶段的特点天然适配；涉猎广泛、内涵丰富的绘本内容则可满足幼儿多领域的发展需求；简洁的文字、充满童趣的优美画面和生动的故事情节则让幼儿在阅读中获得或愉悦，或疑惑，或感动的情绪体验，经历一场文字的奇趣漫游。例如在前文情景一的举例中，小可就是与《快点，快点》（图 3-1）绘本中的小猪吼吼产生了角色共情，并迁移了吼吼的经验和语言表达，用在了自己身上；而情景二里大班的小朋友们则在拥有了一定的自主阅读能力之后，便能够充分体会徜徉书海的乐趣了。

实际上，随着教学方式与教学内容的多元化，以及国内外绘本质量的快速提高，绘本作为早期阅读教育中的独特读物，已经大量进入了幼儿园的教育现场，并受到越来越多幼儿园教师和幼儿的喜爱。③ 在教学现场，绘本不仅仅被作为早期阅读能力培养的重要素材，更被作为一种独具魅力的载体，成为幼儿教育中整合社会、语言、认知、情感、艺术领域发展的一种有效途径。

如果从以绘本为主体，以集体教学活动为主要组织形式的绘本教学活动角度看，我国目前绘本教学的方式主要基于"支架理论"④"情景教学法理论"⑤等理论指导来开展。每一种模式，都侧重论述凸显绘本教学中某一策略的突出优势，但少有系统完整的教学法理论支撑，对于绘本素材本身的选择十

---

① 培利·诺德曼，梅维丝雷默.儿童文学的乐趣[M].陈中美，译.上海：少年儿童出版社，2008.
② 郝广才.好绘本如何好[M].南昌：二十一世纪出版社，2009.
③ 周兢.学前儿童语言教育[M].南京：南京师范大学出版社，2001.
④ Benson, B. K. (1997). Interdisciplinary english ‖ coming to terms: scaffolding. *English Journal*, 86(7): 126-127.
⑤ Brown, J. S, Collin. A & Duguid. P. (1989). *Situated Cognition and the Culture of Learning. Educational Researcher*, 3: 10.

分丰富多样,而素材中包含中华优秀传统文化的内容仍较为缺乏。相较而言,儿童性格涵养教学法中的绘本教学活动则是依托于儿童性格涵养教学法理论体系开展的。内容选择和故事创作更加符合中国儒家文化的基因性特质,旨在通过丰富的绘本活动,在充满童趣的内化体验和创造性的外化表达过程中,帮助幼儿丰富情感体验,形成良好的行为习惯,培养高雅的审美情趣,在润物无声的阅读滋养中,逐渐形成良好性格。而从具体的教学策略来看,好的绘本教学活动并不应局限于某一单一的教学策略的运用,而是教师应根据幼儿的发展特点,围绕活动目标,使用不同的活动创意和策略来激发幼儿对绘本的兴趣,促进幼儿对故事的理解并完成必要的互动和活动延伸,以帮助幼儿获得情感的滋养、情绪的体验,沉浸于阅读的世界,种下仁爱与专注的种子。

二、绘本活动对于幼儿发展的意义

 案例 3-2

视频:
Flash《必喜爷爷的蝴蝶》

《必喜爷爷的蝴蝶》绘本阅读活动中,"咕咕-咕咕""嘶-嘶-嘶""呱-呱-呱"的声音此起彼伏。幼儿一会儿变成猫头鹰,一会儿变成小青蛙、小蛇。当老师翻动书页时,达大声喊:"哇!有一条蛇!"悠悠担心地说:"小蛇要吃糖蝴蝶了。"小可说:"青蛙吃不到,糖蝴蝶飞走了。"故事结束后,孩子们都很兴奋。第二天,悠悠给老师讲了一个糖海豚的故事,她说她的糖海豚会"哗啦哗啦"游。

思考:

幼儿看着令人赏心悦目的画面,听着老师绘声绘色的讲读,随着故事情节的发展,当故事中出现有趣的角色和动作声音时,他们会不知不觉将自己融于角色中,积极讨论,自由想象并做出动作。借助绘本,幼儿在听、说、玩、做、演的综合游戏形态中,发展着他们的语言能力、注意力、观察力、记忆力、想象力、审美能力和社会性,就像我国著名的学前儿童语言研究者周兢教授指出的:好的图画书是具有创意的形象内容、创意的哲理情思、创意的艺术表现的,是真正具有游戏性的。

绘本活动对于促进幼儿各方面发展的综合价值已经得到了大量中外学者的共同认可。首先,绘本阅读最明显的价值便体现在对幼儿语言和读写技能发展的促进作用上,很多学者因此对绘本活动大力提倡(Adams,1990[1];Bus,van Ijzendoorn,& Pellegrini,1995[2];Dunning,Mason,& Stewart,1994[3];Lonigan,1994[4];Sulzby & Teale,1987[5])。英国 Book Start 阅读研究中心 2005 年发布的研究数据表明,1—3 岁婴幼儿期的语言习得机会有近 50% 出现在绘本阅读中。研究者们还发现,学前阶段儿童如果有机会接触书籍并能和家长一起阅读,对于他们熟悉书面语言符号、理解复

---

[1] Adams, M. J. (1990). *Learning to read: Thinking and learning about print*. Cambridge, MA: MIT Press.
[2] Bus, A. G., van Ijzendoorn, M. H. & Pellegrini, A. D. (1995). Joint book reading makes for success in learning to read: A meta-analysis on intergenerational transmission of literacy. *Review of Educational Research*, 65, 1-21.
[3] Dunning, D. B., Mason, J. M. & Stewart, J. P. (1994), Reading to preschoolers: A response to Scarborough and Dobrich (1994) and recommendations for future research. *Developmental Review*, 14: 324-339.
[4] Lonigan, C.(1994). Reading to preschoolers exposed: is the emperor really naked?. *Developmental Review*, 14(3): 303-323.
[5] Sulzby, E. & Teale, W. H. (1987). Young children's storybook reading: Longitudinal study of parent-child interaction and children's independent functioning (Final report to the Spencer Foundation). Ann Arbor, Michigan (ERIC Document Reproduction Service No. ED 334541).

杂句子、促进词汇量增长、获得与阅读相关的技能、提高语言流畅性以及对阅读活动的兴趣提高等，都大有裨益(Dickinson & Snow，1987①；Dickinson & Tabor，2001②；Senechal, M. & LeFevre, J. A., Thomas & Daley，1998③；Snow，1983④)。

例如在前文提到的《必喜爷爷的蝴蝶》绘本阅读活动中，幼儿在轻松有趣的氛围中阅读了故事，丰富了词汇和口语经验；对观察到的现象进行积极探讨；对结果进行大胆的预测；或者对已有故事进行创编……这些语言训练和积累都能够促进幼儿语言能力的整体进步。

其次，绘本阅读及围绕阅读本身开展的一系列延伸活动本身就是非常具有综合性的，对幼儿其他各方面能力的促进作用也是十分明显的。例如：幼儿根据最近正在开展的教学主题挑选相关绘本来进行阅读，这涉及观察比较能力；幼儿在阅读过程中观察图片细节、拨弄小机关，这涉及观察、动手操作和判断力；认真地倾听教师讲读绘本，这涉及倾听能力和专注力；在阅读中自言自语或向他人提问、回答问题、讨论问题，这涉及语言表达和理解能力；在阅读中被打扰的情况下调整思绪重新主动恢复阅读状态，这涉及自控能力；在复述故事时，还需要运用策略提取已有信息，并重新进行语言组织；理解故事中的人物情感和冲突矛盾，这涉及幼儿的社会情绪情感能力……正是因为绘本活动是一种对幼儿综合能力发展起重要作用，并有利于将幼儿的情感内化和外化表达有机融合的活动，因而在儿童性格涵养教学法中是促进幼儿获得他人意识、丰富情感体验的重要手段。

三、绘本活动对于幼儿性格涵养的意义

（一）绘本活动可以促进儿童的仁爱意识的发展

每一个人的记忆深处，应该都会有那么一两本印象深刻的"小人书"或者图画故事，其中的人物性格、故事情节、画面场景会镌刻在一生的记忆里，渗透式地影响着我们日后对身边人和事的态度与判断。这就像是著名的阅读推广人梅子涵所说的那样，童年阶段的阅读是人们审美情感和美好人性的起点。幼儿在童年时期读到的绘本中所讲述的故事往往蕴含着社会的价值观、生活规范和各种主题性知识。幼儿通过模仿、学习故事主人公的行为方式和处理问题的办法将绘本中所蕴含的知识内化到自身的行为中。图文并茂的绘本还因为集视觉与听觉于一体，更加符合幼儿的心理发展特点与学习特点。那些负责承载大量信息的丰富图像对幼儿具有极大的吸引力，在引起幼儿与绘本故事内容产生共鸣的同时，更能帮助幼儿将绘本中的信息长时间保留。⑤ 正是在这种过程中，绘本帮助幼儿知觉自己和他人的情绪，清楚并明确地表达、抒发情绪，处理他人情绪及运用情绪，同时在培养幼儿的同理心、建立自信心、发展良好人际关系方面也有很好的促进作用。⑥

绘本能够带来的这些益处，与儿童性格涵养教学法所倡导的仁爱意识的培养十分吻合。幼儿在由"自然人"转变为"社会人"的社会化过程中，需要通过他们感兴趣、能理解、记得住的方式来获得积

---

① Dickinson, D. K. & Snow, C. E. (1987). Interrelationships among prereading and oral language skills in kindergartners from two social classes. *Early Childhood Research Quarterly*, 2: 1-25.
② Dickinson, D. K. & Tabors, P. O. (2001). *Beginning literacy with language*. Baltimore: Brookes.
③ Monique Sénéchal, Lefevre, J. A., Thomas, E. M. & Daley, K. E. (1998). Differential effects of home literacy experiences on the development of oral and written language. *Reading Research Quarterly*, 33(1): 96-116.
④ Snow, C. E. (1983). Literacy and language: Relationships during the preschool years. *Harvard Educational Review*, 53: 165-189.
⑤ 刘婷.情绪主题绘本促进幼儿情绪能力发展的行动研究[D].西南师范大学,2010.
⑥ 陈雅萍.利用情绪绘本教学进行儿童情绪教育之研究[D].屏东教育大学教育行政研究所,2007.

极的情绪情感体验,树立行为模仿的良好对象,只有这样才能形成积极地与自己相处、与人相处、与社会互动的行为模式,懂得如何爱自己、爱他人、爱外物,这也是优质的绘本正好能够提供的。

儿童性格涵养教学法认为:为幼儿提供优秀的绘本故事,当他们沉浸于阅读的乐趣之中,他们便会主动探索并评价和调节自己的行为。因此,儿童性格涵养教学法中的巧手鲁班系列原创儿童绘本无论从选材上,还是故事情节的创设上,都能够通过饱满的人物形象、生动的情节和具有审美意蕴的画面来激发幼儿的兴趣,在情境中引导幼儿对角色言行进行讨论和思考,从而促进幼儿性格的养正。故事中的人物角色通常被塑造为善良、团结、富有责任心的形象,故事内容则是幼儿们日常会遇到的各种问题,十分贴合幼儿的经验,传递儒家文化所强调的精神内涵,但却具有着现代化、童趣化的表达。例如:《自由王国》教会幼儿遵守规则的重要性,《永远的小星队》教会幼儿团结的价值,《子路拜师》则引导幼儿理解为什么要谦虚好学。这些故事能够让幼儿有身临其境的感受,移情于故事中人物的对话、情绪的变化、人和人物之间的关系和他们遇到的矛盾冲突,促使他们在活动中学习模仿故事中角色的积极性格特质,学习他们如何做人和做事。

不仅如此,儿童性格涵养教学法中的绘本活动不仅仅聚焦于阅读本身,还围绕绘本故事为幼儿设计了大量参与式的游戏、手工、表演等延伸活动,通过这些活动来进一步加深幼儿的情感体验和表达。比如,根据绘本《必喜爷爷的蝴蝶》设计的"小蝴蝶探险"的游戏,可以请小蝴蝶们手拉手一起经过窄窄的"小路"、黑黑的"山洞",躲过凶猛的"蛇",学习互相帮助、团结合作,体验与人合作的快乐。总之,绘本活动为幼儿提供了丰富的情感资源和良好的行为榜样。利用绘本阅读、游戏、表演,帮助幼儿认知、感受、表达良好的情绪情感和行为,为幼儿社会化发展提供帮助,真正在书香中润物无声地涵养幼儿的性情。

(二)绘本活动可以促进儿童的专注力发展

在幼儿园绘本教学活动中,在亲子共读绘本的场景中,或者在图书馆里故事姐姐为孩子们讲故事的时候,我们总能发现幼儿睁圆了眼睛,甚至张大了嘴巴,小手捏住衣角,全然被故事吸引的样子。听故事、看图画,可以说是最能够吸引幼儿的活动了,也是绘本活动在幼儿阶段最常见的一种形式。认真倾听,尽力理解,参与想象的过程本身就是一个深度的学习过程,而学习的必要前提,就是专注。尽管幼儿期的绘本阅读,在最初的阶段主要是以成人的讲述为主,但幼儿的投入度却是全然的。他们的小眼睛随画面翻动而变化,在每一页生动的图画上发现故事中人物的外形特征、动作特点,寻找别人也许没有留意的环衬和扉页的细节或是画师别具匠心的"小心机";他们的小耳朵则在聆听人物之间有趣的对话,理解故事情节的逻辑关系,追随着故事的发展而期待着故事的结果。这个过程是需要大脑的深度参与的,对幼儿专注力的形成,稳定性、集中性和持久性的培养,都具有极大的促进作用。当幼儿逐渐获得了独立阅读的能力,他们的阅读就变得更加自主了,而自主阅读的过程本身就是一个主动学习的过程,没有专注力的参与,是无法实现的。

不仅如此,很多绘本的内容从设计上就蕴藏着引导幼儿懂得专注的教育价值。例如在儿童性格涵养教学法的绘本中,绘本作家就结合幼儿的日常生活,将专注力主题巧妙地注入进去,形成结构完整、内容丰富的故事,帮助幼儿通过直观的绘本内容,了解到专注做事很重要这样的观点。比如绘本故事《一艘特别的船》,讲的就是吼吼特别想要达成一个目标——做一艘特别的船。在制作的过程中,虽然遇到了很多困难,有很多事情来干扰他,但他十分专注,最后终于做了一艘让自己满意的船。幼儿可以通过这样的主题故事,被小猪吼吼的榜样作用感染,进行学习和内化,从而发展专注力。可以说,无论是从内容或者阅读的实际体验上,幼儿都能够在一次次的绘本阅读活动中,慢慢练习管理和调节自己的有意注意,从而提升专注力。

四、儿童绘本活动

虽然大量研究者和一线教师近些年一直在大力推动绘本教育教学的发展，取得了大量优秀的学术研究和实践成果，但是由于我国教师队伍的绘本教学素养参差不齐，对于绘本教学活动往往存在一定认知偏差，且由于具有文化特质的优质中国原创绘本的缺乏、绘本形式相对单一等缘故，热火朝天的幼儿园绘本热下也出现了一些值得深思的现象：如绘本教学偏重认知价值，教师机械地看图说话，由于对绘本进行过度解读和花哨的教学现场设计，从而忽视了其本身的教育价值点的深入挖掘，忽视幼儿的情感教育和审美体验等。

基于此，儿童性格涵养教学法中的儿童绘本活动，希望能够立足中国优秀传统文化，以尊重幼儿阅读能力发展规律，尊重幼儿阅读的主动性为前提，努力通过创造性、艺术化的教学引导，利用教学体系丰富的原创资源，以多种形式加以呈现，并与儿童性格涵养教学法中的儿童戏剧活动结合起来，为教师提供具有可操作性的教育参考和启示，帮助教师充分运用绘本这一载体助力幼儿的身心全面发展，培养良好性格。具体来说，有以下三个特点。

（一）以儒家优秀文化成分为滋养，以培养幼儿良好性格为目的

儿童性格涵养教学法中的绘本内容设计和选择是把中国优秀传统文化中以儒家文化为代表的适宜现代价值观、社会文化背景和精神内涵的内容，作为重要素材，经过筛选和再创造进行呈现，紧紧把握"真、善、美"的原则，给予幼儿充分的积极引导，以故事涵养性情。我国儿童文学研究者方卫平曾指出："在今天，缺乏文化，或者说，缺乏有穿透力的文化思考和有厚度的文化内容，已经成为中国当代儿童文学的一个致命症结。"[①]

教学法体系则是深挖了以儒家文化为代表的中国优秀传统文化中的要素，以有益于幼儿仁爱、专注、勇敢、团结、宽容等性格特质的培养，有利于幼儿了解中国的传统节日和习俗、体验文化美、艺术美为标准，创作了一系列以性格涵养为目的的高品质原创绘本故事。其中，既包含取材自精品国漫《巧手鲁班》《孔子》动画片的故事蓝本的再创作，也包括了紧扣活动主题和幼儿日常生活经验的有趣内容，还包括了中国传统节日故事等。例如：《子路拜师》（图 3-2）、《颜回相马》（图 3-3）讲述孔子与他的

图 3-2　绘本《子路拜师》

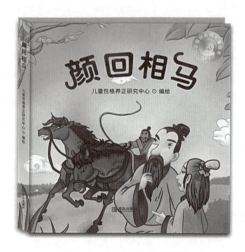

图 3-3　绘本《颜回相马》

---

① 方卫平.童年写作的重量[M].合肥：安徽少年儿童出版社，2015.

弟子们的故事,《去远方的船》(图3-4)、《年兽来了》(图3-5)等则是从幼儿的视角认识端午节、了解过年的习俗……内容丰富饱满,不仅具有优秀传统文化的根,同时不失其文学性。

绘本
《去远方的船》
《年兽来了》
电子版

图3-4 绘本《去远方的船》

图3-5 绘本《年兽来了》

(二)倡导多种教学方式和绘本呈现形式的组合运用

儿童性格涵养教学法中的绘本活动并不等同于早期阅读,它重视利用绘本发展幼儿语言能力和读写能力的价值,但它更强调将绘本作为一个综合性的载体和促进幼儿性格养正的切入点,以小见大,将集体教学活动、区角活动、日常活动、亲子阅读活动有机联系起来。以故事为线索,把各领域的活动融合起来开展,并以基于绘本的戏剧表演作为外化呈现,促进幼儿对绘本的整体理解和吸收,提升综合能力。

因此,儿童性格涵养教学法中的绘本活动,主要可以包括三种类型。

第一,绘本集体教学活动。这个过程是教师依托绘本,通过精心的教学设计和环境创设、材料准备,以达成特定教学目标的活动,这些目标既包括语言能力方面的,也包含性格引导、价值观内化方面的目标,或科学、数学等方面的目标;既包括过程性的目标,也包含结果目标。这类活动通常是教师向幼儿介绍一个新的绘本的起点,因此对故事背景、故事人物和情节的引入和兴趣的激发尤为重要。在具体教学中,教师可以通过绘本讲读、Flash动画欣赏等帮助幼儿了解故事中的人物和故事情节,还可以充分运用教学法的原创动画资源让幼儿熟悉故事发生的背景。例如在讲《颜回吃粥》这个故事时,就可以给幼儿播放《孔子》动画片中"绝粮"的片段,帮助幼儿了解孔子陈蔡绝粮的典故。也可以抓住一些关键性情节,更完整地呈现绘本中性格涵养的教育意义和价值,让幼儿在声音、图像、绘本故事相结合的过程中感受绘本活动带来的有趣、愉悦的氛围。需要注意的是,绘本集体教学活动虽然是以教师为主引导的活动,但教师必须要注意给予幼儿更多的表现和表达自己理解的空间,在故事背景中,帮助幼儿进行创造性的阅读,培养幼儿认知、发展思维、进行情感教育,以获得优秀的品质。

第二,基于绘本的区角活动。当幼儿对绘本的故事情节有所了解,参与过集体讲读活动之后,教师可将绘本融入不同的区角中,让幼儿通过不同的区角活动,从不同的角度感受绘本的美,享受绘本阅读的乐趣。以小班《必喜爷爷的蝴蝶》这一绘本为例:在阅读区或者语言区,可以投放故事中的手偶,根据有关情节、角色等制作成的图卡和背景的故事录音点读,幼儿戴上手偶和教师以小组讲故事的形式再次体会故事中的精彩片段,或者引导幼儿学会自己翻阅和借助点读笔等工具自己翻阅故事,增强对绘本故事情节的认知。在美工区,为幼儿提供故事中角色头饰的半成品及装饰物,让幼儿用手工的方式表现故事的场景,加深对故事情节的印象。在益智区,教师可根据绘本内容制作"糖蝴蝶,快飞!"迷宫,将糖蝴蝶在夜晚户外探险的路径用迷宫的方式来呈现,让幼儿在走走、玩玩中厘清故事情节。在角色区,为幼儿提供小蝴蝶、小蛇、萤火虫等角色的头饰等。

第三,基于绘本的戏剧表演。热爱游戏是幼儿的天性,借助绘本故事进行表演是一种幼儿喜爱的游戏活动,也是涵养儿童良好性格的一个具有特色的策略。在表演游戏过程中,幼儿根据已有的阅读经验,自发地在头脑中将自己的言行与故事人物、情节联系起来,理解自己和他人的行为。因此,教师前期可以先组织幼儿在集体活动中进行课堂小表演、在区角中开展自由角色扮演游戏,后期再一步步开展正式的舞台戏剧表演。帮助幼儿体会角色的不同情感,感受故事中的冲突,学习为人处世的智慧,汲取精神与信仰,这一部分将在戏剧活动章节详细介绍。

以 3D 立体绘本《子路染布》(图 3-6)为例。剧场式的立体绘本可以让幼儿在游戏中阅读故事。在幼儿阅读完故事之后,教师可组织幼儿根据故事进行课堂小表演,再进行舞台戏剧的排练(图 3-7)。

图 3-6　3D 立体绘本《子路染布》

图 3-7　舞台剧《子路染布》剧照

(三)强调在绘本活动中进行多领域的有机整合

儿童性格涵养教学法中的绘本活动,并不是单一领域的活动,而是借助绘本促进幼儿多领域发展,最终培养良好性格的活动。因此,围绕绘本进行的活动设计,也是多领域有机整合的。以绘本《颜回吃粥》为例,在语言领域,幼儿可以用绘本进行讲读与讨论,利用 Flash 为故事配音、参与绘本剧表演,培养幼儿的倾听能力、语言理解能力和表达能力。在健康领域,涉及煮粥、珍惜粮食,教师可以和幼儿一起煮粥,了解煮粥的过程,品尝粥。在进餐的时候,让幼儿学习进餐礼仪。在科学领域,由于故事的发生时间为古代,故事人物颜回需要用柴火生火煮粥,考虑到现代幼儿较难理解,尤其是城市里的幼儿,根据大班幼儿的能力和需求,可以让幼儿了解:不同时代的生火方式的演变过程——从最早的钻木取火到用火柴生火,再到用燃气和电磁炉等;不同时代炊具的演变过程——从捕猎生食到石烹,再到陶器、青铜器、铁器的使用,最后到现代电器炊具的使用。对于大班幼儿来讲,这些科学领域的信息量非常大,并且和自己的生活日常相结合,有足够的吸引力。在艺术领域,引导幼儿用环保材料自己做道具,培养幼儿的艺术创造和动手能力。在社会领域,《颜回吃粥》故事的内涵是"人不知而不愠,不亦君子乎"。幼儿通过扮演角色反复在表演中感受情境,感受故事中的矛盾、冲突,也习得为人处世的智慧。

儿童性格涵养教学法中的绘本活动，并不是生硬的学科教学或是单纯的语言领域学习，而是以蕴含优秀传统文化智慧的绘本为载体，深入发掘故事内涵和多领域的价值，具备多元作用的活动。在尊重阅读本质的基础上，巧妙地聚合了教学和游戏活动，将五大领域渗透整合来传递知识经验和情感态度，以助力幼儿养成好性格为根本目的，符合教育现实、操作性强的综合性的活动。

第二节　绘本活动的设计与实施策略

一、绘本活动设计的原则

绘本活动的设计，应充分遵循学前儿童身心发展的规律，以兴趣为导向，重视幼儿的情绪情感体验。它鼓励教师对绘本内涵和价值点进行深挖，并将五大领域的要求有机地融合在综合多元的绘本活动中。因此，在具体的教学设计和实施中，教师应充分把握以下原则，并根据幼儿的实际发展水平和反馈，结合地方文化等进行创造性的运用。

（一）坚持以儿童的兴趣为驱动力

幼儿的学习，具有着直接的兴趣指向性，因此兴趣是促使幼儿开展专注的阅读的第一驱动力。为了激发幼儿的阅读兴趣，儿童性格涵养教学法为教师提供以下具体建议。

1. 根据幼儿不同年龄特点，精选"有味道"的阅读材料

要根据幼儿年龄段和特点来选择阅读材料，例如儿童性格涵养教学法中的系列原创绘本，就根据年龄特点为3岁之前的幼儿设计了"纸戏剧"（图3-8）这样的绘本阅读素材和形式，用更简单的画面，更有情景感的故事讲读方式吸引低年龄的幼儿。除了对图文的常规要求之外，有丰富情绪情感体验的绘本对幼儿来说更加的"有味道"，这种味道表现在故事情节的精彩悬念设置上，还表现在故事传达的幼儿自己时常经历的情绪上：可以是积极情绪，如开心、愉悦，也可以是消极情绪，如伤心、愤怒、失望。绘本《永远的小星队》（图3-9）故事中的吼吼不能参加比赛时，幼儿体会到了失落；巧手鲁班①建

图3-8　纸戏剧《听见了，听见了》

图3-9　绘本《永远的小星队》

---

① 巧手鲁班系列动画片的故事主角之一，也是巧手鲁班系列儿童绘本中出现较多的一个人物角色，他以孩童的形象通过一个个故事传播真、善、美，展现"仁爱"和"专注"两大性格特质。

议大家齐心参加比赛，赢得胜利时，幼儿又体会到开动脑筋、团队制胜的欢乐。绘本阅读不仅给予幼儿视觉上的享受，还有直击心灵的体会和情感的体验。所以，给幼儿选择绘本时要选择适合幼儿年龄特点、有丰富味道的绘本，才能达到激发幼儿阅读兴趣的目的和鼓励他们参与后续活动的目的。

2. 营造"有情调"的氛围和情境

幼儿在有趣的环境中，更能产生阅读的兴趣。除了在班级布置温馨的图书角，在园内公共区域打造阅读室，还应在班级日常环境中对绘本故事的日常情境进行打造。利用园中干净的白墙，将绘本中的精彩元素和情节变成放大的美术作品进行悬挂，用于吸引幼儿。对好玩的绘本主题提前规划，利用废旧材料营造出带有真实感的"故事一角"，如用 KT 板、废报纸和小帐篷打造蝴蝶探险的森林，用星星点点的小灯当作萤火虫在树上悬挂着，教师和幼儿一起动手制作的卡纸猫头鹰端坐在树上，纸卷做的灌木丛中藏着手工小花蛇和小青蛙，相信幼儿会更乐意在这样共同营造的、有情调的情境中互动交流，并有更多的表达。

3. 运用"有互动"的多媒材优化阅读体验

幼儿阶段，阅读素材的生动性和阅读过程中的互动性是十分重要的，也是激发他们阅读兴趣的很重要的一点。为此儿童性格涵养教学法特别为原创绘本配置了 Flash 动画课件，并通过改变绘本材质、增加立体工艺的做法增加阅读的趣味性和互动性。

第一，动态的绘本 Flash 呈现。仍旧以《必喜爷爷的蝴蝶》为例，教师播放绘本 Flash，伴随着恰到好处的音乐和动画、精妙的配音、优美的意境，能有效刺激幼儿感知觉，快速吸引幼儿的兴趣，提升阅读专注度。同时，这样的集体阅读氛围和活动还能对幼儿起到同伴带动作用，纸质绘本与 Flash 相配合，还可帮助教师走出教学中绘本数量受限、幼儿人数较多的困境。

第二，多媒材和立体工艺的使用。从皮亚杰的认知发展理论来看，儿童在阅读过程中，会自主地根据信息做出反应和处理，将外界信息有选择地内化，并主动地建构经验。主要表现在对绘本的触摸、翻阅、摆弄，了解它的材质、轻重、触感、味道等特性，以及事物与事物之间的关系，如翻折、大小变化、颜色变化等。还有探索自身动作对事物产生的作用，比如吹、拍打等对物体产生力的作用，使其运动。

儿童性格涵养教学法在其部分原创绘本中加入了有质感的材料，如环保 EPP，突出物体的肌理效果和真实质感。

绘本内页中增加了多维的立体工艺，如剪切、镂空、遮挡、伸缩、翻折、滑道等"机关"设置，带给幼儿具象的场景或动态效果，激发幼儿的想象力和艺术感知力。如《瓢虫先生的家》中可以翻折的瓢虫翅膀、抽拉纸巾、老式转盘电话、立体房子(图 3-10)，《子路染布》中晾晒布匹的场景等(图 3-11)。

图 3-10　绘本《瓢虫先生的家》立体工艺页

图 3-11　3D 立体绘本《子路染布》内页

新奇的探索点和好的触觉互动体验让幼儿对绘本产生更加浓厚的兴趣,增加探索时长,在玩的过程中有更好的阅读体验。

(二)循序渐进,从绘本教学到戏剧表演,强调多领域融合

1. 从绘本到戏剧,循序渐进地进行引导

儿童性格涵养教学法中的绘本教学过程,是一个循序渐进、层层递进,且绘本活动和戏剧活动相互联系的过程,前者为后者提供故事线索和认知经验、情感体验的铺垫,后者是对前者的创造性外化表达表现。将绘本和角色游戏、课堂戏剧表演和正式的舞台戏剧表演结合在一起,共同涵养幼儿仁爱且专注的良好性格。戏剧活动的完成需要前期经验的铺垫,通过深入理解故事情节、角色冲突、心理变化、情绪情感体验,才能进行后面的正式表演,这也是教学法中绘本活动先于戏剧活动安排的原因。

一般而言,绘本教学首要的目标通常是帮助幼儿了解绘本表述的内容,如绘本的构成、内部的配图、故事的内容、人物关系、情节等;其次是感受绘本故事中的情感表达,其目的是促进幼儿情感的发展;最后则是在引导幼儿理解绘本的基础上,对绘本的内容进行表演或再现,促进儿童情感能力、表达能力和问题解决能力等综合能力的发展。最终,鼓励幼儿将绘本中的经验体验迁移到生活,引导幼儿在生活中发现身边的美好,逐步形成良好的价值观,懂得如何爱自己、爱他人和爱万物。在具体的阅读活动指导中,教师可以给幼儿设置一些带有悬念的问题。以《必喜爷爷的蝴蝶》为例,借助封面信息开放式提问:你看到了什么?它在哪里?你是怎么发现的?在情节有转折的关键页面提问,引导幼儿猜测故事情节的变化,如在情节变化前一页提问幼儿:小花蛇有没有吃掉糖蝴蝶?糖蝴蝶最后会飞到哪里去呢?让幼儿带着问题听故事,幼儿会更专注地验证自己的想法是否正确。当幼儿获得了成就感,会更容易产生阅读的好奇心和兴趣。

2. 以绘本为主线的综合活动设计应有层次、有融合

绘本活动是紧紧围绕绘本的故事内容来进行的系列活动。教师需要根据绘本故事的内容,对绘本元素进行挖掘,有系统、有层次地呈现出来。以教学法专用教案中的小班绘本故事《山羊乐乐的草莓》(图3-12)为例。故事讲述了小山羊乐乐偷懒不去为草莓拔杂草,也不去摘草莓,后来自己的草莓大部分被别的小动物摘走了的故事,教会幼儿懂得"小君子不拖拉"的道理。开展这个绘本系列活动时:首先,教师通过集体绘本教学的方式为幼儿讲读《山羊乐乐的草莓》,目的是让幼儿完整欣赏并理解故事;接下来,幼儿可以和教师一起玩健康领域的游戏活动——摘草莓;再接着,幼儿会动手制作轻黏土草莓手工(艺术),自己做出漂亮的小草莓;最后,当幼儿对故事内容、故事人物角色和矛盾冲突都有了详细的理解和动手操作的经验之后,教师会带领幼儿一起通过课堂戏剧小表演的形式,完成一个戏剧体验活动(表3-1)。

除了这些,儿童性格涵养教学法还关注绘本经验在一日生活中其他环节的渗透。比如晨间活动,教师在"山羊乐乐的草莓"集体阅读活动之前,和幼儿谈谈去摘草莓的经历;又比如亲子活动,教师可以组织班级家长、幼儿去参观草莓园,看看草莓的种植、生长过程,真的摘一次草莓。在第三节的绘本案例分析中,会对具体的活动开展进行介绍。

绘本《山羊乐乐的草莓》电子版

图3-12 绘本《山羊乐乐的草莓》

表 3-1 "山羊乐乐的草莓"(小班)活动建议

系列活动	活动思路
集体语言活动:绘本《山羊乐乐的草莓》	教师引导幼儿按顺序观察包含关键故事情节的绘本画面,通过提问、角色扮演等多种方式串联故事情节,明白绘本所述内容
集体健康活动:摘草莓	教师以"摘草莓"为中心创设情境,引导幼儿走过桥(平衡木)、越过山丘(轮胎),最终"摘"下草莓
集体艺术(美术)活动:草莓手工	观察草莓的外部形态,用轻黏土通过团、按压等方式制作草莓
区角活动(建构区):果园	在欣赏过不同果园的图片之后,幼儿利用数量充足的积木和多种辅助材料,通过围合、架空、垒高的方式搭建"我"脑海中的果园
集体艺术(戏剧)活动:山羊乐乐的草莓	结合绘本,创设情境,准备道具,引导幼儿通过肢体动作模仿故事中出现的小动物
区角活动(美工区):稻草人	结合绘本中草莓园里的稻草人,欣赏不同的稻草人图片,认识不同的材料,利用木勺、拉菲纸、活动眼珠等制作"稻草人"

在活动中,教师可以根据实际情况采取最适合本班幼儿实际情况的活动方式,组织幼儿逐步深入开展相关活动。

二、绘本教学的流程和环节

(一)性格涵养教学法中不同年龄段的绘本教学

性格涵养教学法适用于 0—7 岁整个学前教育阶段,包括了托育园和幼儿园两个阶段。由于两个阶段的儿童的身心发展特点和阅读能力差异较大,所以性格涵养教学法在托育园和幼儿园阶段的绘本教学选材与基本环节设置有所不同,在此分别对这两个阶段的绘本教学特点做出说明。

图 3-13 纸戏剧表演

在性格涵养教学法的绘本教学中,针对托育园幼儿的绘本教学,更加注重幼儿多感官的体验和感受,帮助幼儿通过场景、教师声音、表情和动作的表现来理解故事情节,进而产生阅读兴趣,并能够基本理解故事想要传达的意思。因此,针对 2 岁左右的托育园幼儿,教师除了日常使用常规绘本之外,我们还特别采用了纸戏剧这种形式(如图 3-13)。因为纸戏剧具有明显的场景感,画面和语言特点都更加适合低幼儿童,也更加容易在低幼年龄段开展。因此托育阶段,下文将专门介绍纸戏剧教学活动。

针对幼儿园阶段的绘本教学,性格涵养教学法更加重视绘本故事内涵和教育价值的挖掘,幼儿对故事情节的深入理解、复述与表达,绘本中所涉及的经验在后续活动中的巩固和延展运用等,基本环节上与托育园的绘本教学有所差异。在此,我们列表展示了性格涵养教学法中托育园与幼儿园的绘本教学环节(见表 3-2),并会在后文对这些环节中教师需要注意的要点进行详细论述。

需要指出的是,无论是托育园还是幼儿园阶段,性格涵养教学法的理论和教学策略都具有系统性和有机性,也为教师提供了基本的活动参考。但是教师在具体教学中,完全可以根据幼儿的实际情况,开放地、创造性地进行运用。

表 3-2　性格涵养教学法中托育园与幼儿园的绘本教学环节

年龄阶段	活动流程	性格涵养教学法中绘本教学的具体环节
托育园	活动准备	● 选择故事材料 ● 挖掘故事内涵 ● 反复讲演练习 ● 准备服装、道具、场地
	活动过程	● 开始部分：注重开场的仪式感，吸引幼儿注意力 ● 基本过程：通过抽拉画片，利用生动的语言和表情动作及与幼儿的互动，进行故事讲演 ● 结束部分：注重结束的仪式感，与幼儿说再见 ● 活动延伸：经验的回顾与强化、扩展
幼儿园	活动准备	● 挖掘故事内涵 ● 确定活动重难点 ● 创设绘本活动环境并投放相关材料
	活动过程	● 开始部分：通过良好的导入引起阅读兴趣 ● 基本过程：讲述→情节讨论与解析→再次欣赏→分享与总结 ● 结束部分：梳理、鼓励与评价 ● 活动延伸：通过日常活动、区角活动、家庭活动等进行绘本相关经验的巩固和扩展

（二）托育阶段纸戏剧教学活动准备的要点

1. 根据幼儿的年龄特点及兴趣点，选择适宜的纸戏剧

3 岁以下幼儿处于身心发展非常特殊的时期，即便月龄相差不大，各方面能力差异却很大。教师需要确认幼儿具体月龄、实际发展水平及近期的兴趣点，选择适宜的纸戏剧故事。

2. 研读纸戏剧故事，深挖内涵，反复演练

纸戏剧的主题不同，表达的内涵和呈现的价值点也不同。教师需要对画面和台词进行研究，发现剧本的深意和价值。教师需要思考：这个纸戏剧故事提供的角色和场景，是否贴合幼儿当下年龄段的生活经验？纸戏剧中的语言，从词汇到句式，有什么样的特点？从画面来看，每一页画片的设计、角色、场景以及画面的留白之间有什么样的关系？这样的设计是希望表达什么？譬如，如果纸戏剧画片背后的台词中，反复说道"谢谢"，那么，它的着眼点可能就在于培养幼儿懂礼貌的好习惯和感恩之心。教师在理解了这样的价值点之后，就可以用于讲演的互动设计和演练中。

3. 根据纸戏剧的类型，反复进行讲演练习

纸戏剧是通过教师讲演剧本，让幼儿获得饱满生动的感官体验，对故事产生浓厚的兴趣，这需要教师拿捏好讲演分寸。所以，需要提前熟悉画面和剧情，练习表情和抽拉画片、讲解的动作。比如，故事类剧本需要教师自然地念台词，烘托气氛，借助表情和抽拉画片让幼儿专注于故事意境。互动类剧本需要通过语言、设计好的互动动作、表情，号召幼儿表演。

4. 准备适宜的服装、道具、场地

（1）服装：教师着装要简单、朴素，避免分散幼儿注意力，3 岁以前的幼儿非常容易被教师夸张的佩饰吸引，所以教师要尽量避免自身干扰因素。

（2）道具：纸戏剧、表演框、小舞台，适当的音乐（如有需要）。

（3）场地布置：场地平整、开阔，背景尽量纯色，避免明亮的窗户和鲜艳的物品当背景，要确保幼儿能对舞台聚焦。

（三）托育阶段纸戏剧教学活动过程的要点

儿童纸戏剧活动的过程可以分为开始部分、基本部分、结束部分和活动延伸四个基本环节。

1. 开始部分

教师打开纸戏剧框门的开场环节一定要正式且有仪式感，要从一开始就要进入讲演状态，烘托气氛。开场的方式可以是贴合纸戏剧主题的儿歌演唱、变魔法、手指谣等，在短时间内吸引幼儿的注意力。例如："小朋友们，今天咱们的小剧场会讲到关于谁的故事呢？嘿！听听我刚才唱的儿歌，歌里唱了谁呢？对了！他就是咱们今天的主角了！"

2. 基本部分

基本部分就是教师通过抽拉画片，利用生动的语言、表情动作，和幼儿互动，进行故事讲演，帮助幼儿完整地感受、理解故事的环节。在这个过程中，教师需要注意以下六点。

（1）动作：不能过多和过于夸张，避免破坏幼儿的专注时长和程度。

（2）声音和表情：声音要稳定从容，表情要生动，凸显故事情节中的情绪，如悲伤、高兴、害怕等，带领幼儿进入故事中的情境。

（3）眼神：教师在讲演的时候要面向观众，要观众把注意力聚焦在画片上，进行深度体验。

（4）台词：尽量不随意改变纸戏剧画面背后的台词，保证故事本身的文学性和故事性。

（5）抽拉画片：要根据纸戏剧故事的内容调整抽拉画片的速度、位置、移动轨迹。

（6）互动：教师可以根据纸戏剧后面的文字脚本中的互动提示和幼儿进行互动，也可根据教学现场幼儿的反应进行自我创编。

3. 结束部分

纸戏剧表演结束时，由于幼儿已经沉浸在故事情境中，为了让幼儿回归现实场景，教师要正式告诉幼儿故事的结束，这也是故事世界的落幕。教师可以说："好的，我们今天的故事讲完了，谢谢大家！"或者"××故事到此结束，谢谢大家！"然后，把框门关闭，将幼儿带回现实场景，并给幼儿1—2分钟的"留白时间"进行回味，不在这2分钟里安排其他活动，而是提供一段安静的思考时间。

4. 活动延伸

托育阶段纸戏剧活动延伸的目的是让幼儿获得经验回顾的机会，或者加深故事中相关概念的理解、丰富情感体验和增加表达的机会。教师可以在托育园的区角活动和日常生活体验中，有意识地融入绘本中的经验和知识点，给予幼儿练习和表达的机会，例如，和幼儿一起制作故事中提到的小雪人，和幼儿互动时使用故事中反复强调的重点词语和句式等。

（四）幼儿园阶段绘本教学活动准备的要点

1. 研读绘本，理解故事，深挖故事内涵和价值

每个绘本的主题不同，想要传递的思想内涵也不同。教师需要精读绘本，对绘本进行分析和评估。从艺术表现的角度，摸清绘本的色彩造型、画面构图、美术风格；从语言表现的角度，了解绘本的语言风格、句式表达、关键词汇；从故事要素的角度，深入理解人物角色、故事结构和情节。通过对以上的综合分析，挖掘绘本价值，筛选出重要意义。例如，《特别的鸟蛋》这个绘本故事，教师从培养幼儿仁爱意识的角度，就可以深挖吼吼与自己发现的这颗鸟蛋之间的关系，引导幼儿观察吼吼是如何照顾这颗鸟蛋的。把教育活动的重点放在引导幼儿在充满趣味的故事中体会生命的神奇和美好，让他们懂得珍惜和爱护生命。

2. 根据幼儿的实际能力水平，确定活动重难点

从语言发展的实际水平、年龄特点、兴趣需要和关注点，分析哪些经验是本班幼儿已有的，哪些是需要丰富和发展的。从而确定活动目标及重难点，以及活动中的指导策略。

3. 为幼儿创设有氛围的环境

阅读环境对幼儿的阅读行为会产生重要影响，可以从以下两方面解决。

（1）班级阅读环境的打造是绘本教学开展的前提。教师要给幼儿布置光线柔和、舒适的阅读角，提供清晰明了的阅读标识和规则牌。根据幼儿的年龄特征，投放不同材质、领域、形式的阅读材料，保持干净整齐，定期更新，还可以在班级开展图书漂流和图书展的活动。幼儿在积极阅读时，教师要多鼓励和回应。教师可以陪伴、带领幼儿阅读，还可以鼓励幼儿一起共读，轻声讨论、仿编、续编、创编故事，鼓励幼儿自制图画书。幼儿在感到舒适、充实、有陪伴的环境中更有阅读兴趣，愿意自主阅读，养成专注的阅读习惯。

（2）在活动中，教师要尊重幼儿的需求和感受，公平提问，给幼儿足够的回答时间；引导幼儿大胆想象，通过语言、肢体动作等开放性地表达自己的想法；对于幼儿的反馈，多加肯定和鼓励。公平、开放、支持的氛围有助于绘本教学的有效进行。

（五）幼儿园阶段绘本教学活动过程的要点

学前儿童绘本活动过程可以分为开始部分、基本部分、结束部分和活动延伸四个基本环节。

1. 开始部分

开始部分就是绘本教学的导入环节，良好的导入能够吸引幼儿的注意，对幼儿在活动中的情绪有引领作用，让幼儿积极地"悦读"下去。

在教师进行导入环节时，需要注意以下三点。

（1）导入形式有很多种，如提问、念童谣、唱儿歌、猜谜语、展示教具、变魔术、游戏等，但是绘本教学并不是花哨的表演，一种导入方式即可；

（2）要根据绘本主题选择贴切的形式，不能生搬硬套；

（3）导入时间控制在2—5分钟，尽量迅速进入故事主体，但是如果幼儿对于导入中的某些概念表现出明显的疑惑，需要尽量阐释清晰，或者反思导入环节是否超出了幼儿的经验范围。

2. 基本部分

基本部分就是绘本教学中教师讲故事，帮助幼儿感受、理解故事的环节。需要注意的是，基于绘本内容的长短、幼儿的年龄特点，教师可以全部讲读，也可以根据实际情况选择特定的部分进行讲读。基本步骤包括以下四点。

（1）完整讲述故事，初步熟悉故事。在这个过程中，教师要先引导幼儿观察封面（包括腰封）、封底、环衬页、扉页，以及绘本的署名和出版信息；再是绘本内容的讲读，注意引导幼儿认识绘本的完整性。接下来，才是正文故事的讲读。教师主要采用生动的口述等方式，通过语言、图画、视听觉输入，激发幼儿的想象力，帮助幼儿学会倾听，对整个故事进行初步感知。

（2）回顾故事情节，解决重难点。在这个环节，教师需要带领幼儿精读绘本。即带领幼儿仔细观察画面，激发其想象力，对其进行提问，组织其进行讨论。教师可以多问幼儿："你看到了什么？你认为是怎样的？你从哪里看出来的？"鼓励幼儿在故事的精彩处、转折处、关键处，对后面的故事情节进行预测。这些都是在帮助幼儿进一步熟悉和理解故事内容，感受绘本中的情绪情感。

在这个环节中,对不同的年级有不同的建议:

对于小班幼儿,需要初步了解故事中的角色(他叫什么名字?他长什么样子?他在故事情节中有哪些有趣的表情和动作?),能简单描述单幅画面,初步了解画面间的联系。

对于中班幼儿,除了需要了解故事中的角色形象和行为,还要尝试了解角色的心理活动(他现在的情绪感受是什么?是积极的还是消极的?他现在想做什么?),能描述画面细节更多一点,讲出一些情节。知道绘本前后页的关系,知道把所有页面串起来看,才能明白故事整体内容。

对于大班幼儿,除了需要了解故事中角色的形象、行为、心理活动,还需要有意识找到关键情节和重点细节的信息,理解整个故事,并能尝试总结绘本中隐藏的内涵。

在精读绘本故事的过程中,教师提出的问题要有开放性,给幼儿观察画面、思考、回答问题的时间,给予他们充分表达的机会。

(3)完整欣赏故事。性格涵养教学法中的故事都配套了 Flash 动画,教师可把 Flash 动画完整播放一遍,让幼儿学会倾听,再次感受故事情节,掌握整个故事的脉络。

(4)分享和总结。教师对故事进行简短总结,对故事的内涵进行提炼和情感升华。

3. 结束部分

这个部分是教师对绘本的教育价值点再进行总结和提炼,并给出更多可延伸的活动建议和创意空间。当然,教师也可以在这个环节对教学活动中幼儿的表现进行简要评价和鼓励。但应重点评价幼儿在阅读活动中的具体表现,而不是对绘本内容的熟记程度。例如,可以评价幼儿的倾听习惯,是否会认真思考老师提出的问题,是否愿意且能够表达自己的想法,是否表现出对故事情节的理解等。

4. 活动延伸

幼儿园阶段绘本活动的延伸一般是以绘本为线索,让幼儿再一次回顾和使用已获得的经验,在更多的机会中去表达表现和产生更多的情感体验。

(1)区角活动:以《山羊乐乐的草莓》为例。在建构区,请幼儿利用建构材料建造草莓园;在美工区,请幼儿运用美术材料,制作稻草人,保护草莓园。

(2)日常活动:午睡前,轻声给幼儿朗读教学法中的绘本故事。鼓励幼儿做事不拖延,学会保护自己的物品。比如,画画时及时把桌面和地板上的颜料清理干净,颜料尽量不洒出来。

(3)亲子活动:以《山羊乐乐的草莓》为例。组织家长和幼儿去草莓园种植、采摘草莓。

整个活动安排,教师需要把幼儿置于主体地位,调动幼儿兴趣,充分发挥幼儿的主观能动性,促进幼儿多方面能力的发展。性格涵养教学法中的绘本教学,还十分重视在集体教学活动之外,引导和鼓励幼儿将在故事中习得的知识与经验迁移到自己的生活中,真正内化故事中人物的积极态度和良好行为。

三、绘本教学中的师幼互动

(一)绘本教学中的引导策略

1. 通过示范与互动练习,引导幼儿获得正确的阅读方法和习惯

阅读能力是幼儿终身都要用到的能力,教师一定要引起重视,帮助幼儿在学前期就爱上阅读且养成良好的阅读习惯。

第一,要重视幼儿正确阅读姿势的养成;第二,要重视幼儿阅读后收纳图书的好习惯;第三,要重视幼儿阅读方法、经验的获得。在绘本阅读活动中,教师要引导幼儿了解绘本结构,知道封面、封底、环衬页、扉页、正文的位置,知道这些部分的作用。教师给幼儿示范如何拿书,如何正确翻书,如何迅速找到指令要求的页码,如何找到图画的人和物。教师要引导幼儿了解故事中角色的名称、行为特征、心理活动等,理解画面要表达的情节,并将整个故事串起来,完整理解故事内容。以上,都能帮助幼儿养成良好的基本阅读方法,培养良好的阅读习惯。

2. 巧设提问,引导幼儿大胆想象

在绘本阅读活动中,教师要避免不必要的封闭式提问、无效提问以及提问过多。封闭式提问会限制幼儿思考;无效提问会让提问没有重点甚至产生误导;提问过多则容易破坏绘本故事本身的节奏。教师要设计富有启发性、探究性、开放性的问题,引发幼儿想象、积极思考。如阅读《山羊乐乐的草莓》时,可向幼儿提出猜想和预测性的问题:巧手鲁班他们做的稻草人能吓走小鸟吗?如《必喜爷爷的蝴蝶》,这本绘本的封面上是故事的主角——糖蝴蝶,利用这个关键信息可向幼儿提出启发性的问题:这只糖蝴蝶正在扇动翅膀飞,它要飞到哪里去呢?引发幼儿的想象和思考。幼儿会根据这个问题产生各种各样的想法。如阅读《倾斜的鸟窝》时,可向幼儿提出创造性的问题:小河边的树快要倒了,鸟窝快要掉进河里了,我们要拯救小鸟一家。你会想到哪些救援的方法呢?请幼儿们大胆想象,进行讨论,感受绘本阅读带来的妙趣。

3. 引导幼儿专注听、认真看、大胆说

第一,听。在集体讲读故事时,教师要引导幼儿认真倾听朗读,感受语速的快慢、语调的高低、语气的轻重、语音的大小、停顿时间的长短。在其他幼儿回答问题的时候,引导幼儿用心倾听,感受其他幼儿的想法和语言表述。除此以外,可以借助制作良好的 Flash 或者故事录音,让幼儿聆听,感受故事呈现的画面和意境。以上这些,都能帮助幼儿养成专注听的习惯,有效地感知绘本信息,积累和储存词汇与句子,获得更多的语言信息和表达技巧,为之后顺其自然、有兴趣、成功的"说"做输出准备。

第二,看。由于幼儿阅读习惯的不完善以及思维的跳跃性,在阅读时会出现随意乱翻书、快速翻书的不良阅读行为,导致忽略很多细节,影响对故事的深入理解。教师要指导幼儿放慢节奏,有目的、有序地观察绘本画面,发现画面中隐藏的细节。

第三,说。在活动中,多给幼儿提供说的机会。在幼儿回答问题的时候,鼓励幼儿勇敢地、有目的地、有逻辑地说。在角色扮演、课堂小话剧表演以及正式的戏剧表演中,教师要鼓励幼儿讨论,引导幼儿评价自己和他人的表演。教师还要经常变换表演内容,让幼儿有更多可以表达的素材。教师可以举办"我是故事小明星"活动,鼓励幼儿讲故事,进行连贯的讲述训练,培养幼儿的想象力、语言表达能力。

教师还可以通过一些"语言跟说"小游戏,让幼儿在游戏的过程中,运用词汇、语句进行表达。比如:

老师:我是可爱的糖蝴蝶,啦啦啦,我要飞走啦!

伊璇:我是可爱的猫头鹰,咕咕咕,我要睡觉啦!

喜宝:我是可爱的小花蛇,嘶嘶嘶,我要回家啦!

奔奔:我是可爱的小青蛙,呱呱呱,我要去捉害虫啦!

在日常生活中,教师可以利用幼儿入园离园间隙、进餐前、饭后散步、午睡前,有计划、有目的地与幼儿交流,给幼儿更多说的机会。

4. 帮助幼儿形成整体阅读理解能力

每个绘本都有一个主题和内在逻辑，学前期幼儿的思维具有具体形象性和一定的片面性、零碎性，缺少对绘本的整体感知。比如，幼儿理解单幅画面，但是会忽视多幅画面间的联系，就影响对整个故事情节的理解和主题的把握。教师可以利用可视化、具象的呈现方式，帮助幼儿厘清绘本脉络，理解绘本的情节和内涵。比如，可以将所有画面集中在一张大的画面里，并配上简单的思维导图，让幼儿更加清楚地整体观察画面，理解故事情节。

（二）绘本教学中积极师幼关系的建立

积极的师幼关系影响幼儿的阅读兴趣和积极性，从而促进幼儿在阅读中的思考、探究和感悟。如何建立绘本教学中积极的师幼关系，儿童性格涵养教学法有如下建议。

1. 教师需要明确在绘本教学中的角色定位

在儿童性格涵养教学法中，教师是阅读环境的规划者、创设者。在开展绘本阅读活动时，教师应为幼儿提供舒适、有书香氛围、轻松的环境，可以精选幼儿感兴趣的阅读材料，提供阅读区规则，维护阅读秩序，鼓励幼儿参与环境创设，吸引幼儿愿意参与绘本阅读和相关活动。

教师是幼儿阅读兴趣的激发者和保持者。幼儿的兴趣是教学开展的前提，幼儿能从教师设计的提问、游戏中建立阅读兴趣，爱上阅读，形成正向的阅读态度。

教师是幼儿阅读习惯的引导者和养成者。教师的阅读示范能帮助幼儿学会正确翻看、观察绘本，认识绘本的结构等基本的阅读技能。

教师是阅读内容理解和阅读策略的引领者。教师应对故事结构、故事内容进行整体把握，带领幼儿有目的地阅读。幼儿从教师讲读中伴随的语言、动作、表情等有意识地对故事进行完整的理解和情绪情感体验。

教师是阅读延伸和阅读表达的成就者。教师应努力挖掘绘本中的可用元素，引导幼儿进行表演游戏和美工创作，并应用于各类区角、日常活动、戏剧活动、亲子活动中，帮助幼儿进行语言表达和艺术表达。

2. 教师需要把控阅读节奏，适当进行留白

在对儿童性格涵养教学法进行实践的过程中，教师应尊重幼儿听、读、想的节奏，照顾幼儿的真实感受和需求，信任幼儿。不要急于把绘本故事讲完，不要在提问时着急向幼儿要答案，在幼儿回答有困难时同样不要着急给出答案。当幼儿的回答与教师的预想答案不一致时，教师不要一直追问，应关注幼儿表达的过程，给幼儿思考时间，允许幼儿表达。教师可以根据幼儿的年龄特点和阅读理解水平，寻找合适机会抛出悬念进行"留白"，让幼儿带着疑问阅读，请幼儿根据自己的经验和想象，对故事后面的情节进行预设和猜想，最后引导幼儿对实际内容和自己的猜想进行比对。以上，都重在促进幼儿思考，鼓励幼儿想象，学会表达。

第三节　绘本活动案例

儿童性格涵养教学法中的绘本活动是以绘本为载体开展的综合性教育活动，目的是涵养儿童仁爱且专注的良好性格。根据儿童的学习发展特点，不同类型绘本的特点和规律，需要运用适宜且灵活

的教学引导策略,才能获得良好的效果。现以小班《山羊乐乐的草莓》这一原创绘本为例,呈现围绕这一绘本开展的多个活动完整的环节设置,以供参考。

一、绘本活动1

幼儿做事拖拉,喜欢慢慢吞吞是一种很常见的现象。一是因为幼儿身心发展特点;二是因为幼儿没有时间概念和时间管理的习惯。儿童性格涵养教学法中《山羊乐乐的草莓》就是基于这点,结合幼儿的生活经验创作的故事,让幼儿能够初步意识到小君子不拖拉,才能给自己带来更好的结果。绘本中的草莓和稻草人是幼儿感兴趣的素材,这也为绘本活动的开展奠定了兴趣基础。

在活动过程中,教师通过粗读—针对画面精读—总结这三个基本步骤来开展活动。针对小班幼儿受身心发展水平制约,易被画面吸引,不容易理解画面内容这个特点,教师可以在活动中针对关键画面,通过有趣的提问,逐步引导幼儿发现故事主角,观察角色动作、表情,以及猜测故事情节发展。针对小班幼儿表达能力弱、词汇不丰富的情况,教师可做语言示范讲述,让幼儿不断仿读整句,学习完整句子的语言表述。这样,幼儿在观察、思考、仿说中积累了阅读和语言表达的经验,获得良好行为习惯的感知,也能为接下来的其他领域活动做好铺垫。

案例3-3　山羊乐乐的草莓

活动形式:■集体　□区域　□日常　□亲子
重点领域:□社会　□健康　□艺术　■语言　□科学

【性格涵养要点】
有保护自己物品的意识。
初步了解拖拉是不好的习惯,做事要积极。

【活动目标】
初步了解故事情节,知道做事拖拉会带来不好的影响。
对绘本故事感兴趣,愿意与同伴交流自己的想法。
能够观察和简单描述绘本画面的内容。

【活动准备】
绘本《山羊乐乐的草莓》;小山羊头饰一个。

【活动过程】
一、情景导入
➤(教师模拟哭声)呜呜呜,呜呜呜。
➤(教师转回正常声音)是谁在哭呀?
教师出示绘本封面。
➤(指向绘本)原来是它在哭呀?我们一起问问它为什么要哭呀?"你怎么了?"
教师引导幼儿询问山羊乐乐。

➢（教师模仿山羊乐乐一边哭一边说）呜呜呜，我是山羊乐乐，这里是我种的草莓，可是现在我的草莓却越来越少了。呜呜呜……

➢山羊乐乐实在是太伤心了，我们帮它擦擦眼泪吧。

教师引导幼儿摸摸绘本封面，并用自己的话安慰山羊乐乐。

➢山羊乐乐的草莓为什么越来越少了呢？我们一起来看一看吧。

二、故事欣赏

1. 完整讲述故事

教师出示绘本，按照绘本原文通过变音的方式扮演不同的角色，完整讲述故事。

2. 回顾故事情节

教师出示绘本，引导幼儿回顾故事情节：

教师出示P1—P2草莓园里结满草莓的画面。

➢草莓园里结满了红红的草莓，你们知道这是谁的草莓园吗？

教师出示P3—P4草莓园里长满杂草，香香喊乐乐除草的画面。

➢草莓园里长满了杂草，香香喊乐乐除草，山羊乐乐有除草吗？

教师出示P5—P6小蛇来到草莓园的画面。

➢谁来草莓园摘草莓啦？我们赶紧提醒山羊乐乐吧。可以怎么说呢？"山羊乐乐，你的草莓越来越少啦！"

➢山羊乐乐有没有去草莓园看看？它在干什么呀？

教师出示P7—P8小鸟在草莓园里吃草莓的画面。

➢谁来草莓园摘草莓啦？

教师出示P9—P10很多小动物在草莓园里吃草莓的画面。

➢越来越多的动物来摘草莓了，都有谁呀？

教师出示P11—P12巧手鲁班、香香、吼吼提醒山羊乐乐的画面。

➢我们赶紧提醒山羊乐乐吧。可以怎么说呢？"山羊乐乐，你的草莓越来越少啦！"

教师出示P13—P14山羊乐乐在草莓地里哭了的画面。

➢山羊乐乐的草莓越来越少了，我们有什么办法可以帮助它保护草莓园吗？

教师引导幼儿自由表达想到的帮助山羊乐乐保护草莓的方法。

教师出示P15—P22巧手鲁班帮助山羊乐乐的画面。

➢巧手鲁班他们也想了很多办法来保护山羊乐乐的草莓，他们拔掉了杂草、围了篱笆、写上了"山羊乐乐的草莓"、做了一只会挥动翅膀的老鹰。

教师出示P23—P24山羊乐乐在草莓园浇水的画面。

➢山羊乐乐在哪里？在做什么？

教师出示P25—P28草莓熟了、山羊乐乐用草莓换到玩具的画面。

➢山羊乐乐不再拖拖拉拉，最后收获了很多又红又甜的草莓，还换到了好玩的玩具。

➢好听的故事讲完了，这个故事的名字叫《山羊乐乐的草莓》，是李望枝写后，陈萍老师改编，孟铭老师画的。

三、分享和总结

➢（出示绘本封面）小朋友们，你们还记得山羊乐乐的草莓是怎么变得越来越少的吗？原来呀,山羊乐乐的草莓熟了,山羊乐乐没有及时去收草莓,于是就被小动物们吃掉了。小朋友们帮山羊乐乐想了很多保护草莓的办法,非常谢谢你们哦。巧手鲁班和小朋友们一样,想了很多办法帮助山羊乐乐。我们自己的东西,需要我们想办法来保护好,在遇到问题的时候,也可以寻求爸爸妈妈、老师的帮助哦!

【小贴士】
● 在提醒山羊乐乐草莓被偷时,教师可引导幼儿使用重复句式互动,有利于强化幼儿对该句子的理解,让幼儿自发地重复使用。例如:山羊乐乐,你的草莓越来越少啦!
● 在教师引导幼儿回顾故事后,可以引导幼儿为故事取名,发展幼儿的语言概括能力。每位幼儿都有着独特的想法,相信幼儿起的书名也一定是各种各样的,教师可以将幼儿对故事所取的名字记录下来,并请幼儿解释取名的缘由。

二、绘本活动 2

这个活动是在《山羊乐乐的草莓》绘本阅读已完成之后来开展的。小班幼儿处于直觉行动思维到具体形象思维的过渡阶段,认识大多依赖行动,用艺术创作的方式可以帮助幼儿认识和理解故事。《山羊乐乐的草莓》绘本中,草莓这个重要元素可以引发幼儿的手工创作兴趣。手工制作的草莓可以成为角色扮演、课堂小话剧中的道具,幼儿可以模仿故事中的角色摘草莓、用草莓换玩具,这些都可以加深幼儿对故事中人物角色、故事情节的认识与理解,更好地体验故事中的情绪情感,为后续的戏剧表演做好准备。

在手工活动过程中,教师可以结合幼儿认识草莓、吃过草莓的经验,通过有趣的提问,激发幼儿制作草莓的兴趣。引导幼儿认识做草莓的材料,鼓励幼儿根据已有材料,尝试制作草莓;在经过教师引导下进行第一次制作后,幼儿可以按照自己的想法自由创作草莓。最后,教师可以鼓励幼儿在规定的时间内将作品收好,并负责保管好。这样,幼儿就能在手工创作和收纳过程中理解做事不拖延,学会管理好自己物品的道理。做好的草莓可以用在区域活动和戏剧表演中,这样可以增加幼儿参与手工活动的积极性和信心,丰富区域活动的素材,还能激发幼儿参与后续戏剧表演的兴趣和丰富戏剧呈现的效果。

 案例 3-4　草莓手工

> 活动形式:■集体　□区域　□日常　□亲子
> 重点领域:□社会　□健康　□艺术　■语言　□科学

【活动目标】
认识并了解草莓的外形特征。
喜欢参与轻黏土手工制作,感受动手操作的乐趣。
能够运用团、按压等方式制作草莓。

【活动准备】

教师提前让幼儿品尝草莓并拍照记录幼儿吃草莓的图片,含完整草莓、剥草莓绿叶、被咬了一大口的草莓的图片;红色、绿色轻黏土;轻黏土操作工具若干。

【活动过程】

一、认识草莓

教师出示幼儿拿着完整草莓的图片,引导幼儿回顾吃草莓的经验。

➢ 这是谁呀?他拿着的是什么?你们吃过草莓吗?草莓是什么味道的?草莓是什么颜色的?

教师出示幼儿剥草莓顶部绿叶的图片,引导幼儿观察草莓的外形特征。

➢ 这是哪位小朋友?他在干什么?草莓顶上的叶子是什么颜色的?草莓是什么样子的?

教师出示被咬了一大口的草莓的图片,引导幼儿观察草莓的内部特征。

➢ 草莓里面是什么颜色的?

小结:草莓是红色的,在草莓的顶部有绿色的叶子,草莓的身上还有很多小点点。草莓的一端大一些,另一端小一些,有的草莓有点像椭圆形。

二、制作草莓

1. 材料介绍

教师出示并介绍制作草莓的材料。

➢ 我们可以自己动手制作好看的草莓手工作品哟。制作草莓手工作品需要用到轻黏土,请小朋友看看老师这里有什么颜色的轻黏土。

教师根据幼儿的回答逐一出示相应颜色的轻黏土。

➢ 除了轻黏土,老师还为大家准备了一些小工具。

教师出示与轻黏土手工配套的小工具。

2. 制作草莓身体

教师为幼儿分发红色的轻黏土。

➢ 小朋友们可以试一试怎样才能将轻黏土捏成草莓的形状哟!

幼儿自由尝试、探索将轻黏土捏成草莓的形状。教师巡视观察,并邀请2—3位幼儿分享自己成功的经验。

教师一边示范将轻黏土捏成草莓形状的方法,一边进行讲解。

➢ 小朋友们也可以试试用老师这种方法将轻黏土团成草莓的形状哟。取一团红色的轻黏土,放在手心,另一只手的手心轻轻按住轻黏土然后画圆圈,一个小圆球就团好了。然后用手指捏一捏小圆球的一端,使它变得尖尖的,小草莓的身体就做好啦。

3. 制作草莓叶子及草莓身上的点点

教师为幼儿分发绿色的轻黏土,引导幼儿自由探索、尝试做出小草莓的叶子,并邀请2—3位幼儿分享成功的经验。

教师一边示范制作叶子的方法,一边进行讲解。

➢ 我们按照刚才的办法团出5个小小的圆,然后按一按,变成5片叶子,放在刚才做好的草莓顶端,看,小草莓现在有叶子了。

教师引导幼儿制作草莓身上的点点。

➢ 现在看看我们的草莓还缺什么?对啦,还缺小点点。我们可以用工具尖尖的一端在小草莓上轻轻地点点点。

4. 自由创作

教师为幼儿分发轻黏土材料,让幼儿根据自己的想法制作更多的草莓。

三、分享和总结

今天我们使用了轻黏土制作草莓,用团一团、按一按的方法制作了草莓,有的小朋友制作的草莓圆圆的,有的小朋友制作的草莓是尖尖的,都非常特别哟。小朋友们还可以用轻黏土制作更多不同的水果呢,大家可以在美工区继续试一试。

【小贴士】

● 在制作轻黏土草莓的过程中,教师可以通过示范的方式为幼儿提供制作草莓的参考方法及思路,但不限制幼儿制作的方法,鼓励幼儿有自己的想法,同时尊重并保护幼儿创作的作品。每一次作品的呈现,便是幼儿一次成长的体现,教师不能随意修改或重塑。

● 该活动的目标是制作草莓,在实际操作的过程中,幼儿可能会因为兴趣的转移制作除草莓以外的其他东西。若出现这样的情况,教师可以尝试将幼儿的兴趣点引回该主题,若尝试失败也没有关系,让幼儿对轻黏土手工制作活动感兴趣也是本节活动的目标之一。

● 活动中分发材料时,教师可以引导幼儿双手接物,并表示感谢,培养幼儿良好的礼仪习惯。同时,在活动结束后,引导幼儿自己收拾桌面。若桌面有粘黏的轻黏土,教师可引导幼儿用手上的轻黏土去粘回桌面的轻黏土进行清理。

三、绘本活动3

在幼儿熟悉绘本故事内容后,教师可结合本班幼儿的实际情况,找到一个既贴近其生活经验又能激发其兴趣的"切入点",将绘本融入多样化的区角活动中,下面以建构区活动"果园"为例。

建构区是深受小班幼儿喜爱的一个区角,幼儿可以自主摆弄、操作、拼插或搭建各类不同的建构材料。活动前期,幼儿已经基本熟悉了《山羊乐乐的草莓》的故事情节,对"草莓园"充满兴趣。因此教师可以抓住幼儿的兴趣点,并结合图片、视频等方式,加深和拓展幼儿对"果园"的认识。随后教师可根据幼儿的实际建构能力水平,在建构区投放各式各样的积木材料和仿真水果、"轻黏土草莓"等辅助材料,为幼儿提供利于专注力集中的良好环境,鼓励幼儿大胆想象,自主建构出自己的"果园"。

另外,建构区游戏是以幼儿自主自发的游戏为主,为了能够帮助幼儿扩展绘本相关经验,儿童性格涵养教学法教师专用教案提供了"搭建果园"的游戏建议,并提供了投放相应的游戏唤起材料和建构方法的参考,但这不代表幼儿在建构区的游戏发展就应当如此,教师仍然要结合实际,尊重幼儿的自主创造。

案例3-5 果园

活动形式:□集体 ■区角 □日常环节 □亲子
活动区角:□美工 □表演 □益智 ■建构
　　　　　□语言 □科学 □生活 □角色

【关键经验】

能够通过围合、架空、垒高等多种方式,利用多种辅助材料独立搭建果园。

能够运用语言简单地介绍自己搭建的果园。

【活动材料】

1. 数量充足的不同形状的积木。

2. 教师和幼儿提前制作的手工水果或仿真水果。

3. 教师提前准备的图片:不同类型果园的实景照片,拼搭完成的果园建构作品(实物或拍照作为参考)。

【游戏玩法】

1. 观察果园图片,和同伴说一说:果园里面有什么?你最喜欢什么果树?果树种好后,可以用什么方法把果树围起来,从而更好地保护它们?怎么做能更好?

2. 幼儿自由选择积木和仿真水果等辅助材料,拼搭出各种造型的"果树"。

3. 幼儿根据自己的想法,在"果树"周围利用积木围合搭建出"果园"。

4. 幼儿相互交流与欣赏,向同伴介绍自己搭建的"果园"。

【观察要点】

● 幼儿能否自主地选择和使用各种建构材料。

● 幼儿能否综合运用垒高、平铺、围合等各种建构技能搭建出"果园"。

● 幼儿是否主动向同伴介绍自己的作品,包括作品名称和作品内容。

【小贴士】

● 活动准备时,教师可以结合"山羊乐乐的草莓"系列活动,将幼儿做的草莓手工投放进建构区,作为辅助性材料,以便于幼儿搭建心中的草莓园。

● 在活动过程中,如若幼儿已经能熟练运用平铺、垒高、围合和架空等建构技能,教师可适当在建构区投放雪花片等拼插积塑材料,不仅与"果园"主题相符,还可引导幼儿尝试探索新的拼插技巧,提升手部精细肌肉的力量和灵活度。

● 小班下学期的幼儿,需要进一步建立建构游戏的常规。在本次建构活动中,建议教师引导幼儿学会保护自己和他人的作品,拿走别人正在使用的建构材料要经过别人的同意。

四、绘本活动 4

儿童性格涵养教学法认为,围绕绘本开展系列活动,最重要的一点是为后续的戏剧活动做前期铺垫。绘本和角色游戏、课堂戏剧表演和正式的舞台表演结合在一起,涵养幼儿仁爱且专注的良好性格。幼儿在教师的引导下循序渐进地深入理解故事情节、角色的冲突和心理变化,丰富情绪情感体验,才能进行后面的正式表演。本次活动就是基于这点来进行设计的。

在活动中,教师先通过提问的方式帮助幼儿回顾故事情节,然后引导幼儿选自己喜欢的角色,利用之前做的手工草莓作为道具,最后引导幼儿进行表演,让幼儿感受摘草莓和保护草莓的情境,体会故事的要义和内涵。这个活动还可以和健康活动"保护草莓园"联动起来,向幼儿渗透不拖延,学会保护自己物品的意识。通过表演,幼儿具有了初步的舞台表演意识,提升了综合能力,丰富情绪情感体验,实现了性格涵养的目的。

案例 3-6　山羊乐乐的草莓园

活动形式：■集体　□区域　□日常　□亲子
重点领域：□社会　□健康　■艺术　□语言　□科学

【活动目标】

进一步加深对故事内容的理解。

愿意主动参与表演游戏,感受扮演不同角色的乐趣。

能够用肢体动作来模仿不同的故事角色。

【活动准备】

山羊乐乐、小蛇、小鸟、兔子、巧手鲁班、香香和吼吼等头饰若干;仿真草莓;篮子;睡袋。

【活动过程】

一、回顾故事情节

1. 进一步熟悉故事中的角色

➢ 山羊乐乐种了一大片草莓,却一直没有去打扫草莓园,于是很多动物以为这是一片没有人管理的草莓园,纷纷去摘草莓。都有哪些小动物来摘草莓了呢?

教师出示小蛇的头饰。

➢ 小蛇来摘草莓了,小蛇是怎么走的?

教师引导幼儿模仿小蛇走路的样子,例如:双手掌心相对,指尖朝向前方,手腕和身体做扭来扭去状。

教师出示小鸟的头饰。

➢ 还有谁来摘草莓了?小鸟是怎么飞的?

教师引导幼儿模仿小鸟飞翔的样子,例如:张开双臂,身体左右摇摆做飞翔状。

教师出示小兔的头饰。

➢ 还有谁来摘草莓了?小兔是怎么跳的呀?

教师引导幼儿模仿小兔跳跃的样子,例如:双脚并拢,向上跳跃。

教师出示山羊乐乐的头饰。

➢ 小动物们在草莓园摘草莓的时候,山羊乐乐在干什么?

教师出示巧手鲁班、香香、吼吼的头饰。

➢ 是谁提醒山羊乐乐去看看它的草莓园的?他们是怎么说的?我们还可以怎么说?

小结:

山羊乐乐种了一大片草莓,却一直没有去打扫草莓园,于是小蛇、小鸟、兔子都去摘草莓了。而山羊乐乐不是睡觉就是玩。后来是巧手鲁班、香香、吼吼去提醒了山羊乐乐,它这才去看了看它的草莓园,然后着急地哭了。

2. 自由选角

教师出示小蛇、小鸟、兔子、巧手鲁班、香香、吼吼的头饰,幼儿自由选择要扮演的角色。

教师将草莓撒在教室一侧,用来做草莓园。在教室另一侧放上一个睡袋,用来做山羊乐乐的家。

二、表演摘草莓

1. 自我介绍

教师示范自我介绍。

➢ （双脚并拢站立，双手拿着山羊乐乐头套放在胸前，且山羊乐乐的头饰面朝前方）大家好，我是××老师，今天我要扮演的是山羊乐乐（出示山羊乐乐头饰）。

教师引导幼儿选择自己想要扮演的角色，并邀请同一角色的幼儿上前做自我介绍。

2. 摘草莓

教师协助幼儿戴上头饰，并通过旁白的方式引导幼儿做相应的表演。

➢ 山羊乐乐种了一大片草莓，却一直没有去打扫草莓园，小动物们纷纷来到它的草莓园摘草莓。看，小蛇扭来扭去地来摘草莓啦。

教师引导扮演小蛇的幼儿拿着篮子扭来扭去地来到草莓园，并说："哇，这里有又大又红的草莓，看上去真好吃呀！"或者，幼儿自由表达自己看到草莓的心情。

➢ 小蛇离开了草莓园，巧手鲁班、香香、吼吼赶紧去提醒山羊乐乐。

教师引导扮演巧手鲁班、香香、吼吼的幼儿去找山羊乐乐，并说："山羊乐乐，你的草莓越来越少啦！"或者，用自己的话提醒山羊乐乐。

➢ 山羊乐乐听了，却在睡觉。

教师引导山羊乐乐做打哈欠睡觉状，并说："没事没事，我再睡会。"

教师用同样的方法引导小鸟、小兔摘草莓；巧手鲁班、香香、吼吼提醒山羊乐乐；山羊乐乐做睡觉状，并答复小伙伴。

在小兔子摘完草莓，小伙伴提醒山羊乐乐时，教师引导山羊乐乐回答："我跟你们去看看吧。"

➢ 山羊乐乐懒洋洋地来到了草莓园，发现它的草莓越来越少了，它大哭了起来。

教师引导山羊乐乐做大哭状。

➢ 在朋友的帮助下，他们用篱笆将草莓园围了起来，写上了山羊乐乐的名字，并且做了一只会动的老鹰，赶走了来吃草莓的小鸟。山羊乐乐也不再拖拖拉拉，后来他们收获了红红的草莓，山羊乐乐还用草莓换了一堆玩具。

三、谢幕

教师引导全体幼儿面朝观众席站成1—2排，双手交握置于腹部进行谢幕。

➢ 表演结束，谢谢大家（鞠躬）。

四、分享和总结

➢ 今天小朋友们一起表演了《山羊乐乐的草莓》，扮演了扭来扭去的小蛇、会飞的小鸟、爱蹦蹦跳跳的兔子、拖拖拉拉的山羊乐乐，还有它们的好朋友巧手鲁班、香香和吼吼。小朋友们都大方地做了自我介绍，在表演的时候，很多小朋友都能说出自己的表演台词，每位小朋友都有进步哟！

【小贴士】

● 表演活动中教师可以为每个角色预设简短、重复的对话，便于幼儿模仿，同时鼓励幼儿根据情景进行自主对话。例如：在提醒山羊乐乐时，每个角色可以重复说："山羊乐乐，你的草莓越来越少了，快点去看看吧！"也可以引导幼儿描述具体的现象："山羊乐乐，小蛇在你的草莓园吃草莓呢！"

- 教师在准备表演道具的时候，可以投放幼儿自制的手工。例如：在投放仿真草莓时，可以加入幼儿自制的轻黏土手工草莓。
- 在表演活动中，切忌完全按照故事的情节和语言要求进行表演，若幼儿有新的想法或表现时，教师可以及时鼓励和引导。表演活动的目的在于充分发展每个幼儿的个性，激发幼儿的潜能，提升幼儿的舞台表现力、语言表达能力等等，让幼儿充分感受表演的乐趣，而不是根据剧本呈现出完整的表演。
- 该活动呈现了小动物们摘草莓的场景，故事的后半段讲述的是巧手鲁班他们帮助山羊乐乐保护草莓园的情节。故事的后半段，教师除了用表演活动的形式开展活动外，还可以用其他的形式开展活动，如开展"保护草莓园"的健康活动。一部分幼儿扮演小动物去摘草莓，一部分幼儿扮演稻草人守护草莓，并通过音乐的形式发出指令，例如：音乐响起时，稻草人闭上眼睛欣赏音乐，小动物们可以赶紧摘草莓；音乐停止时，稻草人睁开了眼睛开始抓摘草莓的人，小动物们要赶紧逃跑保护自己等。

思考与实训

模块一：思考任务

1. 请简述绘本活动对于儿童性格涵养的价值与意义。

2. 从"立德"的角度，如何理解"仁爱"意识对于个体德行培养的重要意义？请结合儿童性格涵养教学法对于"仁爱"意识体现的具体方面，列举出3～4本能够涵养儿童"仁爱"意识的绘本，说说为什么。

3. 选择一本你认为对儿童性格涵养有促进作用且具有中国文化特色的绘本，分析其教育价值并以此为素材设计一个集体教学活动。

模块二：实训任务

1. 请在本章绘本活动案例中，选择一个活动教案进行模拟教学练习，可请班级同学扮演幼儿。如果条件允许，建议可以在实践园所尝试独立完成一个绘本教学活动。

2. 在实习实训中，以蕴含"君子不拖拉"道理的《山羊乐乐的草莓》或者表征端午习俗和寓意的绘本《去远方的船》为素材（绘本电子版在本章扫码获得），尝试在区角为幼儿讲一次绘本故事，观察并记录幼儿的反应，以此反思自己与幼儿的互动有哪些地方可以改进。

第四章 领域融合之戏剧活动

> **本章学习任务**
>
> 任务1：全面认识戏剧对儿童性格涵养的重要价值。
> 任务2：掌握如何通过结构化程度不同的戏剧游戏和活动促进儿童性格的养正。
> 任务3：能够运用本章指导策略，在园所开展和组织一次幼儿戏剧活动。

第一节 戏剧活动与儿童性格涵养

一、儿童戏剧

每个孩子，都是天生的艺术家。如果你到过幼儿园，应该就不难发现孩子们拿起一个圆形的饼干盒盖子，就可以假装自己是威风凛凛的司机，身后会很快跟着一排小乘客，有模有样地刷卡、上车又下车。他们在这种假装的、模仿身边人们行为的游戏里，乐此不疲。幼儿从日常的生活体验，从听过的一个个故事里，创造着属于他们的游戏。如果你仔细观察，会发现幼儿的角色游戏活动与戏剧活动的内核十分相似。尽管在学术界人们对戏剧活动的定义一直众说纷纭，但是纵观国内外学者的研究，大家普遍达成的共识便是：戏剧活动一定兼具故事性、社会性和艺术性这三大基本特征。这些特征，恰好与儿童喜欢听故事、喜欢模仿和假装、乐于游戏和表现的天性十分吻合，也使得戏剧活动逐渐成为儿童教育活动中一种综合的、具有独特魅力的活动形式。

如果追溯历史，其实古代学校教育"六艺"中的"乐"，就包含了诗、歌、舞三要素，可以说是中国最早的"戏剧教育"。尽管对于戏剧教育的研究和实践，西方自古以来有着更丰富更系统的理论和实践探索，但在中国近现代教育史上，20世纪初的诸多教育家也都看到了在儿童教育中开展戏剧活动的重要价值，如蔡元培、陶行知、张伯苓、晏阳初等都积极倡导通过戏剧进行儿童教育，并将其作为开展社会教育和培养全人的方法。那么，到底什么是儿童戏剧呢？台湾学者陈信茂对此做出过比较细致的解释："所谓儿童戏剧，是应用儿童的思想、儿童的想象、儿童的语言、儿童的情感、儿童的经验，透过戏剧的手法，表现大宇宙间动植物的生活、人和物的关系、社会的现象、人生的意义。用以增进儿童的知识、陶冶儿童的美感、坚定儿童的意志、充实儿童的生活、诱导儿童向上的艺术活动。"[①]从观者和演者

[①] 方先义.儿童戏剧创编与表演[M].西安:陕西师范大学出版社,2014.

的角度看,它既包括由儿童直接参与表演的戏剧,也包括为儿童而创作、以儿童为主要观众的戏剧。[①] 它是围绕儿童展开的,重视儿童的认知、情感和体验,在儿童参与的戏剧活动中,过程中的体验和成长相比于演出结果是更加重要的。

随着人们对戏剧在儿童教育领域运用研究的不断深入,我国幼教界对"儿童戏剧教育"的探索也先后呈现出了"舞台童话剧范式""戏剧应用教学范式""基于戏剧表达的戏剧创作范式"和由我国学者张金梅提出的"生长戏剧范式"这四种主要的戏剧教育范式。每种范式既蕴含着各自的理念、话语与技术,又存在着继承与变革的关系,这一关系可以概括为"剧本中心—教学中心—儿童中心"和"镜框式舞台—即兴扮演教室—多元空间"两条发展脉络的逐步演变。[②]

必须指出的是,无论学术研究层面的不同话语如何演进变化,研究者和实践者在发展过程中一致认同儿童戏剧教育的目的,并不是训练小演员、培训儿童的才艺,而在于促进儿童的人格发展和参与者的学习。[③] 在儿童性格涵养教学法中,开展戏剧教育活动的目的,则更为确切地表述为通过戏剧活动来促进幼儿的他人意识、共情能力的获得,发展沟通与表达、同伴合作、想象力和问题解决等能力,最终帮助幼儿形成良好的性格。它认为不同的戏剧范式,区别主要表现在教师的控制和决策程度,幼儿的自主性发挥程度,情节和剧本的可被生成程度,以及观者和演者之间的流动转换程度等。实际上,任何一种范式,在实践层面都需要结合具体情况,尤其是要结合幼儿教师的戏剧素养和引导能力、幼儿的实际发展水平加以灵活、综合的运用。因此,儿童性格涵养教学法以开放多元的心态对不同结构化程度的戏剧活动和策略加以综合运用,更加注重戏剧活动的可实践性。

二、戏剧活动对于幼儿发展的意义

戏剧一直被学界公认为是最符合幼儿发展,又能够促进幼儿学习的形式,不仅因为其游戏性的本质与幼儿爱玩的天性浑然天成,更因为它在幼儿发展过程中能够起到的诸多积极促进作用。著名学者余秋雨曾说:"一个孩子如果没有机会从小学习表演,将来很难成为有魅力的社会角色,让儿童参加戏剧表演,不是要培养文艺爱好者,而是要赋予孩子们一种社会技能。"[④]维果茨基也曾说:在戏剧中,儿童能演绎超过自己的年龄和日常能力的活动,在戏剧中,他们能够超越自我。戏剧促使儿童实践生活中学到的知识、吸收和消化信息,并理解其含义,它还能促进儿童的读写能力、自控力、认知能力、社会性、情感和创造力的发展。[⑤] 如果从加德纳的多元智能理论来看,戏剧这一综合的艺术形式能够促进幼儿多方面的能力发展。比如,戏剧本身就是肢体与声音的表达和创作,所以它能够有效帮助幼儿控制自己的身体,在自己与他人的空间中取得平衡,发展肢体动觉智能;再比如,幼儿在戏剧的时空假想中,要去面对不存在的事物,假装看到、听到、闻到、感受到戏剧情节中呈现的一切,他们必须具备很好的想象力和创造力……因此,在幼儿的成长过程中,戏剧这种综合性活动不仅能够帮助他们认识、了解自我与外部世界,而且能发展多方面的能力。不少的心理学家、教育学家及戏剧教育者都意识到戏剧这种个人及社会发展的特性在儿童的成长与发展中的重要作用,提倡在儿童教育中融入戏剧教育。[⑥]

---

① 程式如.儿童剧散论[M].北京:中国戏剧出版社,1994.
② 张金梅.我国学前儿童戏剧教育的范式分析[J].西北师大学报(社会科学版),2017,54(2):92-100.
③ 林玫君.儿童戏剧教育活动指导:肢体与声音口语的创意表现[M].上海:复旦大学出版社,2016.
④ 儿童戏剧——一个被忽视的成长助手.https://www.sohu.com/a/231525529_100157898.
⑤ 朱莉·布拉德.0—8岁儿童学习环境创设[M].陈妃燕,彭楚芸,译.南京:南京师范大学出版社,2014.
⑥ 舒志义.论戏剧的教育与教学功能[J].戏剧艺术,1999(3):17-25.

三、戏剧活动对于幼儿性格涵养的意义

在对儿童戏剧教育的论述中,我们已经了解:开展戏剧教育的目的在于促进幼儿积极性格的养成和参与其中的幼儿、教师、家长的共同成长,并不是训练舞台演员。那么,戏剧活动究竟如何影响幼儿的性格呢?

(一)戏剧活动的模仿性能促使幼儿内化积极的行为方式

戏剧活动具有模仿性,而模仿对幼儿而言,是他们习得行为习惯,养成对待人、事、物的反应方式的重要途径。早在公元前4世纪,亚里士多德在《诗学》中就已经表述了对戏剧本质的认识:一切艺术都是模仿,戏剧也是模仿。如果能够通过跨越时空、跨越地点的戏剧环境,把幼儿的模仿变成有趣又有精神营养的游戏,那么他们就能够有所收获。例如,根据《论语》创编的适合幼儿表演的故事剧本,让幼儿在潜移默化中通过体会角色面临的问题、角色的情感、模仿故事中角色的行为来了解《论语》中人物的为人处世智慧,以达到内化于心、养正性格的目的。

(二)戏剧活动的社会性能促进幼儿仁爱之心的培养

社会戏剧活动具有社会性,一方面,戏剧浓缩呈现了社会中人与人之间的关系和发生的种种情节,正如戏剧理论的创始人戈夫曼(Erving Goffman)先生所认为的:人生即戏剧,社会即舞台。社会的不同人都是在一个舞台上来表演各自的角色,戏剧是浓缩社会的展现。它让幼儿有机会参与到一些他们依靠自己直接的生活体验无法获得的问题冲突、社会情境中。比如,不是每个幼儿都会体会到自己的不懂礼貌或者骄傲可能会带来哪些坏处。但是,通过表演《幸运的四叶草》和《骄傲的大公鸡》这样的故事,幼儿就能够亲身体会自己态度和行为的变化可能会带来的不同遭遇,懂得做人应当谦逊有礼,知道"满则覆"的道理;另一方面,戏剧活动是人与人相互配合的活动,在不断的参与中,幼儿必须站在不同的角度看待问题,发展起自己的观点采择能力(perspective taking)和对他人感觉的敏感性,包括情绪认知和情绪处理能力。这些,正是性格中"仁爱"之心养成最重要的组成部分。

如果一个人不具备这些能力,又怎么能够具备他人意识,真正做到"己欲立而立人,己欲达而达人""己所不欲勿施于人"呢?在戏剧活动的团体互动中,幼儿必须要去面对故事中人物角色所面临的问题,如在《颜回吃粥》这个故事里:当小青鸟把粥弄脏的时候,颜回到底应该把粥吃掉,还是不吃呢?吃掉,有可能被别人误解为自己偷吃;不吃,则很有可能这一锅粥就被那一点点脏的部分给破坏了。最后,颜回选择了自己把脏的粥盛出来,喝掉。但他又会面临子贡和孔子老师的疑问,该如何回答、如何解释?这种面对戏剧场景中两难问题的体验能帮助幼儿了解人我关系,逐步建立起解决问题的基本能力。更重要的是,由于故事本身源于具备积极引导作用的《论语》故事,幼儿在参与的过程中,也就不知不觉地懂得了原本可能对幼儿而言不容易读懂的"人不知而不愠,不亦君子乎"这句话的道理了。

四、儿童性格涵养教学法中的儿童戏剧活动

尽管前文提到我国学者近十几年来,对儿童戏剧教育做出过诸多有益的研究,但是真正基于中国

自身文化基因、中国本土儿童发展特点和教学场域实际情况的系统梳理,仍非常有限。学界近年来不乏这样的疾呼:儿童艺术教育的发展应整合外源性与内源性的路径,既扎根于民族文化传统,又面向世界和未来,开展研究和实验,探索本土化的具有中国特色的儿童艺术教育。教学法中的戏剧教育活动,正是在努力做出一种创新和突破,充分运用戏剧活动自身的特点,引导和培养幼儿的良好性格。

(一) 根植于优秀传统文化,强调文化的创造性继承和发展

儿童性格涵养教学法希望用有温度的故事引导幼儿去感受、理解和表达精选出的一个个故事中所传递的仁爱、诚实、勇敢、乐学、谦逊等儒家文化中的精神内涵,在幼儿心中种下良好性格的种子。从戏剧活动中人物和故事素材的选择,到道具制作,再到戏剧活动中的师幼互动,儿童性格涵养教学法中的戏剧活动以原创故事和戏剧剧本为示范和启发,构建优秀儒家文化以戏剧形态进入幼儿课程的方法与具体策略(如图4-1)。它能够起到的作用,就像20世纪80年代我国著名儿童文学家叶圣陶、冰心、高士其等八人联名在人民日报上发表的文章曾写到的:"儿童戏剧与儿童文学是姐妹……孩子们以袒露的心胸承受着文学、戏剧传播的真、善、美种子,随着岁月流逝,珍贵的种子会变成闪光的星星,照亮他们的人生的道路。"[①]

图 4-1　表演《香香讲故事》时开心的孩子们

(二) 充分尊重儿童的兴趣,同样重视教师适宜的引导

儿童性格涵养教学法中的戏剧活动,强调戏剧理论与幼儿教育原理的彼此融合。儿童戏剧教育研究者林玫君认为,儿童戏剧活动可以分为三大类:一是幼儿自发性"戏剧游戏";二是以"戏剧"形式为主的"即兴创作";三是以"剧场"形式为主的"表演活动"[②],在儿童性格涵养教学法的戏剧活动中都有不同程度的体现。在儿童性格涵养教学法看来,从幼儿自发自主的角色游戏到最终对故事剧本的完整表演呈现是一个由幼儿兴趣驱动,教师指导辅助,循序渐进的过程。

因此,儿童性格涵养教学法中的戏剧活动,表现为三种形态。

---

① 叶圣陶,谢冰心,高士其等.孩子们到哪儿去看戏?[N].人民日报,1980年12月1日第8版.
② 林玫君.儿童戏剧教育活动指导:肢体与声音口语的创意表现[M].上海:复旦大学出版社,2016.

第一，角色扮演区和表演区中通过投放儿童性格涵养教学法原创的绘本故事、角色人物头饰、服装，甚至在主题开展中结合整个班级的情况进行主题戏剧环境创设来促进幼儿自发的角色扮演、戏剧游戏。教师需要注意环境的创设和投放材料的选择与甄别。

第二，教师集体教学活动中，依托绘本故事、Flash 动画，在幼儿对故事情节和人物角色有一定理解之后，在教师的指导下，以游戏的方式开展，且具有一定的即兴创作性的戏剧扮演活动，称为课堂戏剧表演。比如，在听完《必喜爷爷的蝴蝶》故事后，教师和幼儿一起模拟一下故事中糖蝴蝶在大森林里都遇见了谁？小蛇发出了什么声音？萤火虫又是怎么飞舞的？糖蝴蝶停在了哪里？这些，都可以根据幼儿自己的理解，进行肢体和声音的创造性表达。

第三，舞台戏剧表演。即在教师的指导和支持下，幼儿将专业人员编写的适合幼儿演绎的剧本，经过有序的角色分配、道具制作、排演，并配合剧场、灯光、音效、服装等呈现出来的活动形式。例如，小班剧目《幸福村的舞会》、大班剧目《孔子采灵芝》，参与演出的主体是幼儿，观众可以是幼儿、教师和家长。但在这里必须指出，儿童性格涵养教学法中的舞台戏剧表演，即使是提供了剧本和台词，仍然主张鼓励幼儿在演出场景下，经由自己对角色的理解，"用角色的思维、语言和行动"进行演绎即可，并不是要求幼儿对台词进行死记硬背，刻板地强调演出的结果，它更加重视幼儿在对角色扮演过程中，对角色的情感和行为，及其中所传递的智慧的体验和内化。譬如，小孔子为生病的母亲采灵芝时内心对母亲的爱意和泰山再高也要登上去的执着精神，和当他给母亲端来药时对母亲那份浓浓的爱意（如图4-2）。

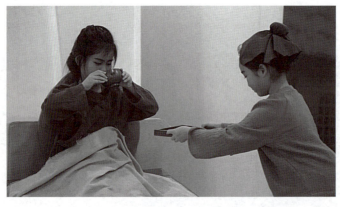

图4-2 《孔子采灵芝》中小孔子给母亲端药

视频：Flash《孔子采灵芝》

（三）强调通过戏剧活动，获得五大领域有机融合发展

事实上，戏剧本身就是一种综合的、统整的艺术表现形式，儿童性格涵养教学法中的戏剧活动充分利用这个特点，在以故事为线索的一系列戏剧活动里，设计了不同领域的相关活动。既跟随了戏剧活动不断推进的筹备需求，又能够综合实现各领域经验的发展。以教学法中的经典剧目《颜回吃粥》为例，幼儿在欣赏和理解故事、熟悉人物语言、创编动作和进行角色分工的过程中，充分地调用了阅读理解能力、肢体表达能力、社会交往能力。同时，在认识"粥"由何而来的过程中，教师会带领幼儿认识稻米的种植和生长成熟过程，并和幼儿一起亲身操作洗米、熬粥的过程。这样完整的、充满探索性和体验性的戏剧活动，便能很好地整合科学、健康等领域的发展经验。

儿童性格涵养教学法中的戏剧活动，包括其对不同类型戏剧活动范式的综合运用，是遵循学前儿童戏剧经验建构和我国幼儿园教育场域里从班级人数到师资构成的实际等特殊性形成的，它并不是对西方教育戏剧范式的复制,而是合文化性、合现实性、合儿童发展规律的本土理论和切实可操作路径的体现。

图 4-3 《颜回吃粥》中的颜回和子贡

视频：
Flash《颜回吃粥》

第二节 戏剧活动的设计与实施策略

很多教师对于戏剧会存在一种刻板的印象,把它和正式的专业"舞台表演"等同起来,认为只有由专业编剧、专业戏剧工作人员指导,幼儿粉墨登场,灯光、音乐齐备的表演才是戏剧,因此产生畏难情绪,认为开展儿童戏剧教育,离现实太远了！其实,儿童性格涵养教学法中的儿童戏剧,是每位教师都能够从零开始去实践的,它有一个循序渐进的过程,而且是可以让班级里的每一个幼儿都能够享受戏剧带来的乐趣的。

一、创设戏剧活动环境,激发幼儿的角色扮演游戏

儿童是生而喜欢模仿、喜欢游戏的。但是角色游戏环境的创设,被证实能够更好地营造角色游戏或戏剧扮演的氛围。丰富的场景和相关材料的投放,也能更好地激发和唤起幼儿展开游戏的兴趣,进一步丰富幼儿的角色行为,促进他们游戏水平的提升。例如:幼儿园中小班常见的小医生游戏,如果没有投放仿真"听诊器",那么班级里通常仅有小部分幼儿可能会表现出"听诊"这个典型角色行为。但是当投放之后,大部分幼儿都能够主动去尝试为"病人"听诊。因此,我们鼓励教师为幼儿的角色扮演活动提供专门的、丰富的材料和环境支持,而且,这一环境的创设应该是立体的、多维的,并不仅仅只局限在角色区、表演区这样的空间内。同时需要提醒教师,角色区中带有文化特色的游戏材料的选择和投放,不能仅仅只关注其文化的地域属性,更重要的是要确保它传递和代表着"真、善、美"的特性。因为并不是所有中国传统文化中的人物角色,都代表着善良和美好,一些渲染暴力等负面情绪和行为的人物,显然是不适合作为素材加以选用的。表 4-1 详细描述了如何打造班级的戏剧活动环境。

表 4-1　教师创设支持戏剧活动的班级环境一览表

戏剧活动环境的创设	教室墙面	利用卡纸、彩纸、废旧纸盒等材料制作故事相关的情境 如《必喜爷爷的蝴蝶》里的森林、夜晚的月亮、相关的角色图片
	美工区	提供各种材料,便于幼儿自行创作戏剧中的头饰、道具 对于年龄小的幼儿,教师可提前制作剧中人物、动物角色形象或者场景图,由幼儿涂色,制作头饰或者手偶等;或者开展跟戏剧内容有关的创意美工活动,比如"必喜爷爷的蝴蝶",创意刮画活动"魔法蝴蝶"
	阅读区	提前投放戏剧主题相关绘本,并可与幼儿共同制作戏剧主题海报进行张贴 投放一些白纸和笔(适合幼儿涂鸦的笔即可),支持幼儿阅读后的涂鸦和符号书写等前书写行为
	角色区	除去班级常规材料,还需要不同情境的角色区材料(如小医生、超市、娃娃家等),这里主要指跟戏剧中的角色扮演相关的材料投放 注意:有的幼儿园角色区和表演区分开,有的幼儿园则会创设专门的戏剧活动区角,这里不做逐一细分 投放支持戏剧扮演游戏的常规材料,如纱巾、布料、"仙女棒"、可穿脱蝴蝶翅膀、常见动物头饰,有条件的戏剧区角建议提供安全的全身镜 投放角色头饰,为小年龄幼儿提供容易穿脱的服装(帽子、裙子),大年龄的可以有复杂的服装和道具;设置戏剧小舞台,制作舞台背景,提供方便幼儿自行播放的小录音机(背景音乐)等
	科学区	投放与故事相关的科学小实验或展示可被观察记录的科学现象。例如:各种蝴蝶的图片、蝴蝶标本、蝴蝶的生长变化过程图等

二、通过日常游戏活动环节,有意识地培养幼儿的戏剧素养

幼儿戏剧作为一种综合的艺术形式,为参与其中的幼儿提供了调用他们多种感官、多种智能的绝佳机会。比如,戏剧的基本活动就是幼儿肢体和声音的表达与创作,而在戏剧活动的过程中,幼儿还会调用自己的观察和想象能力,团队合作能力,协调和反应能力以及语言沟通能力等。因此,教师可以通过在日常环节中融入一些针对性的促进儿童戏剧素质提升的活动,让幼儿逐步产生对戏剧的兴趣,并奠定能力基础。具体操作案例见表 4-2。

表 4-2　可促进戏剧素质提升的游戏活动举例

游戏名称	游戏内容	可促进的戏剧素质
魔法棒	(1) 教师扮演魔法师,幼儿身体蜷缩作球状蹲着,不碰到彼此 (2) 教师挥舞"魔法棒":变成小花猫(兔子、大象等) (3) 所有幼儿都要变成相应的动物在场地移动,但不碰到彼此 (4) 教师也可单独"变"某一个或者几个幼儿 (5) 幼儿也可轮流做魔法师	倾听和反应力 模仿能力
照镜子	(1) 幼儿两人一组相对站立,一人做主人,一人做镜子 (2) 主人做动作,则镜子必须做出相应的动作	模仿能力
我是复读机	教师说一句话,幼儿就要扮演复读机,要原样复述出来;教师可以有意变化语气、声音大小等	口语表达 声音的控制
慢镜头	(1) 幼儿在正常状态下行走,教师根据幼儿的行走速度,击打正常节奏 (2) 在教师放慢击打节奏之后,幼儿也要放慢速度,但是要保证动作的匀速	身体控制 倾听能力
爆米花	幼儿全部缩成一团趴在地上扮演爆米花,然后轮流按照一定的顺序(比如顺时针)做下面的动作: 在地上转一圈之后,跳起来再趴下,说"爆",或者发出爆米花爆开的声音,然后再趴下 如果有两个幼儿同时跳起来并发出声响,则他们都被淘汰;每一轮爆米花爆开的速度都可以比上一轮更快	观察能力 身体协调能力

(续表)

游戏名称	游戏内容	可促进的戏剧素质
章鱼捕食	(1) 一名幼儿扮演章鱼,站在场地中央,其余幼儿在另一侧排成一排 (2) 当章鱼喊"我来捕食啦",其他幼儿就要从自己站的一侧越过章鱼,跑到另一侧 (3) 不能被章鱼抓到,如果被抓到,就要变成章鱼的触角和章鱼拉在一起 (4) 变成触角的幼儿全程要抓着彼此的手不放开,但是只有在触角末端的孩子可以捉人 (5) 随着游戏不断进行,章鱼的形体会越来越长,难度变大,当所有幼儿被抓住时,游戏结束	团队合作能力
不同的情绪	幼儿自由说一个句子,但是一开始要没有感情,然后带着不同的情绪来说,比如快乐、伤心、生气等	情绪体验能力 语言的表现力
神奇的梦乡	(1) 教师引导幼儿伸懒腰、打哈欠躺到地上,告诉幼儿他们要睡觉了 (2) 幼儿可以很大声地呼吸、打呼等表示熟睡了 (3) 教师念白:你们现在进入梦乡了,在梦里你变成了王子/公主/椅子/跳舞的人等 (4) 幼儿起立,进入特定的角色并根据想象表演相应的角色	想象力 肢体表现力

三、通过课堂戏剧表演,帮助幼儿获得戏剧表演的体验和练习

课堂戏剧表演在儿童性格涵养教学法各戏剧活动中,是一种结构化程度介于幼儿的自发角色游戏和完整的戏剧演出之间的形式。它通常围绕着教学中的故事展开,可以是对故事中某个情节和片段的体现,也可以是对简化以后的故事的呈现。教师可以通过这种活动传递一定的戏剧表演礼仪,激发幼儿在理解故事情节和角色特征之后的自主表达和创意动作表现,通过这些非正式的戏剧表演活动来丰富和深化幼儿对角色情感的理解和体验,加深对故事的理解。下面举例的,就是根据小班绘本故事《必喜爷爷的蝴蝶》创编的课堂戏剧表演活动,在开展这个活动之前,幼儿已经通过绘本和Flash动画欣赏和了解了这个关于糖蝴蝶夜里在大森林探险的故事。因此,对故事中的情节、角色都基本熟悉,是开展课堂戏剧活动的基础。

案例 4-1　必喜爷爷的蝴蝶

【活动目标】
了解舞台表演的基本礼仪。
喜欢进行故事表演,感受舞台表演的乐趣。
能够根据角色特征进行口语表达,并做相应的动作。

【活动准备】
糖蝴蝶、小蛇、萤火虫、青蛙、猫头鹰的头饰;小灯串;各色地垫;彩虹袋;假花瓣。
教师事先用不同颜色的地垫布置出小蛇、萤火虫、青蛙、猫头鹰的活动区域,用小灯串装饰萤火虫的区域。

【活动过程】
一、回忆故事情节,激发表演兴趣
➤ 小朋友们,你们记得小蝴蝶在森林里探险的时候遇到了谁吗?
主班教师引导幼儿回忆故事内容,说一说绘本中出现的小动物及其相关特征,如小蛇会发出

什么声音？一闪一闪像小星星一样的是什么小动物呢？
➢ 今天小蝴蝶又要去探险啦，当小蝴蝶飞来时，我们可以向她打招呼哟。
主班教师背对幼儿戴上小蝴蝶的头套，向幼儿做自我介绍。
➢（双手交握置于腹部）大家好，我是××老师，今天我要表演的是糖蝴蝶，表演开始（鞠躬，教师入戏）。
➢ 我是糖蝴蝶，我要去森林里玩了，不知道今天会遇到谁呢（思考状）？
副班教师作为旁白，描述故事，并分别带上萤火虫、猫头鹰、青蛙、小蛇的头套，引导幼儿随着故事的发展，配合主班教师的表演。
主班教师作为糖蝴蝶，与副班教师扮演的小动物角色互动。副班教师通过眼神和动作，引导幼儿和自己一起根据动物的声音特点、动作特点等做出相应的动作，如双手伸直、五指张合，做出萤火虫"一闪一闪"的动作。
➢（副班教师戴着青蛙头套）呱呱呱，我们是小青蛙，糖蝴蝶你好。
➢（副班教师以旁白的身份）糖蝴蝶越飞越慢，它有点累了，就在她快要掉到地上时，一朵花接住了她。糖蝴蝶在花上睡着了，我们一起和糖蝴蝶说晚安吧。
➢（双手交握置于腹部）表演结束，谢谢大家（鞠躬）。

二、幼儿尝试自己表演

1. 角色分配。
➢ 刚才我们一起表演了《必喜爷爷的蝴蝶》，故事里有5种小动物，我会邀请小朋友来表演小动物，请小朋友们用好听的声音告诉老师，你想扮演什么小动物。
幼儿自由讨论和表达，教师引导幼儿自由选择角色。
➢ 请扮演糖蝴蝶的小朋友站在老师的身旁，双脚并拢，双手拿着头饰，自信、大声地向大家介绍自己："大家好，我是××，今天我扮演的是糖蝴蝶。"
选好角色后，教师邀请3—5位幼儿上台进行自我介绍，并协助班级幼儿戴上头饰。

2. 教师以画外音的形式绘声绘色地念旁白，引导幼儿进行故事表演。
➢ 夜晚静悄悄的，一阵风吹来，糖蝴蝶伸伸懒腰、拍拍翅膀来到了森林。
教师引导扮演糖蝴蝶的幼儿从舞台左侧飞到舞台中央，演员们根据教师的提示做出相应的动作。
➢ 你是谁呀？你要去哪里玩呢？
➢ 原来糖蝴蝶要去森林里探险啦，在路上，糖蝴蝶遇到了萤火虫，它们相互打招呼呢（打招呼动作）。
➢ 告别了萤火虫，糖蝴蝶继续往前飞，看，猫头鹰站在树枝上，去和它打个招呼吧（幼儿表演猫头鹰）。
➢ 告别了猫头鹰，糖蝴蝶继续往前飞，听，呱呱呱，是谁的声音呢（幼儿表演小青蛙）？
➢ 告别了小青蛙，糖蝴蝶继续往前飞，听，嘶嘶嘶，是谁的声音呢（幼儿表演小蛇）？
➢ 告别了小蛇，糖蝴蝶继续往前飞，糖蝴蝶在花丛里飞呀飞呀，糖蝴蝶飞得好累呀，这时一朵花接住了糖蝴蝶，糖蝴蝶在花上睡着了，小动物们我们一起向糖蝴蝶说晚安吧。

3. 谢幕。
教师引导全体幼儿在舞台上一字排开，双手交握置于腹部进行谢幕。

➢ 表演结束,谢谢大家(鞠躬)。

三、分享和总结

➢ 糖蝴蝶今天去森林里探险了,它遇到了很多小动物,玩得很开心呢。糖蝴蝶很期待下一次的探险呢。

【小贴士】

● 活动过程中,如果幼儿还不太能进入角色进行表演,那教师可以用教师入戏的方式扮演其中的动物角色,并邀请语言能力、表现力较好的幼儿扮演糖蝴蝶,与之互动,调动气氛,引导其他幼儿大胆展示自我。

● 教师鼓励幼儿通过自己观察到和了解到的动物角色特征,设计角色动作,发挥创造力。

● 教师可准备不同的道具、更多的头套投放到角色区或娃娃家中,引导幼儿创造糖蝴蝶新的探险活动。教师可根据实际情况,扮演当中某一角色,协助幼儿进行游戏。

图 4-4　表演《必喜爷爷的蝴蝶》

四、由故事理解到分次排演,实现完整的舞台戏剧表演呈现

有了逐步深化的游戏体验和基本的戏剧表现能力,幼儿就可以和教师,甚至包括家长一起来完成一个完整戏剧的排演了。儿童性格涵养教学法精选并创作的儿童戏剧剧本,都可以参考这样的流程来实现。

(一) 故事的熟悉和背景的了解

儿童在戏剧表演中,语言和肢体的表达是否是他们感兴趣的、能投入的、有创意的,取决于幼儿是否真的喜欢和理解这个戏剧所依托的故事情节、背景和人物。尤其当剧本所讲述的故事发生时间距离幼儿生活的时代较远时,前期的故事阅读和相关经验获得就更加重要了,幼儿首先要对故事里的人、事、物产生熟悉感和亲切感,才能真的融入。因此,儿童性格涵养教学法专用教案中围绕每一个故事都提供了相应的原创绘本或者 Flash 课件,教师可通过绘本教学、情境阅读、分段复述、观看 Flash 动画和给 Flash 配音等方式帮助幼儿熟悉故事情节。在《子路染布》《颜回吃粥》《孔子采灵芝》这样的故事中,还会涉及一定的历史背景、人物故事或科学、健康领域的相关知识。比如:孔子老师和子路是谁？他们分别有什么特点？在野外，没有像家里一样的厨房，古代的人怎么煮粥？这时候，教师可以充分运用各类相关资源，以探究的方式和幼儿一起看看动画片《孔子》里的相关片段，或者引导幼儿和爸爸妈妈一起查阅人物资料，认识孔子和他的弟子们，了解泰山，制作人物特点思维导图，或是和老师一起洗米煮粥，观察真实的灵芝，等等，从而获得充分的经验。对于托育园所的幼儿，儿童性格涵养教学法的活动中还设计了诸多的生活和社会体验活动，让幼儿通过切实的日常生活体验（如图4-5），获得戏剧活动所需的前期经验。

图4-5 托育园幼儿在进行超市体验

（二）语言和情绪的练习

戏剧中的语言（台词）、语气、语速变化与人物角色的内心变化、情绪感受密切相关。教师在这部分练习中，可以用教师入戏、环境创设或者旁白引导的方法，调动起幼儿的情绪，帮助幼儿唤起类似的情感体验，或者创造这种体验的情境。比如，小班《香香讲故事》这个故事的表演，香香一开始很害怕为大家讲故事，会说："不要不要，我才不喜欢讲故事！"这种害羞、畏惧的情绪如何表达才真实呢？教师就可以和幼儿围成圈坐下，讨论一下：你什么时候会觉得紧张、害怕？害怕的时候你会有什么感觉和表现？对幼儿来说，可能是怕黑，可能是怕在大家面前讲话，可能是怕自己心爱的玩具不见了……当幼儿找到这种共鸣和体验，对于人物语言的表达就更加到位了。当然，这个故事最终引导的是幼儿可以通过各种方法，变得更加勇敢、自信。可以说，一个故事排演下来，幼儿不仅熟悉了故事，认识了香香，还有更多的收获。那些原本害羞的幼儿，也找到了自己心里的"幸运话筒"。当幼儿能够说出人物的简单对话的时候，教师就可以引导幼儿用不同的语气来尝试连贯地表达。比如在小班《幸福村的舞会》里，皮休有这样一段台词：这里就要举办舞会啦！（开心）咦，怎么这么多垃圾？（疑问）我来打扫卫生吧！（提议、陈述）会场终于变得漂亮又整洁啦！好累啊！（疲惫、打哈欠）简单的几句话，却涉及不同的语气和情绪，这时，教师对于刚接触戏剧活动的幼儿可以采用"我是复读机"的游戏策略，自己先用夸张的语气表达出来，让幼儿放松自我，尽力去模仿。

（三）肢体动作和歌曲律动的练习

幼儿的肢体动作有其自身的特点，教师在加以引导的时候，要鼓励幼儿根据自己理解的人物角色做出相应的特征性动作,但是切忌对幼儿有过高的肢体动作要求和复杂的设计,一切以幼儿愿意做、能够做为前提。由于让幼儿自行创意做出肢体动作有时候会有一定的难度,因此教师还是要充分地调动和引导,一开始可以通过教师示范表演,或者给幼儿看一些表演视频片段的方式来实现(如图4-6)。比如,人物高兴的动作(脸部笑容、手臂舒展地张开或者愉快地跳跃等)、好奇的动作(身体前倾做探究状、小手挠挠脑袋一脸困惑)等。

在儿童性格涵养教学法的故事中,还有一些人物特定的动作,可以采用不同的戏剧策略帮助幼儿实现。例如,《阳虎问路》①中阳虎驾着小马车挥鞭前进的动作,可以采用"无实物表演策略",提供驾马车的背景声音,给幼儿看驾马车的视频等,请幼儿表现挥鞭动作。学前阶段,幼儿动作表现还有一个很大的特点是语言提示能够很好地引导动作表现,因此儿童性格涵养教学法原创剧目还设计了大量原创歌曲律动,帮助幼儿实现角色的表达。例如:

图4-6 托育园教师表演巧手鲁班逛超市

《幸福村的舞会》剧目中的小白兔之歌

耳朵翘,尾巴摆,蹦蹦跳跳真可爱,
爱吃萝卜和青菜,唱歌跳舞好欢快。
啦啦啦,啦啦啦,你是快乐的公主呀,
我是快乐的王子啊,大家一起游戏吧!

《幸福村的舞会》剧目中的神奇的小青鸟

我是一只小青鸟,一只神奇的小青鸟。
挥挥翅膀,我唱歌,雨点哗哗把我夸,
挥挥翅膀,我唱歌,雨点哗哗把我夸,
我是快乐的小青鸟,森林就是我的家。

视频:《小白兔之歌》表演

视频:《神奇的小青鸟》表演

(四)角色的分配

在儿童性格涵养教学法的实践中,戏剧表演中角色的分配建议在幼儿熟悉并参与了一些相关的练习后进行,这是因为教学法更加主张让每一个幼儿都能够通过戏剧中口语对话、歌曲和律动、肢体表达表现的练习,体会戏剧创作和排演过程中的乐趣,然后再根据幼儿自主自愿的选择,辅助教师在此过程中对每个幼儿的观察,决定最后的表演角色分配(图4-7)。在分配过程中,可以采用投票、抓阄、猜拳等方法,对于中、大班的幼儿,教师应尽量让幼儿自主协商,自行决定角色的分配。如果幼儿

---

① 巧手鲁班系列绘本之一,讲的是阳虎要去幸福村,因没有礼貌而在问路的时候遭到大家频频回绝的故事。

图 4-7 幼儿在角色分配中

不愿意参与人物角色的演出,可以鼓励他们扮演静物,如花朵、小树、石头等,尽量让所有幼儿都参与到表演中。

(五) 道具和场景的准备

在儿童性格涵养教学法的戏剧活动中,道具和场景的准备不应该成为教师教学工作的额外负担,仅由教师"一条龙"包办完成,而是应当由幼儿来主要参与介入,教师辅助和提供支持,师幼共同制作的(如图4-8)。要做到这点,教师就要在主题教学安排或者月计划中做好细致的规划,把道具和场景的准备工作与美工活动、科学小制作活动充分地结合起来。比如,"幸福村的舞会"需要垃圾桶,则小班的幼儿就可以利用废纸盒、鞋盒,在外侧涂上颜料的做法来制作垃圾桶;待颜料晾干之后,在老师的帮助下,画上或者贴上"可回收垃圾""不可回收垃圾"的标识。"阳虎问路"的戏剧活动,中班幼儿可以用红色彩绳编制成阳虎的马鞭,用蓝色羽毛制作小青鸟的头饰等。

(六) 分次分重点进行彩排

对于幼儿而言,不断重复又逐渐深化的经验体验最终可以帮助他们具备能够完整呈现一出戏剧的能力,但是在最终上台表演之前,需要一个分次排演的过程。每一次排演,都有不同的侧重点,最终进行合成。如何安排彩排可以参见表4-3。

图 4-8 幼儿在为演出制作道具

表 4-3 戏剧彩排分次排演重点一览表

序号	排演重点
第一次彩排	1. 不带服装彩排 (1) 舞台区位划分(确定人物角色走动的路线和站位) (2) 教师入戏或者作为指导者和幼儿一起搭出整部戏剧完整情节的行动轮廓,让每个幼儿清晰一部戏的总体流程,但是不必计较细节 2. 对台词 帮助幼儿明确在什么时候、什么场景下,应该说什么(注意不是让幼儿死记硬背,而是让幼儿以角色的身份和语气说话,这样不仅生动准确,也会减少幼儿忘词的情况)
第二次彩排	3. 带服装彩排 (1) 指导每个幼儿的台词,注意与其他角色之间的对话和前后是否衔接流畅 (2) 动作的细致彩排、角色站位、走线是否符合观众观看的需求,及时进行调整 (3) 背景音乐和歌曲的彩排
第三次彩排	(1) 带服装彩排,教师仅仅以旁白身份或仅做必要的提示 (2) 主要由幼儿自主完成整个表演
第四次彩排	(1) 带服装彩排,灯光、音效、背景和道具齐备 (2) 教师不提示,幼儿尽量自主完成,目的在于检验多种要素合成之后是否能顺利呈现

(续表)

序号	排演重点
第五次彩排	(1) 带服装彩排,灯光、音效、背景和道具齐备 (2) 幼儿以正式演出来对待,教师在表演前交代注意事项 (3) 模拟出现特殊情况时的应对方式 (4) 表演结束后的复盘分析,指导幼儿合适的调整方式(动作、台词、情绪等) (5) 为正式表演做好准备

五、儿童性格涵养教学法中戏剧活动的师幼互动

在儿童性格涵养教学法的一系列戏剧活动中,教师的角色是有进有退的,希望教师能够在充分尊重幼儿的创意和表达、幼儿自身戏剧经验水平和其他领域经验发展水平的基础上,做到进退有度。因此,在角色游戏中,教师是材料的提供者和活动的观察者;在课堂戏剧表演中,教师可以是故事的讲述者、入戏表演的先行者和幼儿创意的支持者;在舞台戏剧表演中,教师是激发者,是和幼儿一起成长的导演,也是他们情感、创意表现的支持者。教师给予的指导和帮助,是随着活动结构化程度的高低和幼儿的切实需求的变化而变化的,有了这样可进可退的弹性空间,教师才真的能够敢于去实践,并在实践的基础上最终有自己的创新,在和幼儿一起"玩戏剧"的过程中,也收获自身的成长。

同时,由于教师是在带领全班幼儿开展戏剧活动,想要确保每一个参与者都能够有很好的体验和收获,就需要和幼儿建立师幼之间彼此都认同的一些"共同规则"。通常情况下,这种规则包括两个方面:一方面是基本的戏剧活动"常规",有了共同的规则认识,幼儿才能共同在集体活动情境下更好地投入戏剧扮演;另一方面,则是"进入戏剧角色状态"的共识。幼儿有时候无法很好地区分虚拟的戏剧场景和现实情况,因此,如果教师能够有很明确的提示,就能更好地帮助幼儿在虚拟和现实之间来回转换。

在儿童性格涵养教学法中,我们通常与幼儿达成如下约定来确保戏剧活动的顺利开展:

第一条:小耳朵要认真听,听我的小伙伴和老师都说了什么;

第二条:别的小朋友说话和表演,我不打断;

第三条:别的小朋友表演时,我的小眼睛要仔细看;

第四条:我扮演的角色还没轮到,我就安静等;

第五条:我乐意和班级里每个小朋友组成一个小组……

对于学前期的儿童,视觉和听觉的提示可以更好地提醒他们一些改变将要发生,利用这个特点,教师考虑和幼儿建立"进入戏剧角色状态"共识的时候,就可以这样引导:

当老师敲一下三角铁的时候,表示大家的表演可以开始啦!当老师敲两下三角铁的时候,表示我们的表演得结束了哦,大家就不能再动和再说话了。

当老师拿起必喜爷爷的拐杖的时候,老师就会变成必喜爷爷,不再是老师在跟你们说话了;当老师放下必喜爷爷的拐杖的时候,就又是你们的老师了,记住了吗?(然后和幼儿一起演练一下)

当老师说"现在,请你们假装是……"的时候,你们就要认真观察老师在模仿谁?你们也要跟着做出动作哦!

总之,在儿童性格涵养教学法中,鼓励教师综合运用各种戏剧策略,以游戏的方式激发幼儿参加戏剧活动的兴趣,并最终能够享受完成一出戏剧表演的成就感。这个过程中,教师要正确处理预设的

剧本和幼儿的自发生成之间的关系。剧本和儿童性格涵养教学法所给出的排演参考,都是我们提供给教师的"脚手架",对于新手教师,它可以是一步一步往前走的台阶;但是对于更加熟悉戏剧创作引导的教师,它也可以只是一个框架和激发更饱满、更有生命力的戏剧表演的引子。教师可以与幼儿一起,在真实情境与虚构情境的不断转换中,促发从故事角色到情节再到对话之间的螺旋上升,不断丰富和完善幼儿自己的戏剧作品。

第三节 戏剧活动的具体开展

本节以"颜回吃粥"为例,讲述戏剧活动的具体开展。

一、"颜回吃粥"剧本

(一)第一幕

【场景】户外草地

【人物】小松鼠、蝴蝶、小猪

【道具】小动物服饰

室外:推背景板上。有幕布的舞台,使用幕布的开合换景。

旁白:大森林里生活着一群快乐的小动物,它们每天都在愉快地唱歌、跳舞。瞧,它们来了!

【音乐《我是一只小松鼠》响起,小松鼠演员从左边上场。】

小松鼠边唱边跳舞蹈。

小松鼠从右边下场。

【音乐《蝴蝶》响起,小蝴蝶演员从左边上场。】

蝴蝶边唱边跳舞蹈。

蝴蝶从右边下场。

【音乐《小小猪》响起,小猪演员从左边出场。】

小猪边唱边跳舞蹈。

音乐结束,小松鼠和蝴蝶从左、右两边上场,与小猪拉手,面向观众。

小松鼠:听说最近森林里来了一群陌生人,你们知道他们是谁吗?

小猪左手叉腰,伸出右手食指放在嘴边:嘘,小声点儿,好像有人来了。

蝴蝶挥动翅膀:我们先藏起来,看一看吧。小猪和小松鼠从左边下场,蝴蝶从右边下场。

视频:《颜回吃粥》幼儿表演

(二)第二幕

【场景】树林中

【人物】颜回、子贡

【道具】装米的小布袋、木勺、煮米大锅的纸板画

室外:推背景板上。

有幕布的舞台,使用幕布的开合换景。

旁白:孔子周游列国时,四处奔波,不仅非常辛苦,还很危险。有一次,孔子和他的学生被坏人围困在一个树林里,他们所带的粮食很快就要吃光了。大家虽然很饿,但依然坚持唱歌和读书。这一天,午饭时间又到了。

子贡从右边上场,拿米袋,跑步入场,双手将米袋递给颜回:颜回,颜回,今天轮到你煮饭了。

颜回从左边上场,接过米袋,看了看:没问题!可是,子贡,我们的米就只剩下这么一点点了?

子贡:是啊,快没粮食了。没事,没事,我相信困难总会解决的。

颜回摸摸头,想了想:那……我今天,就给大家煮粥吧。

子贡:嗯(点头),好主意。那我去山上捡些柴火回来。

颜回:嗯,辛苦你了,子贡。

旁白:于是,子贡上山去捡柴火,颜回开始煮粥。

颜回模仿动作(在锅中倒入米和水,进行搅拌)。

颜回盘腿而坐,做搅拌动作:一边熬粥,正好一边读书。

子贡做捡柴动作:一边捡柴,正好一边唱歌。

《学而》音乐响起,小松鼠和小猪从左边上场,蝴蝶从右边上场,均站在舞台后方。所有角色边跟唱边跳舞蹈。

(三)第三幕

【场景】草地上

【人物】小青鸟、颜回、子贡

【道具】花环、小鸟服装、煮白粥纸板画、树叶落下的动画或纸片树叶

【音乐《小青鸟》响起,小青鸟演员从左边上场。】

小青鸟边跟唱边跳舞。

小青鸟停在颜回右前方不远处。

颜回将右手放在耳旁,做倾听状:小鸟的歌声真好听呀!

小青鸟伸出左手食指指向远方:啦啦啦,小青鸟商羊,要去远方旅行。

小青鸟挥动翅膀向前飞,在颜回四周绕舞两圈,稍稍停留,拍打翅膀两下。

一片树叶掉落在粥里。

小青鸟从右边下场。

旁白:小青鸟商羊飞走了,这时有几片叶子落了下来,有一片正好落在了颜回的粥里。

(四)第四幕

【场景】草地上

【人物】颜回、子贡

【道具】一捆柴火(报纸制成)、灶台图片、木勺

颜回一边煮粥一边闻一闻,说:好香,好香啊!老师和子贡一定都饿了。

哎呀(惊讶状)!怎么有脏东西掉进来了?(做轻轻舀粥动作,准备扔掉,又想了想)如果扔掉,真是太可惜了!不如我喝掉吧。

子贡从右边上场。

子贡扛着柴火,一边走一边擦拭额头上的汗:嘿哟,嘿哟,真累啊!不知道颜回的粥煮好了没有?哇,好香啊!(右手做扇动状)

子贡顺着香味往前走,看到颜回背对着自己,刚想上前,却看到颜回做喝粥动作。

子贡(退回两步):啊?(惊讶)他怎么……?(指着颜回,面对观众)颜回自己竟然偷偷地先吃起来了?哼,我去告诉老师(弯身放下柴火)。

(五)第五幕

【场景】山坡

【人物】颜回、子贡、孔子

【道具】书简

室外:推背景板上。有幕布的舞台,使用幕布的开合换景。

旁白:子贡来到山坡,找到了老师。孔子从左边出场,正在看书。

子贡从右边跑向左边,着急地:老师,老师……

孔子停下看书的动作,起身,问:子贡,发生什么事情了?

子贡:老师,我刚才看见……颜回竟然在偷偷地喝粥呢。

孔子疑惑:是吗?不可能吧?颜回不是这样的人呀!

子贡:老师,这是我亲眼看见的!(面向观众互动)大家都看见了。你们说,是不是呀?

孔子:这样啊,那我跟你一起去看看吧。

孔子与子贡朝草地方向走去,颜回往两个碗中做盛粥动作。

(六)第六幕

【场景】草地上

【人物】颜回、子贡、孔子、小青鸟、小松鼠、小猪、蝴蝶

【道具】一个托盘、两个木碗、木勺子、灶台画面、树林画面KT板

室外:推背景板上。有幕布的舞台,使用幕布的开合换景。

子贡指向颜回:颜回,老师来了。

颜回赶紧端起餐具,起身,双手向前一送:老师、子贡,你们来得正好,粥已经煮好了。

孔子走上前,看了看托盘里的餐具:颜回,我们一共有几个人呀?

颜回数了数:1——2——3,我们一共有3个人。

子贡:那为什么你只分了两碗粥呢?(用手比出2)老师,你看!

颜回:哦,我……我……(连连摆手)。

颜回放下托盘,鞠躬,转身面向观众:请大家听我解释:刚刚有一只小鸟飞过(小青鸟从舞台飞过,绕舞台两圈,飞走),有一片小树叶掉在粥里了(用手指着粥)。粥弄脏了,我们的粥本来就很少,倒掉实在太可惜了。所以,我就先把被树叶弄脏的那一点儿吃掉了(做喝粥动作)。

孔子点头:哦,原来是这样(转头向子贡)。子贡,你明白了吗?

子贡:啊,对不起,颜回。我错怪你了(双手作揖,弯腰鞠躬)。

【小青鸟和其他小动物一起出场】

小青鸟:对不起,颜回(鞠躬),我不是故意的。

颜回:没关系,没关系(摆手),我也已经吃饱了(摸一下肚子)。

子贡、小青鸟、孔子、小松鼠、小猪、蝴蝶一起对颜回竖起右手大拇指:颜回,你真棒!

小青鸟向前:伙伴们,我们一起来跳舞吧!

【音乐《颜回吃粥》响起】所有演员呈倒U形排列,边跟唱边跳舞。

表演结束,所有演员:德不孤,必有邻。人不知而不愠,不亦君子乎?

颜回独白:当别人误会了你,你不要生气,耐心解释,就能赢得更多朋友的支持。

大家一起鞠躬:表演结束,谢谢大家!

(鞠躬,排队,下台。)

青 鸟 之 歌

1= C 4/4

桑嘉苡 词
桑嘉苡 曲

♩=100

5̲6̲5̲ 3 5̲6̲5̲ 2 | 5̲6̲5̲ 1̲3̲3̲ 5̲6̲ 5 | 5̲6̲5̲ 3 5̲6̲5̲ 2 | 5̲6̲5̲ 1̲3̲ 2̲2̲ 1 ‖

啾啾啾 啾 啾啾啾 啾,我就是 快乐(的)小青 鸟,啾啾啾 啾 啾啾啾 啾,跟着我 唱歌 多美 妙。

音频:
青鸟之歌

颜 回 吃 粥

1= C 4/4

桑嘉苡 词
桑嘉苡 曲

♩=100

5̲6̲ 1̲2̲3̲ 3̲2̲ | 1̲2̲1̲6̲ 5̲6̲5̲ 5 | 3̲3̲ 3̲2̲ 1̲2̲1̲6̲ | 5̲6̲ 1̲2̲3̲2̲1̲ 1 |

香香 白粥被 弄脏,颜回 贤德把粥 让,子贡 误会 太鲁莽, 孔子 老师 明分辨,

5 5̲6̲ 5. 3 | 2 2̲3̲2̲ - | 3̲3̲ 3̲2̲ 1̲2̲1̲6̲ | 5̲6̲ 1̲2̲1̲ 1 ‖

德 不 孤, 必 有 邻, 人不知而不 愠,不亦君子乎?

音频:
颜回吃粥

二、"颜回吃粥"四周排演方案

班级:5—6岁,大班

主题:德不孤,必有邻;人不知而不愠,不亦君子乎?

演员人数:3—20人

具体开展周期:四周

表4-4、表4-5、表4-6、表4-7为"颜回吃粥"系列戏剧活动从了解故事到完整舞台呈现的四周计划,教师可参考计划内由易到难的节奏,结合自己园所实际进行时间的调整和安排。

表4-4 第一周计划

活动目的	活动内容
了解故事情节,认识主要人物:颜回、子贡、孔子、小青鸟商羊	通过绘本、Flash等形式向幼儿讲述主题故事"颜回吃粥";通过角色图片、幼儿分段复述、配音游戏等形式引导幼儿进一步熟悉故事
了解故事发生的背景及环境	通过观看动画片《孔子》中"粮绝"片段,带领幼儿认识故事背景。搜集历史上孔子陈蔡绝粮的典故,通过讲述让幼儿了解这段经典历史
了解故事中的道具	引导幼儿认知大米、锅、柴火和书简等,有条件的最好能够提供实物进行观察和认识
了解故事主题:"德不孤,必有邻。""人不知而不愠,不亦君子乎?"	通过"教师入戏"的策略,引导幼儿理解故事,模拟人物的内心活动:教师扮演颜回或子贡,做出相应反应;幼儿表演子贡或颜回,说说内心感受
道具制作	制作柴火:将废旧纸箱裁剪成长方形,拧成棍状,并涂成褐色

表4-5 第二周计划

活动目的	活动内容
学习剧中的原创歌曲和舞蹈律动《小青鸟之歌》《颜回吃粥》等及相关舞蹈动作	(1) 教师引导幼儿讨论:小青鸟有哪些特点?长得怎么样?飞起来动作是什么样的?开心的小松鼠是怎么上场和下场的? (2) 一边播放原创歌曲,教师一边带唱;或者结合示范视频中的角色动作进行示范,如一边放《我是一只小松鼠》音乐,一边引导幼儿做开心蹦跳的动作
熟悉台词,进行语气、语速的练习	(1) 教师可以将绕口令作为活动热身,例如,吃葡萄不吐葡萄皮儿,不吃葡萄倒吐葡萄皮儿等经典绕口令 (2) 语速可以通过根据音乐节奏改变说话(同一句话)速度的方式来练习 (3) 热身之后,教师作为旁白或者说戏的身份串起戏剧线索,引导幼儿一起说出角色台词。比如,第一幕里,教师说:小伙伴们在大森林里真开心呀!忽然,小松鼠想起最近森林里好像来了一群陌生人,她对小猪和蝴蝶说……(引出幼儿的台词) (4) 大家可以一起对角色说话的语气、声音大小进行讨论和调整 (5) 教师还可以采用播放Flash动画,但是关掉声音的方式,邀请幼儿为故事角色配音,以熟悉角色对话
角色头饰或面具制作	在卡纸上绘制出小松鼠、小蝴蝶、小青鸟、小兔子等动物的角色轮廓;幼儿进行涂色和装饰,并制作成头饰或者面具
角色服饰设计和搭配	教师和幼儿一起通过读故事、看Flash的方式,讨论角色服装搭配和每一个角色外形的典型特点,一起动手制作。例如: (1) 将蓝色丝巾缝在衣服上作为小青鸟的翅膀,也可以用橡皮筋和硬纸板涂色制作翅膀 (2) 用碎步拼成颜回的围巾(启发幼儿结合故事背景想象)

表4-6 第三周计划

活动目的	活动内容
动作练习和体验	(1) 煮粥动作:如果条件允许,教师和幼儿一起在幼儿园洗米、熬粥,然后请幼儿分别试一试一边搅拌一边熬粥的感觉。此过程中,教师引导幼儿关注自己淘米、洗菜、切菜、炒菜等相关动作,还可拍照记录,用于后续动作调整和讨论 (2) 分粥动作:先通过生活体验,知道如何盛粥、分粥、喝粥;然后进行无实物动作表演 (3) 捡柴动作:通过捡柴火比赛的游戏练习弯腰拾柴的动作 (4) 礼仪的模拟:通过视频(如《孔子》动画片)了解古人作揖的礼仪,左手在上,右手在下,并模仿。回归现代,体验握手礼仪、鞠躬礼仪、拥抱礼仪、微笑礼仪等

(续表)

活动目的	活动内容
情绪的体验和表现	(1) 体会颜回"可惜粥脏了"的情绪,运用"想法追踪"的策略:教师扮演颜回,发现粥弄脏了。画面静止,引导大家说说自己的感受;也可以运用场景引导的方式,在午餐或者下午茶的时候,引导幼儿感受食物的珍贵 (2) 体会颜回"到底该不该喝粥"的矛盾情绪,运用"天使与魔鬼"两种不同声音的策略:幼儿分成两组,引导他们分别用语言和动作分别表现不同的意见。一组是:粥脏了,倒掉!另一组是:倒了多可惜啊,去掉被弄脏的部分,喝掉粥!还可以选出一名幼儿,从两排幼儿中间走过,体会不同的意见在自己脑海中纠结的矛盾感觉 (3) 体会子贡看到颜回喝粥时的"惊讶"情绪,运用"眼睛、鼻子、嘴巴"的游戏。请幼儿分别用眼睛、鼻子、嘴巴表现某种情绪,其他幼儿猜一猜。比如:用眼睛表示生气,用嘴巴表示惊讶等 (4) 体会子贡告状时的"愤怒"情绪,引导幼儿说一说,自己在哪些情况下会生气,生气的时候有哪些表现?

表 4-7 第四周计划

活动目的	活动内容
角色分配	(1) 剧本中人物角色分配。通过幼儿自荐、投票、抓阄、猜拳等方式,配合与同伴的协商,实现角色的最佳分配 (2) 尽量让更多幼儿参与戏剧表演。可通过增加配角、增加静物角色等方式,让更多幼儿能够参与舞台表演(比如一群小青鸟、小松鼠、小猪,增加大树的角色、风的角色等) (3) 给没有参与表演的幼儿安排幕后角色,如导演、打板、题词、剧务等,调动所有幼儿的积极性
一彩	确定人物的动线、站位,对台词,走完一遍全剧
二彩	带服装彩排,细致调整幼儿的动作、表情、衔接流畅度等
三彩	带服装彩排,教师仅做必要提示,过程中再把握细节调整
四彩	带服装、灯光、背景音乐、道具彩排,教师尽量让幼儿自主完成,结束后幼儿尽量自行讨论
五彩	(1) 带服装彩排,灯光、音效、背景和道具齐备 (2) 幼儿作为正式演出来对待,教师在表演前交代注意事项 (3) 模拟出现特殊情况时的应对方式 (4) 表演结束后的复盘分析,指导幼儿进行适当调整(动作、台词、情绪等) (5) 为正式的呈现做好准备

思考与实训

模块一:思考模块

1. 儿童性格涵养教学法中的戏剧活动有哪三种类型?分别有哪些特点?
2. 请思考戏剧表演中分次排演的不同侧重点有哪些?

模块二:实训模块

请以小组为单位,选择本章提供的《颜回吃粥》剧本或者自行创编其他蕴含中国优秀传统文化智慧的剧本,在实践中带领幼儿体验由绘本到戏剧游戏、再到表演呈现的完整过程。

第五章 艺术教育之美工活动

> **本章学习任务**
>
> 任务1：理解并能清晰表述美工活动对儿童性格培养的价值与意义。
> 任务2：基本能够独立设计一个完整的美工活动，活动目标能够根据年龄段设定。
> 任务3：在实训中，能组织幼儿以集体、区角和亲子活动三种不同的形式开展美工活动。

第一节 美工活动与儿童性格涵养

儿童天生就喜欢美工创作，美工活动对儿童而言是一种抒发内心情感、可用于与人交流的可视化"语言"，同时也是一种需要手、眼、脑协调并用的趣味性操作"游戏"。儿童性格涵养教学法正是看到了儿童对美工创作的浓厚兴趣，以及美工活动对儿童全面发展的积极意义，特别是在审美能力培养、精细动作发展、情感抒发和创造性表达等方面的不可替代作用，所以将美工活动作为涵养儿童"仁爱"意识和"专注力"的重要手段之一。

一、学前儿童美工活动

案例 5-1

2岁半的芊芊对穿着打扮有着自己的一套想法：外出时要穿上好看的裙子；在看到妈妈买新衣服回来时，她会迫不及待地穿上并站到镜子前看一看；听到叔叔阿姨夸奖她"裙子真好看"时，她会开心地拉拉裙角，更好地展示自己的服装。

芊芊的姐姐欣欣今年5岁了。在画画时，欣欣会选用自己最喜欢的粉色彩笔，为自己画一条美丽的蓬蓬裙，或者是在头发上画上一个皇冠或者蝴蝶结。画好后，她总会兴奋地向老师或爸爸妈妈介绍："快看，我穿着漂亮的公主裙呢！"

思考：

我们常说"爱美之心，人皆有之"。回想一下童年时期，你是否也和上述两个小女孩一样，年纪小小，但对"美"已经有了自己的理解，会在生活中展现和表达自己对"美"的追求。其实喜爱美、追求美是人的本能，也是每一个孩子成长的必经之路。

回顾人类追求美的历史,最早可以追溯到原始时期,那时的人追美的方式就是在陶器上绘图,或是用石刻的方式将动物、人物、狩猎等内容描绘和记录下来。

这些最早的关于"美"的作品出现在了上万年前,相较之下,"美术"一词的出现就"滞后"了很多。"美术"一词源于古罗马的拉丁文"art",后来经日本翻译,在20世纪初传入我国。那美术究竟是什么呢?在艺术分类中,美术也称造型艺术、视觉艺术或空间艺术,指的是以一定的物质材料(如绘画用颜料、纸张、墨水、布、木板等;雕塑用石、泥、金属等)和手段,塑造的静态的、可视的艺术形象,由此来反映社会或表达艺术家思想情感的一类艺术形式,主要包括了绘画、雕塑、工艺美术、建筑美术等形式。

学前儿童美术,顾名思义,创作主体是学龄前的儿童。正如案例5-1中提到的欣欣,她在纸上画下了穿着蓬蓬裙的小女孩,这就是学前儿童美术活动的一个案例。当然,除了绘画外,学前儿童美术还包括了手工和美术欣赏,是指学前儿童所从事的造型艺术活动和美术欣赏活动,反映的是幼儿对周边世界的认识、情感和思想。

正如苏联教育家德廖莫夫所说:"并非所有的儿童都会写诗和唱歌,然而所有的儿童都会画画。"①美术创作是学前儿童的天性,他们是天生的小画家,他们喜欢并享受用笔涂涂画画的过程。目前,美术活动作为幼儿园五大领域之一"艺术"领域的重要组成部分,在幼儿的生活中占据着非常重要的地位。学前儿童美术教育正是顺应了幼儿喜欢美术创作的天性,是幼儿园艺术教育的一种最为常见和重要的形式。儿童性格涵养教学法十分肯定美术教育活动对于儿童性格涵养的积极作用,因此在教学设计中,包含了大量幼儿动手创作的活动,尤其是绘画和手工,在此将这两者统称为美工活动。

二、美工活动对儿童发展的意义

案例5-2

在小班美工区中,凯凯正在用油画棒涂涂画画,他在白纸上画了一个圈。当老师问道:"凯凯,你画了什么?"他说:"棒棒糖,甜甜的。"当他听到旁边的小放说"我画的是大飞机",凯凯立刻改口,指着纸上的圈,大声地对老师说:"老师你看,我画的也是飞机!这是飞机的翅膀!"

思考:

这样的场景在幼儿园中常常出现,幼儿会指着随手涂鸦的短线或圆点,振振有词地说"这是火车""这是我和妈妈"等等。相信每个人在童年时期或多或少都有过美术创作的愉快经历,可能是为图画书上的人物添画了一副大大的眼镜,或者是用糖纸做蝴蝶、用废纸折飞机。尽管成人可能看不懂这些作品在表达什么,但孩子可以围绕这些作品,讲述出一个个神奇有趣的故事。

的确,在童年早期,美工活动作为一种个体通过艺术手段对自身经验和情绪的创造性表达,在促进儿童想象力和创造力方面的作用是毋庸置疑的。如美国的美术教育家维克多·罗恩菲尔德(Viktor Lowenfeld,1982)提出:"美术教育,如在儿童早期实施的话,便有可能培养出富有适应性和创造力的人……因而美术就是平衡儿童智慧与情感所不可或缺的工具。"②狄兹维奇等人

---

① 德廖莫夫.美育原理[M].吴式颖,译.北京:人民教育出版社,1984.
② Lowenfeld, V. & Britain, L. W. (1982). *Creative and mental growth*. New York: Macmillan Publishing.

(Dziedziewicza,Oledzkab,& Karwowski,2013)也曾面向128名4—6岁幼儿,开展了利用涂鸦类型的图书培养图形创造力和发散思维能力的项目研究,结果表明该项目有效地促进了幼儿的想象力以及思维的流畅性、独创性的发展。[1]

同时,脑科学的研究还发现,视觉艺术创作和看的行为是大脑整体的经验(Bark & Barasi,1999;Zeki,1993)。所以,美工活动可以刺激左右脑的潜能开发与协作运用,促进大脑的健全发育,有利于学前儿童认知、情感、能力等各方面的发展,为其全面健康发展提供了良好机会。可见,美工活动对于幼儿的发展,具有多方面的综合促进作用。

正是因为美工活动是一种对儿童各方面的能力进行综合运用,并有利于将儿童的情感、经验体验和外化表达有机融合的活动,所以美工活动成为儿童性格涵养教学法中涵养儿童良好性格的重要手段。

三、美工活动对儿童性格涵养的重要意义

(一)美工活动有利于涵养儿童的"仁爱"意识

"仁爱"是一种与人相处的智慧,正如《论语·颜渊篇》中记载:"樊迟问仁。子曰'爱人'。"可见,"仁爱"是基于人与人之间的关系的,强调人与人之间"爱"的情感联系。儿童性格涵养教学法提出培养儿童的"仁爱"意识,其实就是要让儿童学会与自我、与他人、与社会和谐地相处,这过程中自然无法忽视情感的重要作用。如,能正确地感知、认识、理解自己与他人的情绪情感,并用合适的方法表达出来,这就是"仁爱"意识在学前阶段的一种外在表现形式。

美工活动正是学前儿童表达、抒发自身情绪和情感的重要方式之一(图5-1)。这是因为对于学前儿童而言,用画笔在纸上涂画等方式表达自己的内心情绪,比准确说出描述情绪的词句要容易得多。所以在幼儿园的绘画活动中,我们能常常看到情绪愉快的幼儿会选用鲜艳的色彩、夸张的线条或图形来表达内心的快乐,而情绪不佳的幼儿往往会选用黑色、灰色等灰暗的色调,其作品呈现出来也是消沉压抑的。确实如此,已有很多学者通过研究证实了美工确实能够促进幼儿积极、正面的情感表达,有利于消极、负面情绪的排解。如Reese(1996)对受情绪、行为困扰的16名5岁至12岁儿童实施艺术治疗,结果发现绘画可以帮助儿童积极地释放影响他们的负面情绪,并促进他们对自己情绪状态的体察与认识。[2] Singh(2001)通过绘画让经历家庭暴力的儿童表达和沟通他们的情感和创伤,达到了治愈情感创伤的目的。[3] 如今,美工已经被许多从事教育或心理治疗的工作者当作一种心理治疗方法来使用,将其运用于自闭症儿童、有情绪或行为问题的儿童的治疗上能获得

图5-1 幼儿开心地利用自制的"望远镜"进行探索

---

[1] Dziedziewicz,D.,Oledzka,D.,& Karwowski,M. (2013). Developing 4 to 6-year-old children's figural creativity using a doodle-book program. *Thinking Skills & Creativity*, 9:85-95.
[2] Reese,S. H. (1996). *Art therapy as a catalyst for affective expression with emotionally/behaviorally disturbed children in educational settings*. USA: Ursuline College.
[3] Abha Singh. (2001). *Art therapy and children: A case study on domestic violence*. CA: Concordia University.

明显的效果。

在美工活动的构思创意、选择材料、自由创作、展示作品等各环节中,幼儿必然会与同伴、教师或家长进行讨论、交流与分享,这就为幼儿的人际交往提供了一个很好的平台。同时,一些需要同伴合作、共同完成的美工活动也有利于幼儿合作能力的培养。

正是因为美工活动可以帮助学前儿童更好地认清、理解自己与他人的情绪,抒发和表达内心的情绪情感,为人际交往提供了良好契机,所以儿童性格涵养教学法将其作为涵养儿童"仁爱"意识的重要方法之一。

(二)美工活动可以促进儿童的专注力发展

儿童性格涵养教学法认为培养儿童的专注力,最初就是要从培养他们的兴趣和内驱力开始。美工活动天然带有吸引幼儿的兴趣、可以从内部驱使幼儿专注参与其中的属性。我们知道,儿童对美的欣赏、创作与表达是自发的、内驱的,在这过程中,兴趣就是激发儿童专注参与的一种内部驱动力。每一个孩子都是天生的艺术家。从儿童早期的涂鸦活动开始,从一两岁起,幼儿开始自发地在纸上随意涂鸦,他们对此乐此不疲,因为这正是他们的兴趣所在,而且这也是最容易操作的活动,可以减轻他们的畏难心理。如果你曾经观察过正在画画或做手工的幼儿,你一定会发现,年龄虽小,但当幼儿投入到创作中,无论他们是在随意涂鸦线条还是在撕撕贴贴,他们的眼神、表情、神态无一不透露着专注与喜悦。

另外,美工活动是一种离不开手部操作、需要手、眼、脑协调并用的活动,能够很好地促进儿童的精细动作发展。而已有多项研究表明,精细动作发展与认知发展相互作用,提高精细动作水平有助于改善注意力、提高大脑的执行功能。① 以制作"风筝"为例,幼儿需要先在风筝上绘画图案、填充上色,再拼插骨架,完成风筝制作。这个过程中幼儿手部的抓、握、捏、拼、插等多项精细动作能力均能得到发展,而且幼儿的注意力也会不断地被手部操作所吸引,这就能很好地促进幼儿的专注力发展。

学前儿童的有意注意是在外界环境、特别是在成人的引导下不断发展起来的。而美工活动往往是分步骤的,是以一个个"小项目""小环节"的形式存在的,这样的"小环节"就能让儿童不断自我调节,使注意力更专注地指向和集中在活动中,从而促进有意注意的发展。以小班"墨水小蝌蚪"为例,在绘画前幼儿需要先调动以往经验,回忆蝌蚪的外形特征,这涉及大脑的思维活动;在绘画时,幼儿需要铺好宣纸,握住毛笔,在纸上画出小蝌蚪,这涉及手部的精细化操作;绘画后,幼儿还可以向同伴介绍自己的作品,说一说作品中小蝌蚪的故事,这涉及语言的表达……这个在成人看来简单的"画蝌蚪"的美工活动,其实需要儿童专注地参与到各个"小环节"中,根据自己的生活经验,先在头脑中形成小蝌蚪的形象,想象创造,进行基本的计划,再通过手部的精细化操作将想法付诸实现,这是一个涵盖认知、思维、表征、手眼协调、言语表达等协作的复杂过程。毋庸置疑的是,在一个又一个的"小环节"中,幼儿的有意注意始终是集中的,注意的稳定性也能得到提升。

而且,一个复杂的绘画或手工活动是需要分多次来逐步完成的。如"刺绣"活动,第一次活动时幼儿可能需要先设计、描画线稿,第二次时再选择合适的材料工具,开始尝试刺绣线稿轮廓,第三次时再逐步丰富刺绣画面……这样需要在一定时间内分次操作、逐步完成的美工活动,相当于为幼儿树立了一个"任务"目标,能有效地吸引幼儿的注意,并且使其朝着这个目标不断地努力,这无疑能培养幼儿的坚毅性,而坚毅性就是儿童性格涵养教学法中"专注"的重要组成部分之一。

---

① 耿达,张兴利,施建农.儿童早期精细动作技能与认知发展的关系[J].心理科学进展,2015(2):261—267.

四、儿童性格涵养教学法中的美工教育活动

儿童性格涵养教学法认为学前阶段是儿童神经元搭建最为敏感和关键的时期,大量研究已证实,神经元的构建与儿童的动手操作密不可分。而美工活动正是一项离不开双手操作的活动。在美工活动中,无论是自由的涂鸦或是利用双手感知、探索和操作,还是有目的地进行绘画或制作手工,儿童都需要充分调动视、听、触等多种感知觉,大胆想象与计划,灵活地运用双手完成涂画、粘贴、撕、剪等各类活动,呈现出独一无二的美工作品。这个从感知到大脑做出判断,再到对肢体发出精细化指令的过程,对儿童来说是一个充满乐趣的学习过程。他们需要十分专注,沉浸其中,才能很好地协调手眼,描绘细节或者实现某一个特定的手工创作动作,对培养其良好的任务意识、专注能力大有裨益。

同时,儒家文化十分强调"美"的重要性,《论语》中有许多关于"美"的论述。《八佾篇》的"巧笑倩兮,美目盼兮"形容女性的美,《泰伯篇》中的"恶衣服而致美乎黻(fú)冕(miǎn)"肯定了古代祭服之美,《子罕篇》中的"有美玉于斯"形容了玉石之美,等等,这里的"美"形容的是具体的人、事、物。也有如《学而篇》中的"礼之用,和为贵。先王之道,斯为美之"、《里仁篇》中的"里仁为美"、《颜渊篇》中的"君子成人之美"等,将"美""善""仁"紧密联系在了一起。基于儒家文化中的美学思想,儿童性格涵养教学法极其重视在儿童的性格中引导和培育"真、善、美"的种子,既重视外在的、具象的形式美的欣赏,也重视对性格美的涵养,注重对儿童进行"美"的教育,美工活动就是其主要的实施途径。在美工活动中,儿童可以充分感受、欣赏、表现与创造美,而且美工活动与绘本阅读、戏剧表演等形式相结合,也能更好地让儿童感受到"真、善、美"。同时,儿童性格涵养教学法中具体的美工活动的设计也从中华优秀传统文化中汲取丰富养料,涵盖剪纸、版画、水墨画等多样化的传统艺术形式,让儿童进一步感知、欣赏和创造中华优秀传统文化之美。

因此,儿童性格涵养教学法中的美工活动是以涵养儿童仁爱且专注的良好性格为主要目的,以学前儿童的身心发展规律为依据,以中华优秀传统文化中符合儿童审美的多样化元素为基础的,教育者有目的、有计划地实施包括绘画、手工在内的美工活动,并且儿童在此过程中需要通过直接动手操作,使用各类美工工具和材料,创造出平面或立体的艺术形象。它主要包括美工集体活动、美工区活动、亲子美工活动等形式。

在理解儿童性格涵养教学法中的美工活动时,需要注意以下三个方面:

第一,美工活动是以涵养儿童良好性格为主要目的开展的,同时基于儒家文化中的美学思想,还特别强调培养儿童良好性格中对"真、善、美"的感受、内化、表达与创造的能力。

第二,美工活动是以学前儿童为主体的,强调儿童自发的创作意愿的表达和表现,鼓励儿童自由感受、欣赏、创造美;但同时也十分重视儿童各项艺术经验的获得,以及教师在美工活动中的正确引导、积极示范作用。因此,其既重视幼儿自由地表达表现,也关注教师是否能够为幼儿提供具有年龄适宜性的动作和技巧引导。

第三,强调为学前儿童创设充满爱意、充满美感、涵养性格的良好环境。因此,在具体美工活动中,教师应注意:日常园所中从外环境到内环境,如走廊环境、班级环境的色彩搭配,应该是安全、舒适和温馨的,尽量让幼儿的目光所及,都是能够产生美育积极影响的环境;集体活动中教师提前预设的教学环境、预备的艺术感知和欣赏的素材,都应当是经过精心挑选的、符合幼儿的审美特点、能够激发其兴趣或创作欲望的,这些素材的选择,更是需要符合真、善、美的标准。尤其当我们在选择美工区活动材料投放的时候,很多老师可能会对诸多传统的或者民间的工艺美术形式感兴趣,比如水墨画、年

画、捏面人等。但是,我们选取的给幼儿欣赏和模仿、创作的形象,应该是符合这个阶段幼儿审美特点的,是温暖的,而不应该是传递冲突、战争等内容或是凶神恶煞的形象,这需要教师做好把关;同时,美工区提供给幼儿的各种媒材也应当是丰富多样,足够支持幼儿进行创作和表达的。

第二节 美工活动的设计与实施策略

一、美工活动设计的原则

儿童性格涵养教学法中美工活动的设计,遵循了学前儿童身心发展特点和教育规律,强调兴趣导向,重视幼儿的感受和体验,鼓励幼儿自主开放创作,同时重视教师的正面示范和积极引导;而且美工活动是立足于儒家文化的优秀精神内涵,取材于中华优秀传统文化中符合儿童审美的多样化元素,并将五大领域的要求有机地融合在综合性的美工活动中,形式多样,内容丰富。教师在设计和组织美工活动过程中都应当正确地贯彻这几项原则,这样教师才能更好地指导幼儿的美工活动,才能使幼儿在好玩有趣的美工活动中获得正向的发展,最终养成仁爱、专注的良好性格。

(一)兴趣驱动,重感受和体验

美工活动强调要激发幼儿的兴趣,让兴趣从内部驱动幼儿积极地参与到美工创作中。儿童性格涵养教学法是如何激发幼儿的兴趣的呢?

1. 重视幼儿的直接观察、感受和体验

儿童性格涵养教学法中的任何一个美工活动都是贴近幼儿生活经验的,而且美工创作也都是从经验体验开始,先让幼儿直接地观察、感知、感受和体验,再进入外化和表达的创作阶段。如小班美工活动"美丽的麦田",在导入环节中幼儿需要观察了解麦穗的特点,这时教师就可以通过语言引导——"瞧,这些麦穗真漂亮呀!仔细看一看,麦穗是什么样子的?""一粒粒的麦穗是如何长在麦秆上的呢?"从而让幼儿更仔细地观察麦穗的外形特征,便于后续的美工创作。又如,在开展"彩色的春雨"美工活动前,教师就可以在三四月选择一个下雨天,带着幼儿穿好雨衣和雨靴走进春雨中,看一看细细的春雨,听一听"沙沙沙"的雨声,闻一闻雨中的味道,用手接一接雨滴……让幼儿通过视、听、嗅、触等多感官直接感受"春雨",为幼儿积累丰富的感性经验,这样在接下来的美工活动中,幼儿在自由创作时才能有更积极的创作激情和欲望,在用颜料涂鸦绘画时才能更流畅和自然。

图片:
教案《彩色的春雨》和《美丽的麦田》

2. 重视绘本故事带来的情感体验,从而激发幼儿的美工创作

儿童性格涵养教学法中的美工活动是与语言、健康、科学、社会等各领域相互融合的综合性的美工活动,其中一些带有"情感色彩"的美工创作就需要提前给予幼儿丰富细腻的情感体验。而绘本对于幼儿情感体验的作用是十分明显的。如儿童性格涵养教学法中4—5岁年龄段的一本原创绘本《特别的鸟蛋》(图5-2),讲的是吼吼捡到了一颗蛋,将

图5-2 巧手鲁班系列儿童绘本《特别的鸟蛋》

视频:
《彩蛋》集体教学

其当作自己的好朋友,细心地照顾它……幼儿能在绘本阅读中感受到吼吼对"蛋宝宝"的关心与爱护,能与故事人物产生共情,感受友爱的美好。这样丰富的情感体验,可以激发幼儿创作"彩蛋"美工的积极性和创造性。

(二) 因材施教,重引导,亦重开放

早在春秋时期,孔子就提出了因材施教的教育理念,这个教育理念至今仍影响着世界。儿童性格涵养教学法基于儒家思想中的因材施教,提出在美工活动中教育者要根据学前儿童的年龄特点和实际能力发展情况,有的放矢地进行有差别的教育活动,让每名儿童都能获得最好的发展。在把握因材施教原则时,教师需要掌握以下要点。

1. 尊重儿童身心发展规律

儿童性格涵养教学法是尊重儿童身心发展规律的,在美工活动中表现为对幼儿艺术领域能力发展特点、各项美术能力发展水平的遵从,并以此为参考来设计具体的美工活动。首先,不同年龄段的美工活动是根据托育、小、中、大班幼儿的美工能力发展特点而设计的。以绘画活动为例,在小班"窗外油菜花"的活动中,幼儿只需用棉签蘸取颜料进行自由的点画、涂鸦;到了中班,幼儿在绘制母亲节贺卡时,就需要用线条、形状等大致表现出"妈妈"的形象特征;大班时,幼儿的绘画能力已经得到了很好的发展,在"版画"活动中,幼儿需要较细致地画出不同人、事、物的特点,有目的地安排画面,表现出一定的情景。

其次,儿童性格涵养教学法强调教师在实际工作中要结合本班幼儿的具体情况来考虑,尊重幼儿与幼儿之间的个别差异,灵活地开展有针对性、有差异性的美工活动,对处于不同水平的幼儿实施阶梯性的指导,鼓励幼儿个性化的创作表现。如小班"草莓"美工活动中,如果幼儿能够顺利地将轻黏土团成"小球",那教师可以引导幼儿尝试让"小球"变成"草莓身体"的形状,即将一端稍稍捏尖;如果幼儿还未能很好地掌握"团圆"的泥工技法,教师则可以鼓励幼儿"小手轻轻画圆圈",将轻黏土变成"圆圆的小草莓"。

而且我国幅员辽阔、历史悠久,各地有着不同的民俗风情和地域特色,教师还可以结合当地文化特点,因地制宜地开展具有本土化特色的美工活动。例如中班美工活动"美丽的建筑",教师们就可以结合当地的传统建筑来开展。如果你身处北京,那你可以将四合院的建筑风格融入其中;如果是在安徽地区则可以围绕徽派建筑的"青瓦白墙"来开展活动……教师们如果能将这些极具特色的传统建筑融入美工活动中,一定可以充分调动幼儿的生活经验,让幼儿更开放大胆地创作,同时也能引导幼儿感受中华传统建筑的魅力。

2. 既重视兴趣的激发,也注重美工技能技巧的正确示范

在儿童性格涵养教学法的美工活动中,教师既是兴趣的激发者、体验情境的创造者,也是美工技能技巧的示范者、传授者。我们不主张美工活动完全是为了教会幼儿绘画和手工技能技巧这种艺术教育的导向,但我们必须看到艺术的创作缺少了美工活动中一些特定的能力支撑,也是无法实现的。例如在剪纸活动中,如果幼儿不会使用剪刀或是不知道如何剪出流畅的线条,那他就无法正常参与剪纸活动,更无法谈及在剪纸中自由创作,自我成就感、自信心也会受到影响。因此,教师要做到:为幼儿创造丰富的、尽量真实的体验环境;选择和投放符合幼儿年龄特征、符合该作品创作需求的材料;在需要示范技巧技能的时候,给予清晰、正确的动作示范,并配合简洁明了的教学语言。比如在向幼儿展示"对边折"的折纸技法时,教师就可以先引导幼儿认识一下纸张上的"边"和"角",然后结合动作示范引导幼儿"轻轻捏起纸的两个角,找到剩下的另外两个角,它们是好朋友。现在将纸轻轻地对

折,让好朋友们抱一抱";在提醒幼儿检查是否对齐时,可以说"边和边也是一对好朋友,看一看它们有没有紧紧地靠在一起呢"。

3. 重视、鼓励儿童的自由表达和自主创作

儿童性格涵养教学法中的一些美工活动,由于考虑到其文化意蕴从形式到内涵的传递,制作过程有一定的结构设置。但是,这不代表儿童性格涵养教学法的美工创作是千篇一律的,相反,它重视和鼓励幼儿的自由表达和创作。如大班制作"风筝"(图5-3)的美工活动,虽然创作步骤是相对固定的,即先画图、上色,再制作风筝骨架,最终做好风筝,但这个过程中幼儿的创作是自由的、充满想象力的。在欣赏各式各样的传统风筝造型、了解风筝的由来故事和寓意并掌握一

图5-3 大班美工作品"风筝"

定的美工技巧之后,不同的幼儿会对风筝产生不同的认识与感受,他们会萌发出独一无二的设计意图,并将这种感受、体验融入自己的创作过程中,最终他们将做出完全不同的、专属于自己的风筝作品。

(三) 有机渗透,领域结合

1. 将五大领域的要求有机地融合在综合性的美工活动中

首先,儿童性格涵养教学法中的美工活动不仅仅是单纯的美工活动,也不仅仅是源于艺术领域,而是与健康、语言、社会、科学等领域的内容相互渗透和整合的。例如,小班"车轮滚画"美工活动,幼

图5-4 幼儿在创作"车轮滚画"

儿需要利用小车玩具滚画出不同的线条(图5-4)。这个过程幼儿需要紧握小车,灵活地控制手腕动作,让小车在纸上"直行""转弯"或"调头",这涉及健康领域;幼儿在观察车轮的滚画痕迹时,会发现有直的、弯的、长的、短的、粗的、细的等各不相同的线条,这涉及科学领域的观察;幼儿在展示和介绍自己的作品时,需要与老师、同伴交流,这就涉及了语言与社会领域。所以说,一个看似简单的美工活动,其实是与各领域的内容相互渗透融合的,可以促进儿童的全面、综合发展。

2. 与戏剧活动紧密结合,共同涵养儿童良好性格

儿童性格涵养教学法中的美工活动与戏剧活动紧密结合,通过动手操作、角色扮演、情感体验等方式,涵养幼儿仁爱且专注的良好性格。如在大班"颜回吃粥"系列戏剧活动中,包括有如"柴火"、舞台装饰用的花草树木道具、小松鼠、小蝴蝶、青鸟等小动物的面具或头饰等道具制作的美工活动(图5-5)。这些美工活动并不是脱离戏剧活动而独立存在的,每一个美工活动都是与戏剧活动紧密融合的,像幼儿用报纸或瓦楞纸做成的"柴火",可以直接作为表演道具,用于表演中子贡捡拾柴火或颜回烧柴煮粥的环节。道具、配饰的美工制作不仅能够锻炼幼儿的动手能力和专注力,还能提高幼儿的参与感和成就感,更是可以让幼儿体会故事情境中角色的情绪体验,从而更好地理解"人不知而不愠"的人生智慧。

图 5-5　教学法原创戏剧《颜回吃粥》中的美工制作

（四）形式多样，内容丰富

儿童性格涵养教学法中的美工活动形式丰富，主要表现为以下三种形态。

第一，美工集体活动。在集体教学活动中，教师会事先预设一定的美工活动目标和计划，幼儿是在教师创设好的美工环境中开展自主的创作活动。过程中，为了促进幼儿的美工技能发展，教师会适时适当地给予有针对性的积极引导和动作示范。

第二，美工区角活动。教师事先在美工区中投放相应的美工活动材料，并进行相关的环境布置。幼儿可以在宽松愉快的环境中充分发挥创造性和想象力，自发地利用材料进行大胆创作，自由地通过美工制作来表达所思所想。

第三，亲子美工活动。应同样重视家长在美工教育中的积极作用，因此鼓励家长在家庭中创设美的环境，引导家长与幼儿利用生活中常见的环保材料，共同合作完成简单有趣的美工活动。

二、美工活动的环节

下面将以美工集体教学活动为例，具体说明儿童性格涵养教学法中美工活动设计及各环节的特点与注意事项。

（一）活动准备

美工活动准备是为了使活动顺利开展，在幼儿经验、物质、环境等方面做出的相关准备工作。

1. 丰富幼儿的生活经验，让幼儿更好地结合亲身体验和感受来进行美工创作

学前儿童的生活经验越丰富，他们对身边人、事、物的认识与理解也就越深刻，美工创作的表现才能越丰富。美工活动前往往有其他领域的活动，帮助幼儿积累相关的生活经验或是唤醒其过往经历。如想让幼儿画"春天"，教师可以在春游活动或日常的餐后散步环节中，带着幼儿走进大自然，去看花朵是五彩缤纷的（图 5-6）、小草是嫩绿的，去听鸟儿的叽喳歌声，去闻闻春雨后泥土的味道……多感官的感知体验，能帮助幼儿构建对"春天"的多方面认识，在他们的头脑中形成深刻的印象，这样在美工活动中他们才能更好地想象、创造和表达。

图 5-6　幼儿外出赏花

2. 美工材料准备必须符合幼儿的身心发展特点

托育阶段及小班幼儿经常把美工活动当作"手"的游戏，但他们的手部动作发展尚未完全，所以在为其提供绘画材料时最好是选择易于抓握、易于表现的油画棒、蜡笔或颜料，到中、大班时就可以选择像铅笔、彩铅、细水彩笔等对抓握能力要求较高的笔。

3. 为幼儿创设宽松自由、适合专注力集中的环境

教师应保证活动氛围的开放性，营造出愉快、宽松的环境，让幼儿能够以更舒适的状态参加创作活动。同时整洁的环境能让幼儿更好地将专注力集中在美工创作中，不易被周围其他事物干扰。儿童性格涵养教学法主张教师应将不同的材料分类收纳，整齐摆放于柜子上，不随意堆放。又或者是在展示美工材料时，特别是面向低龄的幼儿时，教师可借助托盘或教具筐收纳活动所需教具，适时、依次呈现，并且在用完后应及时整理归位，保持桌面整洁。

（二）活动过程

学前儿童美工活动过程可以分为开始部分、基本部分、结束部分和活动延伸四个基本环节。

1. 开始部分

开始部分是美工活动的导入环节，重点在于吸引学前儿童的注意力，激发他们对美工活动的兴趣和参与积极性，为接下来的美工创作做好准备。因此建议教师在组织美工活动的导入环节时，应注意以下几点：简单明了，时间应控制在 2—5 分钟之内；主题突出，帮助学前儿童更好地理解活动主题；形式多样，教师可采用的方法非常多，如展示形象有趣的教具材料、谈话交流、念童谣、唱儿歌、欣赏图片等等。

2. 基本部分

儿童性格涵养教学法适用于 0—7 岁整个学前教育阶段，包括了托育和幼儿园两个阶段。但由于这两个阶段的年龄跨度大，儿童的发展特点和美工能力水平的差异性大，所以美工活动的基本环节设置有所不同。而且儿童性格涵养教学法是一套持续更新迭代的教学方法，并不希望教师在使用时生搬硬套或照本宣科。下面提及的托育和幼儿园阶段的美工环节设置均是开放的，教师可以根据实际情况适时调整。

(1) 托育阶段。

① 感知环节(图5-7)。在感知环节中,教师要为幼儿提供与材料亲密接触的机会,尊重、鼓励和引导幼儿用手感知、操作和探索材料的特点。如,在引导幼儿可以通过感知到纸张的软硬、薄厚、粗糙或光滑等不同特点时,教师可以说:"小手摸一摸,这张纸是滑滑的,还是粗粗的?""捏一捏,感受一下这张纸是软软的,还是硬硬的?"或是在鼓励幼儿尝试用手的操作,如折叠、撕拉、揉团等方式来感知纸的可变化性时,可以说:"用小手抓一抓、揉一揉,将纸变成小球吧!""撕一撕。咦,你听到了什么样的声音?"幼儿在此过程中就能更多感受手部操作带来的乐趣,感受手与材料相互作用的神奇变化。

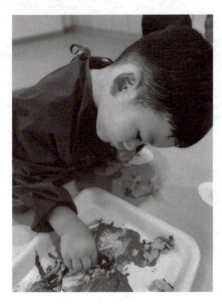

图5-7 感知环节

同时,为幼儿提供多样化的材料感知机会,并不是意味着将美工材料和工具一股脑地呈现出来。在展示材料时,教师要有序、整洁地呈现,形成利于专注力集中的良好氛围。这一点在幼儿园阶段的感知环节中同样重要,下文将不再赘述。

② 观察环节。观察环节主要是通过教师的讲解示范,帮助幼儿在观察和模仿中了解美工材料与工具的使用方法、相关的美工技能技巧等。

低龄幼儿的观察具有很大的随意性,他们并不会有目的地进行观察,因此教师应用明确简练的语言引导幼儿进行观察,用清晰利落的动作示范来展示,对比较难的部分还可以反复讲解、示范或是邀请幼儿进行尝试。对于一些手工活动,特别是较复杂的、立体的手工,教师可以展示提前做好的、精美有趣的成品,引导幼儿进行观察。这能使幼儿对接下来要进行的美工活动内容产生初步的、整体的直观感受,也能让幼儿树立起具体的操作目标,激发幼儿对美工活动的兴趣与向往。

③ 创作环节。对于低龄幼儿而言,创作环节就是自由开放的美工"游戏"环节。教师要营造利于专注的轻松舒适氛围,提供宽裕的创作时间,鼓励幼儿大胆地自由涂鸦或动手操作。

此时,幼儿能在摆弄、玩耍美工材料的过程中收获满足和快乐,教师要做的就是观察、陪伴和引导。在确保幼儿安全与健康的前提下,教师要允许幼儿大胆探索、充分动手操作。另外,由于幼儿的手部肌肉发育未完全,个别幼儿在完成某个美工动作技能时可能会遇到困难,并由此产生挫败感。教师要做的是适时地给予幼儿支持,以启发式的、游戏化的方法来帮助幼儿,而不是包办代替。如在撕纸活动中,如果幼儿不知道如何正确地撕纸,教师就可以用童趣的语言"大拇指,小食指,变成小鸡,叽叽叽",引导幼儿先掌握两指捏的动作,再练习撕纸。

(2) 幼儿园阶段。

① 感知环节。幼儿园阶段的儿童对常见的美工材料和工具已有一定的基本了解。在感知环节中,幼儿对材料的探索不再局限于认识名称或是单纯感受动手操作的乐趣,他们将更进一步地感知材料的特性,如比较宣纸和卡纸等不同纸张的特点,探索油画棒和水粉颜料"水油分离"的特点等等。如在小班"滴流画"中,教师就可以展示糖画的真实图片或视频,有条件的也可以准备真实的糖画材料,让幼儿直观地感知糖稀的流动性,了解糖画的制作方法。

到了中、大班,幼儿还可以结合自己的生活经验或是美工设计意图来选择材料,或是围绕材料充分发挥想象,设计出多样化的美工作品。如在制作冬景图时,幼儿就可以结合以往"看雪""玩雪"的经验想一想哪些材料适合制作"一片片飘在空中的雪花",哪些适合制作"地上厚厚的积雪",

等等。

② 计划环节。在充分感知材料特点后，幼儿就可以大胆想象、构思自己的设计意图，选择所需的美工材料和工具。教师可以多加启发性的提问引导，帮助幼儿厘清思路，逐渐完善和丰满意图想法。如在制作狐狸手工时，教师可以围绕其外形特点启发幼儿思考：狐狸是长什么样的？它的头是什么形状的？它的耳朵是尖的还是圆的？可以用什么材料来表现狐狸的特点……这样的提问可以帮助幼儿在脑海中逐步建构起更细致的美工计划，为下一步的创作奠定基础。

另外，同伴间的相互交流与模仿也是幼儿获得美工经验的一种方式。教师可以鼓励幼儿，特别是中、大班的幼儿在小组内与同伴进行讨论交流，分享自己的想法，在交流中幼儿会从同伴的想法获得新的灵感，或是将同伴有趣的创意融入自己的设计意图中，从而达到丰富细节的效果。

③ 创作环节。在创作环节中，幼儿将根据自己的设计意图和想法进行外化表现和创作。教师除了要与幼儿一起营造安静、利于专注力集中的物理环境，还应创造出一个自由、舒适的心理环境，如减少不必要的规定要求，不随意评价或干扰幼儿的创作过程等。教学法认为每位幼儿都有独特的性格特点，其成长速度和轨迹也是独一无二的。在此环节中，教师应尊重幼儿独特的想法和表现，鼓励和支持幼儿的个性化创作，为幼儿的创作留有充分的自由表达表现的空间和时间，让他们选择自己喜欢的、合适的材料和工具，激励他们用自己的方式来创作，表现、外化内心的感受和想法。

3. 结束部分

结束部分可以包括教师总结评价、幼儿展示介绍作品与材料整理归位等环节。在儿童性格涵养教学法中的美工活动，教师需要特别注意以下三个方面。

（1）在进行总结评价时，教师应该把评价重点放在美工活动过程中幼儿的具体表现上，注重评价幼儿个体的成长变化，注重其纵向比较，而不是对幼儿进行评级，也不是过分强调最终的美工作品的所谓"美丑"。

（2）鼓励学前儿童大胆"说画"。说画能为幼儿提供充分表达自我的机会，促进了他们与自己、与同伴、与教师的情感交流。而且同伴与教师的仔细倾听和积极响应，能给予幼儿莫大的鼓励，激发他们持续参与美工活动的积极性。

（3）鼓励幼儿及时收拾、整理美工工具和材料，并将其整齐归位。无论是托育阶段或是幼儿园阶段，鼓励幼儿及时整理归位，可以帮助其养成良好的美工习惯，为日后的学习与生活打下良好的基础。

4. 活动延伸

活动延伸环节是为了更好地巩固幼儿在美工活动中获得的经验，或是对活动进行补充拓展。儿童性格涵养教学法中美工活动的延伸方法灵活多样，并没有固定的模式，既包括向区角活动延伸，也包括向环境创设、日常活动、亲子活动、家园联系等延伸。如在小班美工活动"落叶印画"后，教师可以协助幼儿将"落叶印画"作品粘贴在教室的一面墙上，再配合粘贴上"树干""太阳""云朵"等，创设出金灿灿的"秋日落叶"场景；若幼儿仍对落叶充满了好奇心，教师也可以在日常活动中带领他们到园所内捡拾落叶（图5-8），进一步观察树木在秋日里的变化。

图5-8 捡落叶

三、美工活动中的师幼互动

（一）绘画活动的引导策略

1. 结合生活经验，激发幼儿对绘画的兴趣

兴趣是最好的老师。无论是哪种类型的绘画活动，只有贴近幼儿生活经验、与其能力水平相符，让他们产生浓厚兴趣，才能让幼儿感受到绘画是有趣自主的。所以，在儿童性格涵养教学法中设计具体的美工活动内容时，是从幼儿的生活经验出发，选择了他们熟悉、喜欢、感兴趣的多种题材，如可爱的小动物、身边亲近的家人朋友等。实际操作时，教师可以从以下三个方面着手。

（1）提供丰富多样的绘画工具和材料。幼儿很容易被事物本身的外形特征所吸引，所以多样化的绘画工具和材料能极大地刺激他们的操作欲望，促使其积极参与到绘画活动中。

（2）创设美的环境，让幼儿浸润在美的环境中。教师要布置出色彩丰富、形象可爱、符合幼儿审美的环境。教师也要在环创中留出一定的位置，让幼儿可以在活动结束后将自己的作品展示出来。

（3）与幼儿的生活经验紧密结合。在儿童性格涵养教学法教师专用教案中，每一个美工活动都不是独立存在的，它们与其他领域的活动息息相关，前期的活动能为幼儿的美工创作做好充足的经验准备。例如在"车轮滚画"美工活动的前期，教师可以带着幼儿一起观察园所的校车，看一看车轮的形状，或是在户外活动中玩一玩滚动车轮的游戏，这样幼儿就可以对车轮有清楚的认识。在美工活动的感知环节中，教师可以进一步引导幼儿观察玩具车的车轮及其花纹，用手摸一摸车轮上的纹路，或是尝试让玩具车在手上"行驶"，感知车轮滚动带来的感觉。

2. 以游戏化的方式引导幼儿学习绘画技能

儿童性格涵养教学法认为，学习各类绘画工具和材料的使用方法、基本的绘画技能在幼儿美工活动中是很有必要的。只有掌握相关的方法技巧，幼儿在绘画活动中才能更自如自主。

教师在引导幼儿学习绘画技能时，不能生硬刻板，应该以游戏化的方式来进行。例如在小班"春天的花"美工活动中，教师在引导幼儿掌握水彩晕染的绘画方法时就采用了轻松好玩的游戏方式：首先，教师用丰富的图片唤醒幼儿的赏花经验，激发幼儿对花的兴趣；再用童趣、拟人化的语言来引导幼儿作画，如"在宣纸上种下一个圆圆的种子""再为种子浇浇水，让种子快快长大""咕噜咕噜，种子喝饱了水，开出了美丽的花"……这样游戏化的方法能让幼儿始终兴趣满满地参与到绘画活动中，让他们在游戏中轻松地完成水彩晕染的方法，快乐地创作"春天的花"。

（二）手工活动的引导策略

1. 提供丰富多样的手工材料和工具，鼓励幼儿大胆感知和探索

以泥工活动为例，在进行泥工活动的感知环节时，教师首先要让幼儿自由地玩泥，给予他们充足的时间去接触如轻黏土、橡皮泥、面团等泥工材料。特别是对于托育阶段和小班的幼儿，教师可以说"摸一摸橡皮泥，有什么感觉？""伸出手指按一按，看轻黏土有什么变化？如果再用力按呢？"，让幼儿充分感知材料特性，萌发他们持续参与活动的兴趣。对于中、大班的孩子，教师还可以提供泥塑刀、纽扣、羽毛等多样化的材料，让幼儿可以根据自己的设计意图自由选择所需材料。而且在感知环节中，教师还可以渗透良好的泥工活动常规习惯，如爱护自己和同伴的作品，保持桌面、衣服和地面的整洁，等等。

2. 引导幼儿循序渐进地练习和掌握手工技能

手工是一项需要幼儿充分动手操作的活动，而且像剪纸、折纸、泥塑等技能技巧需要幼儿经过一定的练习才能更好地掌握。例如剪纸活动，幼儿就需要先掌握使用剪刀的方法，再尝试剪短直线、长直线、曲线，最后再进阶到剪出各种形状和图案。所以教师在安排手工活动时，一定要结合幼儿的年龄特征、手工经验发展特点来考虑。

而且儿童性格涵养教学法强调要让幼儿在自由自主的思考、计划、探索、操作等过程中更好地理解和掌握技能技巧。例如在中班"轻黏土向日葵"活动中，教师先鼓励幼儿观察和欣赏向日葵，看一看"向日葵的花盘是什么形状的？""花瓣是什么颜色的？形状是尖的，还是圆的？"，再自由探索制作向日葵的方法。在制作向日葵花瓣时，教师可以让幼儿先思考"怎么样才能做出一片尖尖的花瓣"，并尝试动手操作，可鼓励能力较好的幼儿展示其方法；然后教师可示范用"捏"的方式将团成球的轻黏土制作成"一片尖尖的花瓣"，再引导幼儿进行操作和练习，逐步掌握用"捏"的方式塑造形象特征的方法。

视频：
轻黏土
向日葵

（三）美工活动中积极师幼关系的建立

儿童性格涵养教学法强调要在美工活动中建立积极的师幼关系，这是因为积极的师幼关系能对幼儿的创作心理产生正向影响，使其能更专注、更愉快地参与到美工活动中。关于如何建立美工活动中的积极师幼关系，儿童性格涵养教学法给出了以下建议。

1. 教师需要明确自身于美工活动中的角色定位

教师是美的环境的组织者和提供者。教师在开展美工活动时应为幼儿提供充满美感的环境，鼓励幼儿参与到美的环境创设中，合理布置室内外环境，通过环境与幼儿积极互动。

教师是幼儿美工的示范者和引导者。幼儿是通过模仿来学习的，教师的正确示范能帮助幼儿更好地掌握美工技能。而且教师的积极示范和指导作用也不仅仅是局限在美工技能技巧上，幼儿能从教师的语言、动作、姿势等方面习得及时整理、分享等良好的行为习惯。

教师是幼儿美工能力发展的观察者和记录者。教师在美工活动中应认真观察和发现每一名幼儿的成长变化，及时给予必要支持和引导；而且教师应随时保留幼儿的美工作品，记录幼儿的创造表现，建立幼儿成长档案册。

2. 提问应具有开放性、启发性和互动性

儿童性格涵养教学法强调在美工活动中教师应依据幼儿的现有经验和发展特点，提出有针对性、启发性和互动性的问题，帮助幼儿更好地感知材料、大胆思考和开拓思路。在实际教育教学活动中，教师要多用"是什么""为什么""怎么样"等语言来进行开放性的提问，减少和避免使用"是不是""对不对"等封闭性的问题。例如在绘画雪景时，教师可以提问"下雪后，我们可以看到什么样的景色？""雪花会落在哪？""小朋友们会穿什么样的衣服？"等问题，调动幼儿的经验，让他们大胆想象和畅所欲言。而且教师一定要在提问后多预留一些思考时间，因为幼儿从倾听、理解，再到组织语言表达，需要一定的时间。

3. 耐心倾听幼儿的表达

教师应在尊重和理解幼儿的基础上，认真耐心地倾听他们的表达。由于学前儿童语言表达能力尚处于发展阶段，特别是低龄幼儿，他们在表达时可能不够流畅或是不够准确，但他们展现出的都是渴望与教师互动的积极性。教师在倾听时应该面向幼儿、平视他们的眼睛，将注意力集中在他们的身上，表现出倾听的兴趣，还应允许和尊重幼儿的自主表达，耐心倾听他们的完整表达，不随意打断。同时，教师要通过眼神、表情、肢体动作、语言等给予幼儿鼓励和反馈。

（四）美工活动中师幼互动常见问题应对

1. 如何平衡幼儿的美工技能获得与其创造性发展之间的关系

在美工活动中，教师应该如何平衡幼儿的美工技能获得与创造性发展之间的关系？

儿童性格涵养教学法的观点是：美工技能与创造性发展并不矛盾，美工技能的获得能帮助幼儿更好地进行创造性表现，从而能促进其创造性发展。而且无论是美工技能的习得还是创造性的发展，都必须遵循幼儿的身心发展规律和美工能力发展特点。教学法的美工活动就是基于幼儿的发展规律设计的，但教师在实际开展美工活动时还需要因地、因时、因人制宜。另外，在传统的美工活动中，技能教学的形式单一，大多是教师教、幼儿学或是幼儿模仿甚至是临摹范画的形式。这样刻板的活动形式会阻碍幼儿的创造性发展。而教学法的美工活动形式有很多种，但强调的都是引导幼儿自主感知、探索和发现材料特点，鼓励幼儿用自己的方式去创作和表达，其中教师适当地提供动作示范和美工技能技巧的引导。如在实现"能用剪刀沿直线剪"这一目标上，教师可以在集体活动中通过动作示范，帮助幼儿掌握正确使用剪刀的方法（图5-9）；在区角活动中，可以通过"做面条""做饼干"等活动，让幼儿自由练习；在亲子活动中，可以让家长和幼儿一起制作剪纸粘贴画……这样多形式的美工活动，就可以让幼儿循序渐进地习得美工技能，在贴近生活的轻松氛围中自由表达、探索和创作，达到促进创造性发展的目的。

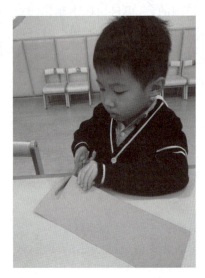

图5-9　目测剪直线

2. 如何看待幼儿的美工作品"不太美观"

儿童性格涵养教学法的美工活动强调教师的积极引导作用。如果在实际教学中有些幼儿的美工作品在成人看起来不太美观，教师该如何处理？

儿童性格涵养教学法强调美工作品是学前儿童的自主表达，作品中蕴含着他们对世界的感知、理解和情感，所以每一份作品都是独一无二的。但由于幼儿的身心发展尚未完全，美工能力未发展成熟，他们的美工作品自然很难达到成人眼中所谓的"美观"。

教师在评价幼儿的美工作品时，应该摒弃传统的将美观与否作为标准的评价观。虽然有些幼儿的作品可能不够完美，但只要他们在过程中积极专注地参与创作，收获满满的快乐，或是他们的创作大胆新颖、自然率真，有着充满想象力和创造性的表达，这些作品就都是好作品。在评价时，教师可以找到幼儿的闪光点，尽量具体地给予积极的正面评价，对于不足之处教师可以用建议、商量的口吻与幼儿进行讨论，让幼儿进一步感受到美工活动的乐趣和成就感。

另外，幼儿的每一件美工作品对于他们来说都是意义非凡的，所以教师应重视、尊重幼儿的作品。在活动结束后，教师可以引导幼儿将作品投放在环创中，作为艺术品来装饰环境；或是将作品作为礼物，将其送给亲人朋友；或是将一些可操作的手工作品投放在区角中，作为区角中的玩教具材料……

第三节 美工活动案例

美工活动是儿童性格涵养教学法中涵养儿童仁爱且专注的良好性格的重要手段。而且,在儿童性格涵养教学法教师专用教案中,所有的美工活动设计和材料准备都是切实考虑了中国儿童成长的文化背景,依托于对儒家文化中优秀精神内涵的深入理解,选择和汲取了符合儿童身心发展特点与审美兴趣的,能够传递"真、善、美"价值取向的成分。同时,儿童性格涵养教学法也鼓励老师们根据地域特点、民俗特色等实际情况来改编和创新美工活动内容,但一切创意、素材的选择都必须符合儿童身心发展规律,传递"真、善、美"的价值导向。

一、集体美工活动

现以大班集体美工活动"染布"为例(案例5-3),完整呈现集体美工活动的环节设置和组织开展。染布是大班《子路染布》戏剧表演中的一个重要情节,能够引起幼儿的浓厚兴趣。而且这个美工活动也相当于戏剧表演的一个小环节,幼儿可以像故事主角子路一样来尝试染布,这就可以加深幼儿对人物角色的认识与理解,为后续的戏剧表演活动奠定基础。

在整个集体活动过程中,教师可以通过适时的启发性提问,引起幼儿的思考,激发幼儿对染布方法的探索。幼儿可以大胆计划、选择自己所需的材料,尝试首次染布;在观察对比染布作品的不同后,幼儿还可以及时调整和优化自己的方法,在遇到不懂的问题时及时向老师或同伴请教。这样,幼儿就能在美工创作和同伴交流中自然而然地理解"知之为知之,不知为不知,是知也"的儒家人生智慧。最后,教师还可以将幼儿的作品收集起来用于戏剧表演,这既能更好地调动幼儿参与戏剧表演活动的积极性,又能丰富戏剧呈现的最终效果。

案例5-3　染布

> 活动形式：■集体　□区角　□日常　□亲子
> 重点领域：□社会　□健康　■艺术　□语言　□科学

【活动目标】
加深对染布的了解。
对染布感兴趣,愿意积极参与探索活动。
大胆尝试和探索染布的方法,能够染出具有创造性的作品。

【活动准备】
《子路染布》绘本或Flash;桌布;手套;防水服;餐厅纸或白色手帕;扎染颜料;塑料碗;小刷子;橡皮筋;塑料夹;滴管。

【活动过程】

一、回顾故事,导入活动

教师利用绘本或Flash与幼儿一起简单回顾子路染布的方法。

➤ 你们还记得《子路染布》的故事吗?

➤ 子路是如何染布的呢?

➤ 你会染布吗?你会选择用什么样的方法来染布呢?今天老师带来了很多不同的材料,我想请小朋友们来动手试一试染布。

二、自由探索染布方法

教师出示材料,可邀请幼儿介绍材料名称。

➤ 这是什么材料/工具?有什么作用?

教师引导幼儿观察和探索材料的用法,并引导幼儿思考和讨论染布的步骤与方法。

➤ 你们想将布染成什么颜色?

➤ 如果想在同一块布上染出多种颜色,可以怎么做?

➤ 你觉得染布的步骤应该是怎么样的?第一步/第二步……应该做什么?

➤ 在染布时,如果你遇到了不懂的问题,你会怎么做?

幼儿自由选择材料,并进行染布。教师在一旁观察,适当地给予引导。

第一次染布完成后,幼儿展示作品和介绍染布方法,教师引导幼儿观察和比较自己与同伴的染布作品。

➤ 小朋友们染出来的布都是一样的吗?有什么不同的地方?

➤ 怎么样才能将布料上颜色染得更均匀?

➤ 染布过程中你遇到了什么问题?你是如何解决的?

幼儿自由地分组讨论,优化自己的染布计划。

幼儿再次进行染布操作。

活动结束,教师引导幼儿将作品平铺在桌面上晾干,提醒幼儿收拾材料、整理桌面。

幼儿展示并介绍作品,可对比说说作品有什么不同,自己是如何调整染布方法的。

三、分享和总结

➤ 染布真是有意思呀!除了今天用到的染料,我们还可以用什么材料来染布呢?如果选用其他质地的布料,我们还可以染出漂亮的颜色吗?小朋友们带着这些问题在家里和爸爸妈妈一起尝试染布,或者是在区角活动中继续探索。老师期待着你们的发现哟!

【小贴士】

● 活动结束后,教师可将幼儿的染布作品收集起来,作为《子路染布》戏剧表演的道具材料。教师也可以将其展示在班级的美工展示区。而且教师可以结合当地的地域或民族特色来创新、拓展染布活动,如江苏的蓝印花布、云南大理的白族扎染、贵州的扎染等。

● 教师可在美工区投放更多不同的染料和布料,鼓励幼儿在区角活动中继续探索染布活动的相关内容,如比较不同染料、布料的染布效果等。

二、美工区活动

现以小班"墨水小蝌蚪"为例(案例5-4),为大家呈现从中华优秀传统文化中汲取"水墨画"的精髓部分,基于小班幼儿的绘画能力水平而设计的美工区活动。小班幼儿处于直觉行动思维阶段,需要通过直接的感知操作才能更好地认识事物。所以建议在活动前,教师可以通过在阅读区投放儿童性格涵养教学法原创绘本《小蝌蚪的好朋友》,在美工区中提前投放蝌蚪的照片和教师画好的作品,或是在植物角养殖蝌蚪等形式,为幼儿更直观地观察、感知、探索小蝌蚪及其特点提供良好机会,丰富幼儿对蝌蚪的认识,便于后续水墨创作活动的开展。

另外,考虑到小班幼儿初次接触到水墨画,他们对水墨画的工具材料和创作方法并不了解,所以教师可以在美工区中提供适当的引导,或是清晰的动作示范,帮助幼儿更直观地掌握握毛笔的姿势和水墨画创作的方法。这样的示范并不是教师单方面的"传授",也不是要求幼儿必须"复制"教师的作品,而是为幼儿提供了美工创作的方法,使他们能大胆地进行水墨创作。

案例5-4 墨水小蝌蚪

活动形式:□集体 ■区角 □日常环节 □亲子
活动区角:■美工 □表演 □益智 □建构
　　　　　□语言 □科学 □生活 □角色

【关键经验】
认识蝌蚪,观察蝌蚪的外形特征。
喜欢用墨水作画,感受不一样的作画方式。
能够尝试用点墨的方式,独立画出小蝌蚪。

【活动材料】
教师事先完成的"墨水小蝌蚪";"墨水小蝌蚪"手工材料包;墨水;沙绿色国画颜料;在经验准备方面,幼儿对蝌蚪的外形特征和生活习性有相应的了解;教师事先将宣纸粘贴到底板上。

【游戏玩法】
教师在美工区投放和展示已经制作好"墨水小蝌蚪"或者蝌蚪的真实图片等,在条件允许的情况下,还可用透明玻璃缸养蝌蚪,供幼儿观察与交流。

主教:在开始今天的区角活动前,我们先来猜一个谜语——小黑鱼,光滑滑,脑壳倒比身子大。你们知道它是谁吗?(幼儿讨论和表达)它藏在了美工区中,大家可以去找一找哟!

一、认识材料

(1)从材料包中取出画纸,引导幼儿探讨、观察宣纸的特征。教师可以适当介绍宣纸作画的特点,如这是宣纸,它比较吸水,比较薄。所以小朋友们在画画时要注意轻拿轻放,蘸取少量的颜料和墨水进行绘画,小朋友们可以看看老师是怎么做的(示范蘸取的动作)。

(2)从材料包中取出毛笔,引导幼儿观察毛笔特征,探究毛笔的使用方法。如笔的前端有很多细细的毛,现在摸起来是硬硬的,但当蘸上水或者颜料之后笔头就会变得软软的。

二、制作方法参考

（1）用毛笔轻轻蘸取墨水，稍微在颜料盘边上抿一抿，去掉多余的墨汁，在画纸上画出一个前圆后尖的点（也可以是椭圆点），作为蝌蚪的头部和身体；

（2）在点后画出一条细细的曲线，作为蝌蚪的尾巴；

（3）在蝌蚪的身体两侧点出两个小圆点，作为蝌蚪的小眼睛；

（4）用毛笔蘸取绿色的颜料，稍微在颜料盘边上抿一抿，在画纸上画出荷叶（荷叶比蝌蚪的身体略大，造型幼儿可自由发挥）。

三、活动结束

向同伴展示并介绍自己的作品，比如这些蝌蚪在做什么、玩什么游戏等等（引导幼儿大胆想象，结合作品自由表达），自由结束活动。

【观察要点】

- 幼儿是否对用墨水、毛笔作画表示出兴趣，乐于参与绘画活动；
- 幼儿是否能尝试用毛笔完成蝌蚪、荷叶的创作；
- 幼儿能否根据自己的生活经验，想象创造出不同姿态的蝌蚪、荷花荷叶、小鱼。

【小贴士】

- 对于蝌蚪身体和尾巴的创作，教师可以引导幼儿用更多的形状、曲线来创作。除了用毛笔画出蝌蚪外，教师也可以准备多样化材料，让幼儿进行创作，如用轻黏土捏出蝌蚪、用彩纸撕出蝌蚪、印画蝌蚪等等。

- 教师还可以组织户外活动，带幼儿去寻找蝌蚪，观察真实的蝌蚪；讲述关于小蝌蚪的绘本故事，唱一唱相关的童谣歌谣。在条件允许的情况下，园区可以养育小蝌蚪，让幼儿观察蝌蚪的变化，用日记和绘画的形式记录下来。

- 毛笔是中国五千年文明的一种象征，在使用毛笔时需要让幼儿感受手腕发力，带动毛笔。附毛笔的基本使用方式（在本活动中，以感受为主，重点在于幼儿去体验运用软笔进行点墨创作的过程即可）：①食指的第一节和拇指先捏住毛笔，注意把笔放在食指的第一节；②用中指的第一指节和第二指节之间缠绕着毛笔；③食指和中指稍稍用力往回一收，整只毛笔会自然被无名指和小拇指向外抵住。

三、亲子美工活动案例

儿童性格涵养教学法非常重视和强调家园共育，并特别指出家长在儿童性格养正教育中发挥着重要作用，家长要积极参与到充满爱意、充满美感、涵养性格的良好环境的创设中。家庭中的美工教育就是幼儿园美工教育的延伸和补充。儿童性格涵养教学法教师专用教案中设计了简单有趣的亲子美工活动，让幼儿在家庭环境中可以和家长一起感受、创造和表达美。

下面以大班"谢谢每一个你"主题中的亲子美工活动"折纸萱草"（案例5-5）为例。该活动是通过引导家长与幼儿一起合作，以折纸的方式制作我国传统母亲花——萱草，再鼓励幼儿在中华母亲节（农历四月初二）将萱草花送给妈妈，表达对妈妈的关爱与感恩，渗透我国儒家文化中"亲亲""仁民"的仁爱意识。而且亲子美工活动还可以将家庭与园所联动起来，丰富美工活动的资源与内容，促进家园合作的有效开展。除了制作手工外，家长还可以和幼儿一起创设温馨舒适、充满美感的家庭环境，或是和幼儿一起观察、欣赏生活中美的事物。教师在实际的家园共育工作中,可以根据幼儿的具体表现给予家长更多指导,让家长更好地参与到儿童性格养正教育中。

案例 5-5　折纸萱草

活动形式：□集体　□区角　□日常　■亲子
重点领域：■社会　□健康　■艺术　□语言　□科学

视频：
折纸萱草

【关键经验】
1. 能够与家长共同合作完成折纸萱草的制作。
2. 感受亲子美工活动的乐趣,大胆表达对妈妈的爱。

【活动准备】
1. 六边形彩纸；长方形彩纸；铅笔；胶水；安全剪刀；吸管；彩带；包装纸；塑料瓶等。
2. 家长与幼儿对萱草的外形特征及其作为传统"母亲花"的含义有所了解。
3. 活动可在中华母亲节前开展。

【活动过程】
1. 家长与幼儿选择所喜欢颜色的彩纸,用六边形彩纸折出萱草花的造型。折纸过程较为复杂,若幼儿操作存在困难,可由家长来完成操作。
2. 幼儿在彩纸上画出叶子形状,并剪下；将彩纸卷成细棍或气球杆穿过萱草花,并在花茎上粘贴好叶子。
3. 幼儿自由装饰萱草花花束,如利用彩带和彩纸将其包装成花束等。
4. 幼儿在中华母亲节当天,将萱草花花束送给妈妈,并大胆表达对妈妈的爱。

【小贴士】
● 在中华传统文化中,萱草就是我国的母亲花。我国古时常以萱代母,萱草相当于是母亲的代称,如唐代诗人孟郊在《游子诗》中写道："萱草生堂阶,游子行天涯。慈母倚堂门,不见萱草花。"
● 除了用折纸的方法制作萱草外,教师可以在美工区投放水粉颜料、彩铅、轻黏土等各类美工材料,鼓励幼儿在区角活动时间充分发挥想象力,利用多样化的美工材料来自由制作萱草,大胆表达对妈妈的爱与感恩。

思考与实训

思考模块：
请简要阐述儿童性格涵养教学法中美工活动的指导原则。

实训模块：
请选择一个特定年龄段,如中班,为幼儿设计一个以第三章中涵养好性格的绘本为灵感的美工活动(可以是绘本故事的延伸扩展活动),并在实训园所尝试开展教学实践。

第六章 健康教育之幼儿太极

> **本章学习任务**
>
> 任务1：能够理解太极这门传统武术对于儿童性格涵养的意义与价值。
> 任务2：掌握学前儿童太极体能训练的基本方法，能成套示范演示。
> 任务3：能够打出幼儿园大班太极十二式完整套路和进行模拟教学。

第一节 太极运动与儿童发展

儿童良好性格的培养过程，是一个促进儿童身心全面而正向发展的过程，它体现在儿童认知、社会情感等领域的综合发展上，而这一切的前提是拥有健康的身体基础。因此，儿童性格涵养教学法亦对如何在儿童日常保教和体育游戏活动、日常体育教学中有机融入中国优秀传统文化，并以此促进儿童的身体健康，助力良好性格的养成做出了研究与实践。一方面，儿童性格涵养教学法教师专用教案为教师提供了很多传统体育游戏的现代化改编活动，尽量做到传承与创新相结合；另一方面，儿童性格涵养教学法将太极拳教学引入涵养式教学之中，结合学前儿童的身心发展特点，循序渐进地开展太极教学，为这项享誉世界的中华传统体育项目在幼儿阶段落地生根提供了一系列切实可行的教学策略，并充分挖掘太极运动自身独有的特点，帮助幼儿涵养仁爱之心和专注之性。

中华武术根植于中华民族的千年文化之中，以传统哲学、人文理念、医学理论等为理论基础，不仅包含了肢体运动，同时也蕴含着道德情操的陶冶和人格的修炼。[1] 不少古代先贤也都对尚武精神颇为重视，例如孔子曾在六艺（礼、乐、射、御、书、数）中以射和御代表武术的成分，他本人则是随身佩剑。在各武术项目中，太极拳凝聚了中国传统文化的重要思想，不仅吸纳了中医学理论、古代养生理论、传统的兵法理论，同时也在其发展之中结合了各家各派的思想，例如道家"道法自然"的思想、儒家"天道人道一体"的观念，主张天地万物的和谐统一，强调人与动物的本质区别在于人具有道德性，崇尚"仁义礼智信，温良恭谦让"，有着十分丰富的文化意蕴。就动作特点本身而言，太极拳更是一种柔和、缓慢、轻灵的拳术，对于学习者来说容易上手，而不像强调攻击和对抗的武术项目那样过于激烈。太极运动可快可慢、时柔时刚，在运动内容的综合性、运动量的可调整性、年龄的适宜性上都十分灵活。同时，太极运动可静可动，有利于促进幼儿的自我调节、自我控制能力的发展，十分有助于幼儿涵养心性。

---

[1] 杨秀霞.论太极拳的内外兼修[D].山东师范大学，2011.

一、太极运动与儿童健康发展的关系

(一) 强筋健骨,促进幼儿体格发育

太极拳运动,是一种全身型运动,它需要练习者手脚并用,从而牵一发动全身。过程中要求将重心放低,并且在练习中重心起伏不能太大,动作速度慢、加速度小,比走路运动有更好的稳定性,这就对下肢力量提出了更高的要求。幼儿经过长期练习,能改变双脚和下肢的支撑力量,如果长期坚持,能够使肌肉较同龄人更为丰满。同时,由于它圆活连贯、轻灵柔和的练习方法和"之"字形的运动方式,可以很好地促进人体关节的灵活性和协调性。在缓慢而持续的全身练习过程中,可改善人体血液循环,使得骨组织得到更多营养,对骨骼,尤其是幼儿长骨的生长起到一定的辅助刺激和促进增长作用,有利于幼儿体格的健壮和身高的发育。

(二) 协调运动,发展幼儿平衡能力

学前期是个体身体控制和平衡能力快速增长的阶段,4 岁前后则是发展的关键期。我国学者柳倩指出,4—5 岁正好是幼儿运动平衡能力和静态平衡能力发展最快速的时期。[1] 很多研究表明,太极运动在改善人体姿势控制能力,增加身体的平衡能力,特别是静态平衡,提高幼儿的本体感觉功能和前庭功能[2]方面有显著的作用。因为人体平衡的维持,主要依赖于中枢神经系统对视觉、前庭感觉和本体感觉的有效整合与对效应器(主要指肌肉)的协调控制。而太极运动是由一系列缓慢却连续、迂回却流畅的动作组成的,它需要通过身体不断的转动和重心的转移来协调运动;且练习者需要向各个方向移动,这必然涉及本体觉、前庭平衡的协调,以及下肢(如髋关节、膝关节和踝关节)的姿势控制。

(三) 调节呼吸,增强幼儿心肺功能

太极拳的操练方法,是以躯干腰腹为重心,如车之有轴,以手足四肢为翼,如车之四轮;所有动作,都发源躯干腰腹,以躯干腰腹为主宰,而推动四肢。任何部分一动,全身各部分随之而动,各个动作都是连贯起来、绵绵不断的。太极拳是一个整体的运动,不是一个个孤立起来的单独的运动,一动无有不动,一静无有不静。这和其他种类的体育形式(包括其他外家拳术)断续的、枝节的、局部的运动有所区别。在练习过程中,练习者必须缓慢柔和,呼吸平匀,全身松散,一气呵成。这种整体而连续的练习,既不会给幼儿的心肺造成过重的负担,又能够在持续的气息控制和动作的运化协调中促进幼儿心肺功能的提升,使血液循环加快,新陈代谢加强,增强心肌的力量。幼儿在锻炼过程中,肌肉活动需要消耗大量的氧气和排出更多的二氧化碳,于是呼吸器官需要加倍工作,久而久之,胸廓活动范围扩大,肺活量提高,肺内每分通气量(即每分钟的通气量)加大,增强了呼吸器官的功能,对预防幼儿呼吸道常见病也有良好的作用。

(四) 增强抵抗力,提高幼儿免疫能力

已有的医学研究表明,太极拳对机体免疫功能的提高主要表现在人体血液中免疫细胞量的增加及其活性的增强。同时,根据中医理论,太极本身属于一种柔和舒缓的、阴阳平衡的运动,讲求意念和

---

[1] 柳倩.学前儿童的身体控制和平衡能力发展的特点及教师的教育策略[J].幼儿教育(教育教学版),2017(3):4-7.
[2] 米思奇.太极拳锻炼对10~11岁儿童平衡能力的影响[J].中国学校卫生,2016,37(1):43-45.

"气"的调用,而免疫能力的提升,本身就是一个培补人体正气、增强自愈能力的过程。正如一些研究指出的:太极拳作为一种传统运动养生方式,神、心、气、劲近似构成了神经-内分泌-免疫调节网络,长期练习能够增强个体的免疫功能。[①] 同时,幼儿集体开展太极拳的练习,不受场地限制,室内室外皆可练习。人数较多的情况下,通常会建议在空气流通、阳光和煦的户外进行。幼儿多进行户外运动,接受日光、空气的沐浴,能逐步经受外界变化的刺激,皮肤和呼吸道的黏膜不断受到锻炼,增强了耐受力,大脑皮层也对冷和热的刺激形成适应。当自然因素发生变化时,幼儿就能迅速而准确地进行反应,使身体跟外界环境保持平衡,这样就不容易感冒,也不容易中暑。阳光中的紫外线照射皮肤后,还可使皮肤中的7-脱氢胆固醇转变为维生素D,促进幼儿对钙和磷的吸收,预防和治疗佝偻病,有利于其生长发育。

二、太极运动对儿童性格涵养的意义

(一) 以柔化刚,涵养仁爱之心

太极拳是一个充满哲理的拳种。一方面,太极离不开道,道离不开阴阳,而阴阳交汇是中庸,中庸之道乃是儒家文化的"仁爱"核心思想在做人做事上的延展体现。在动作的练习过程中,讲究"中和之道""中正安舒""无过无不及",既不刻意追求也不刻意表现,视人体身心和谐为真,人际和谐为善,天人和谐为美[②];另一方面,太极是讲究以柔化刚的,也是"仁"的智慧在中华武术中的体现。王宗岳在《太极拳论》中就提到过:人刚我柔谓之"走",我顺人背谓之"粘"。动急则急应,动缓则缓随。虽变化万端,而理为一贯。通过练习太极,幼儿在动作起伏贯通之中,通过对动作的控制和肢体的感受,体会何为"过犹不及",何为"舍己从人"。尽管他们的领悟可能并不如成人那么深刻而富有哲理性,但是如果能够长期坚持,他们就能够从中得到日积月累的正向影响,日渐体悟做人做事的原则和智慧,这正是儿童性格涵养教学法所倡导的涵养式的方法。再则,太极拳推崇"礼始礼终"的尚武精神,讲究未曾学艺先学礼,未曾习武先习德。通过师幼间的互敬、活动时的敬礼仪式、幼儿之间的相互礼让等,让幼儿理解了"礼"的含义,知道怎样做才是"礼"的表现。

(二) 心手合一,促进专注力发展

儿童性格涵养教学法倡导在学前阶段应培养幼儿"专注"的能力,它不仅仅包含了有意注意的持续集中,还包含了自我控制、自我鼓励和一定的抗挫能力,而太极拳这一运动的自身特点可以有效促进幼儿这一能力的养成。当教师在带领幼儿练习太极的时候,会要求幼儿"眼领手运"。"眼是心之苗",它作为内在意念集中的外在体现,在太极练习的过程中是向导,引导着全身运转的方向,帮助幼儿聚精会神,专注一方,随进攻方向的变化而变化,而不是漫无目的地东张西望。太极拳《五字诀》还指出:"一曰心静,心不静则不专。"心静才能守神,才能专注;心不宁,则气必散,无法沉静下来,也就不能达到练拳修身养性的目的。实际上,脑科学的研究,已经很好地证明了练习太极在促进个体专注力发展方面的功用。如我国学者马珮冬、周越等曾对北京市5所小学长期开展的特色体育项目,对于儿童脑部神经发育的情况进行过研究,结果发现:太极操、网球等运动项目,对儿童脑发育的良性影响高于对照组,太极操作为技能主导稳定型项目有助于儿童大脑α波相对功率的增大,利于儿童向情绪稳

[①] 赵影.太极拳健身效果研究[D].上海体育学院,2012.
[②] 杨军.太极拳道德观的当代价值[J].搏击·武术科学,2009,6(8):21-22.

定思维广博型性格发展。[①] 还有研究表明,太极运动这种意识和身体锻炼相结合的方法,能够很好地调节大脑皮层的兴奋程度,修复和改善高级神经中枢的功能,达到健脑益智的目的。

第二节　学前儿童太极运动的教学方法

对于学前儿童而言,身体发育尚未完全,骨骼和神经系统都处于快速发展的时期,灵活性和脆弱性兼具;同时,学前儿童对于动作讲解的理解能力也尚在发展之中,对于动作练习的坚持性亦相对较弱。因此,学前儿童太极教学需要以符合儿童身心发展规律的方式来开展。

一、根据幼儿的发展特点进行讲解示范

学前儿童尚处于形象思维阶段,抽象理解能力有限,因此,教学语言的讲解要做到用语简练、重点突出、要求明确。讲解要根据教学任务和幼儿的实际水平来采用不同的方法,富于趣味性和启发性,并注意讲解的时机和效果,做到寓教于乐,以游戏化的方式来进行。

(一)讲解的要点

(1) 动作规格:也就是我们常说的标准动作,讲解动作规格能使幼儿明确具体动作的规格要求,有助于技术的掌握和提高。例如,做扩胸运动时,教师应要求幼儿的中上臂和小臂与胸口持平,不能垂于身侧,可通过游戏或言语引导等方式帮助幼儿达成动作要求,重复多次之后形成动作定势,因此,在活动开展之前,教师必须了解这套动作的内在标准(即动作规格),且能够明晰在教学过程中重点和可能会出现的难点。

(2) 基本技法:基本技法是指动作中反复出现的带有一般规律性的技巧和方法。例如,向前冲拳定势时总是拳背或拳眼朝上;又如,拳收到腰际时总是拳心朝上等。

(3) 易犯错误:对易犯错误的动作进行反复讲解和示范演练。由于幼儿对于动作技能的学习具有需要重复的特点,因此,教师在教学引导中可以适当增加对于容易出错的地方的分解演示和说明,并让幼儿能够反复练习体验。

(二)讲解的方法

(1) 顺序化讲解:遵从从下至上顺序,一般先讲下肢步型步法,再讲上肢手型手法,然后讲腰裆(臀部和胯部)配合的方法。

(2) 形象化讲解:武术动作名称是按照动作结构、形象和运动方法而取名,一般能表达动作的全貌,如"白鹤亮翅""野马分鬃"等。讲解时,把动作和具体事物结合起来,便于幼儿记忆动作和正确理解动作要领。如在讲解"白鹤亮翅"时,教师就可以使用一张白鹤展翅的图片,请幼儿先观察图片中白鹤的动作特点,然后用模仿游戏的方式来进行动作学习。再比如,太极起势动作可以用语言形象化地

[①] 马珮冬,周越.不同运动项目对10—11岁儿童神经发育的影响.第十一届全国体育科学大会论文摘要汇编.中国体育科学学会,2019:3432-3433.

描述为:"想象你的身后有个空气做成的小板凳,小朋友坐在上面,两只小手放在前面的小桌子上面,但是不要平平地摆上去,手要放松一些。"

(3) 数字化讲解:即将复杂的动作进行分段拆解,每一个小分段用一个数字来表示,教师口述指令做动作,从而引导幼儿进行动作学习。如"单云手",动作为在胸前画圆,且在做动作过程中手应当途经眼下、体侧、腰上、胸前四个位置,教师可把单云手画圈按照1、2、3、4四个点定式讲解,口头指令为1时,幼儿就应当与教师一同将手摆放在相应位置。

(4) 口诀化讲解:口诀化讲解的好处是可以把动作要领或动作顺序编成顺口溜进行讲解,便于幼儿记忆。如讲解太极起势口诀为"1两手平抬,2与肩同宽,3沉肩坠肘,4与肩齐平"。

(三)示范的方法

示范的方法通常分为完整示范和分解示范两种。完整示范使幼儿了解动作全貌,形成完整的概念。分解示范则是针对比较复杂、难度较大的动作所进行的教学方法,它便于幼儿了解动作的细节,更好地掌握动作的完整性。在示范的过程中,还需注意以下两个方面。

第一,示范面。示范面有正面、背面、侧面和镜面这四种方法。在教学中,可根据需要灵活选择,一般情况下,单个动作可采用正面或侧面示范;如果受训者为学前儿童,则可偏重以镜面教学为主。

第二,示范位置。教师示范位置的选择应根据幼儿人数和队形来确定,要以利于幼儿观察为原则,示范时尽量使幼儿避免面向阳光或迎风。

二、开展多种形式的练习

练习是幼儿在教师指导下,通过反复实践掌握和提高技术技能的主要方法。教学中经常采用的有模仿练习、重复练习、默想练习等。模仿练习的目的主要是为了帮助幼儿弄清和记住动作的运动路线、方向及方法,并能初步学会动作;而在模仿之后,需要通过大量重复来帮助幼儿形成正确的动作动力定性。由于默想练习对于幼儿有一定的难度,所以在此不进行详细介绍。

这里还需要注意的是,组织练习的形式一般有集体练习、分组练习和单人练习等。这几种练习方式也各有各的优点,比如集体练习主要由教师带领或通过口令来指导幼儿练习,便于统一行动要求。分组练习通常用于集中指导后将全班幼儿分成若干小组进行练习,适用于幼儿轮流观摩彼此的动作,同时也避免了单个幼儿不愿意在其他同伴面前展示的畏惧心理,有利于动作的反复练习和掌握。单人练习是幼儿单独完成动作演练的形式。单人练习一般在幼儿基本掌握动作后,教师提出练习要求,幼儿单独进行练习,有助于掌握和巩固动作,同时能消除幼儿对教师或同伴的依赖性,培养幼儿独立思考和练习的能力。

我们还可以将太极拳练习贯穿于幼儿园的各个活动之中。日常活动中,教师可播放音乐,引导幼儿闭眼想象,通过言语引导的方式,让幼儿感受身体放松的状态,提升内在专注力;教师可以在区角或室内、室外环境中,悬挂用于被击打的纸片、安全型儿童沙袋,引导幼儿感受太极拳中的"刚"——出拳;教师还可以开展"一起打太极"的亲子活动,倡导家长与幼儿一起进行太极拳训练,拓展中国武术的相关知识,增进亲子关系。

在练习一段时间之后,教师可以通过小组比赛、单人表演的形式来考察幼儿动作和套路的掌握情况。习练太极拳,重在引导幼儿参与和体验,通过练习涵养性格,并不是要求幼儿一定要对每一个动作技能进行精准掌握。同时,教师可以根据每个幼儿的实际身体特点、兴趣等调节教学方法和练习的节奏、强度。

第三节　学前儿童太极实用课程详解

一、基本体能训练[①]

基本体能训练分为两部分，分别为原地准备活动和行进间运动，适宜在每次体育活动前开展。该项训练可以在一静一动之间提升幼儿肌肉状态，调动身体机能，为太极拳训练做好充分的前期准备，类似于体育活动中的热身准备部分。建议教师在体能训练过程中根据幼儿的身体素质状况，遵守动静交替的原则，同时科学、灵活地设立体能要求，尽量在满足全体幼儿发展需要的同时，关注到个体差异。

（一）原地准备活动

该活动能够使幼儿在活动前舒展全身肌肉，活络关节，减少活动中造成运动损伤的可能。该部分共八节，每节四个八拍。

视频：原地准备活动

1. **扩胸运动**（图6-1）

双脚与肩同宽，脚尖向前，身体呈站立姿势。双手握拳，与胸口持平，屈肘用力向后振动双臂，充分打开两个肩关节。其后收回双手于胸前，变拳为掌，掌心向上，手臂伸直，用力向后振动直臂。

注意该年龄阶段的幼儿对躯体的控制程度不够，扩胸运动时要求上臂和小臂尽量与胸口持平，在向后振动时感受胸部肌肉的充分拉伸。而幼儿在做该动作时手臂会无意识下垂，教师可运用言语提醒，引导幼儿有意识地增强对躯体的控制能力。

(1)　　　　　　　　　　　　　(2)

图6-1　扩胸运动分解动作

2. **振臂运动**（图6-2）

双脚与肩同宽，脚尖向前，身体呈站立姿势。左臂/右臂屈肘呈90°上举，另一手臂向下伸直，双手自然握拳，双臂同时用力往后振动，过程中注意感受在胸部肌肉展开的同时，挤压背部肌肉。

[①]　适用于幼儿园小班、中班、大班。

图 6-2　振臂运动分解动作

3. 体转运动（图 6-3）

双脚与肩同宽，脚尖向前，身体呈站立姿势。手臂屈肘于胸前平举，腰部平行转体 45°带动上肢转动。

注意头颈和双肩在运动过程中一直呈放松却锁住不动的状态，肩部始终处于同一水平面，不要上下晃动。转动身体时感受与转动方向相反的腰侧与背部一侧的拉伸感。

图 6-3　体转运动分解动作

4. 腹背运动（图 6-4）

双脚与肩同宽，脚尖向前，身体呈站立姿势。手臂垂直上举同时向后振动，其后弯腰俯身，用手掌触碰脚尖或地面。

图 6-4　腹背运动分解动作

注意手臂上举时感受腹部肌肉拉伸,手臂下落触碰脚尖时,弓背感受腰、背部肌肉的拉伸感。

5. 弓步压腿(图6-5)

右腿往同侧迈步,呈90°弓步,脚尖向右,上半身与左腿随之右转,左腿伸直。身体保持直立姿势,髋部往下轻压—恢复—再轻压,如此反复,左腿动作同上。

注意在运动过程中后腿膝盖要尽量伸直,前腿的弯曲角度不能小于90°,整个动作和短跑运动员的起跑预备姿势差不多,感受大腿后侧肌肉与韧带的拉伸感。弓步时,前腿的膝盖不能超过脚尖,幼儿长期错误练习易损伤关节。

图6-5 弓步压腿分解动作

6. 弓步侧压腿(图6-6)

右腿往同侧迈步,小于90°弓步,脚尖向前,身体重心右移,左腿伸直,上半身可自然弯曲,髋部用力上下弹动,左腿动作同上。

注意,上半身越保持直立,大腿内侧肌肉与韧带的拉伸感越强。可根据自己的身体状况自由调节。

图6-6 弓步侧压腿分解动作

7. 膝关节运动(图6-7)

双脚自然并拢,膝关节微弯,转动膝盖(可顺时针转动,也可以逆时针转动)做圆周运动。

图6-7 膝关节分解动作

8. 活动手腕脚腕(图6-8)

双手手指交叉虚握,依次转动手腕活动开腕关节。一侧脚尖虚点地,转动脚踝做圆周运动,活动开踝关节。

幼儿手腕和足弓的骨化是逐渐进行的,手腕和足部都不能经受过度疲劳,所以在活动之前,一定要充分活动开这两处关节。

(1)　　　　　(2)

图6-8　活动手腕脚腕分解动作

(二)行进间运动

行进间运动的目的在于锻炼幼儿四肢的力量、协调性,提升身体的反应与平衡能力。此类运动强度大,初次练习之后,易出现肌肉酸痛的现象。教师和家长可引导幼儿在运动后进行适当的放松与拉伸,按摩运动部位,并鼓励幼儿坚持运动,加快身体代谢。肌肉的酸痛感会随着时间陆续消减,教师与家长不用过于担心。教师在指导过程中应注意,因幼儿对躯体的控制能力以及肌肉的力量还不够,所以在行进间运动中,我们不要求幼儿动作一定要达到下文中的规格描述,尽量做好动作、充分热身即可。又因幼儿的体质存在差异,在运动时教师可以根据幼儿具体情况,做不同要求。

该运动共七组动作,通常采取队列式,单个往返接力进行。(第五个动作可采取队列间团队竞赛方式,以此来增加幼儿的团队协作意识,调动幼儿的积极性。)

1. 行进间抱膝跳(图6-9)

行进中双脚起跳屈膝,两手同时拍打膝盖,两脚同时落地。

(1)　　　　　(2)

图6-9　行进间抱膝跳

因幼儿的髋骨是由三块骨头借软骨连接起来的,不是很牢固,在外力的作用下容易移位,影响骨盆的正常形态。所以在跳跃时,不要求幼儿跳很高,起跳有准备,落地尽量轻巧即可。

2. 单脚跳(图6-10)

行进中单脚支撑跳跃,返程时换脚。

若幼儿还不能连续单腿支撑跳,则建议教师用双脚交替向前跨步或双脚连续向前跳代替该动作。

(1)　　　　(2)

图6-10　单脚跳

3. 跳跃转体(图6-11)

行进中起跳,身体直立在空中转体360°,随后落地呈马步。

该动作对幼儿的平衡能力要求很高,尤其是对低龄幼儿来说存在一定难度,因此教师可以根据幼儿具体情况降低难度,或借助幼儿园器械提升幼儿平衡能力。如跳跃转体起跳之后在空中旋转180°或90°即可,又如借助平衡木、平衡车、梅花桩、滑板等平衡设施或器材来进行平衡感训练活动。

(1)　　　　(2)

图6-11　跳跃转体

4. 蛙跳(图 6-12)

双手背于身后,身体下蹲,两脚同时发力向前连续跳跃,落地时应维持下蹲姿势。

图 6-12　蛙跳

5. 鸭子步(图 6-13)

身体全程呈下蹲姿势,两脚交替小步前行,手臂展开随步伐协调摆动。

幼儿下肢力量弱,教师可根据实际情况选择半蹲或完全下蹲进行鸭子步。

图 6-13　鸭子步

6. 蜘蛛爬(图 6-14)

身体后仰,用手脚同时撑起身体,面朝天空,背朝地面,手脚协调前行运动。

图 6-14　蜘蛛爬

7. 匍匐爬行(图 6-15)

面朝地面俯趴,只用手脚触地,撑起身体往前爬行。

(1)   (2)

图 6-15　匍匐爬行

二、少儿五步拳套路解析[①]

太极拳与五步拳都是中国武术的一部分,中国武术博大精深,如果说太极拳是中国武术这棵大树上最繁茂的一枝的话,那么五步拳便是深深扎在土中的根,它是所有武术动作的起点,我们称之为初级必学套路。五步拳包含了武术中最基本的弓、马、仆、虚、歇五种步型;拳、掌、勾三种手型;上步、退步步法;以及搂手、冲拳、按掌、穿掌、挑掌、架打、盖打等手法。通过五步拳的练习可以增进身体的协调能力,掌握动作与动作之间的衔接要领,提高动作质量,使每一个基础动作做到规范化、标准化,为学习太极拳打下动作基础。

(一) 预备势(图 6-16)

两脚并拢,双手握拳抱于腰间,拳面与小腹在同一个水平,双肘后顶,向左摆头,目视左前方(并步抱拳,目视左前方,挺胸,塌腰,收腹)。

注意预备势对身、心有两个方面的要求:一是身体要放松,不能僵滞;二是心境要平和。

视频:
少儿五步拳

图 6-16　预备势　　图 6-17　弓步搂打之弓步冲拳

(二) 弓步搂打之弓步冲拳(图 6-17)

左掌为拳收于腰间,拳心朝上。马步向左拧腰转胯呈左弓步,右拳同时内旋击出,拳心向下,力达

---

① 适用于中班、大班。

拳面,目视前方。

(三) 弹踢冲拳(图6-18)

右拳外旋收回腰间,拳心向上。左拳拧旋击出,同时右脚向前弹出,脚面绷平,力达脚尖。左拳拳心向下,上身直立,目视前方。

图6-18 弹踢冲拳　　　　图6-19 马步架打

(四) 马步架打(图6-19)

右脚前落成马步,左拳变掌向上撩架,右拳向前击出呈平拳,眼看右方。

(五) 歇步盖打之转身盖掌(图6-20)

向左转身,左脚后撤至右脚后方,左掌变拳收回腰间,右拳变掌从上向左下横盖,目视前方。

图6-20 歇步盖打之转身盖掌　　　　图6-21 歇步盖打之转歇步冲拳

(六) 歇步盖打之歇步冲拳(图6-21)

下蹲呈右歇步,右掌变拳收回腰间,左拳平拳击出,目视左拳方向。

（七）提膝穿掌（图6-22）

左拳变掌下横盖，起身右腿直立，左脚提膝，同时右拳变掌从腰间向右上方穿出，目视左掌。

图6-22 提膝穿掌　　　　图6-23 仆步穿掌

（八）仆步穿掌（图6-23）

左脚向左落步呈左仆步，左掌向左下方穿出，目视左方。

（九）虚步挑掌（图6-24）

右脚向前上步呈右虚步，左掌顺式向上向后呈下勾手（低不过肩，高不过耳端）。右掌向前向上挑出，掌指向上，右肘微曲，目视右掌方向。

图6-24 虚步挑掌　　　　图6-25 收势

（十）收势（图6-25）

左脚向右脚并拢，双手变拳收回腰间。向左摆头，目视左前方，还原成预备姿势。

三、少儿太极

因幼儿记忆的广度有限,而少儿太极的完整套路又较为冗长,所以在教学过程中,儿童性格涵养教学法建议教师先以单个动作的学习为主,运用各种方法,鼓励幼儿反复练习,形成肌肉记忆,之后再将单个动作串联起来,形成一套完整的太极拳法。

(一)太极拳分解套路练习

1. 起势(图6-26)

首先,身体立正站好两脚并拢,两手放于大腿两侧,挺胸抬头目视前方,起势时左脚向左侧横向开步与肩同宽或略宽于肩。两手同时自然平抬与肩同宽,屈膝下按到腰间。

2. 十字手(图6-27)

起势后两手从腰间十字手相交,左手在外、右手在内,左手往下、右手往上,分别胸前画圆后两手相交于胸前,右手在外左手在内。

图6-26 起势

图6-27 十字手

3. 左右单云手画圆

右单云手:两脚马步开立,膝盖微屈,左手掐腰,右手在身体右侧胸前位置顺时针画圆,顺序为上-右-下-起点。

左单云手(图6-28):两脚马步开立,膝盖微屈,右手掐腰,左手在身体左侧胸前位置逆时针画圆,顺序为上-左-下-起点。

注意:手臂画圆时要注意眼随手动,以此锻炼幼儿的专注力,画圆时手臂动作最高不超过眼睛,最低不低于腰部,且不过身体中线。

图 6-28 左右单云手画圆

4. 双云手(图 6-29)

两脚马步开立,膝盖微屈,在原单云手基础上两手同时交替画圆。

图 6-29 双云手

5. 行进中双云手

在双云手的基础上加入移动步法,双手画圆应配合步法,做到手脚动作协调一致。教师引导时可先进行移动步法练习,脚步横向移动,先开左步然后跟右步,双膝始终呈微屈状态。

6. 左右野马分鬃(图 6-30)

(1) 上体微向右转,重心移至右腿;同时右臂上提收至胸前平屈,手心向下,左手经体前向右下划弧至右手下,手心向上,两手心相对呈抱球状,左脚随即收到右脚内侧,脚尖点地,眼看右手。

(2) 上体微向左转,左脚向左前方迈出,右脚跟后蹬,右腿自然伸直,呈左弓步。同时上体继续左转,左右手随转体慢慢分别向左上、右下分开,左手高于眼(手心斜向上),肘微屈,右手落在右胯旁,肘也微屈,手心向下,指尖向前,目视左手。

(3) 上体后坐,重心移至右腿,左脚尖翘起,微向外撇(大约 45°至 60°),脚掌慢慢踏实,左腿慢慢前弓,身体左转,重心移至左腿,同时左手翻转向下,左手臂内旋收至胸前平屈,右手向左上划弧至左手下,两手心相对呈抱球状,右脚随即收到左脚内侧,脚尖点地,目视左手。

(4) 右腿向右前方迈出,左腿自然伸直,呈右弓步,同时上体右转,左、右手随转体分别慢慢向左下、右上分开,右手高于眼(手心斜向上),肘微屈,左手落在左胯旁,肘亦微屈,手心向下,指尖向前,目视右手。

（5）上体慢慢后坐，重心移至左腿，右脚尖翘起，微向外撇（大约45°至60°），脚掌慢慢踏实，右腿前弓，身体右转，重心移至左腿，同时右手翻转向下，两手心相对呈抱球状，右脚随即收到左脚内侧，脚尖点地，目视右手。

（6）左腿向左前方迈出，右腿自然伸直，呈左弓步，同时上体左转，右、左手随转体分别慢慢向右下、左上分开，左手高于眼（手心斜向上），肘微屈，右手落在右胯旁，肘也微屈，手心向下，指尖向前，目视左手。

教师应注意，因该动作对手脚协调性的要求较高，所以在动作教学过程中可采取先原地进行上肢训练，后加入前进步法的方式展开活动。

(1)　　　　(2)

图6-30　左右野马分鬃

7. 转身左右踢脚

踢右脚：左脚在前，脚尖外摆45°，右脚在后，左右腿呈十字交叉状垂直下蹲，上身保持直立，两手在胸前呈十字交叉，右手在外左手在内，两腿同时发力起身，左腿蹬直，右脚向旁侧踢出，同时两臂平展，右手拍右脚脚面，眼睛看着拍打点（图6-31）。

踢左脚：右脚脚尖外摆45°落地，同时身体右转，右腿在前、左腿在后呈十字交叉垂直下蹲，上身保持直立，两手在胸前呈十字交叉，左手在外右手在内，两腿同时发力起身，右腿蹬直，左腿向旁侧踢出，同时两臂平展，左手拍左脚脚面，眼睛看着拍打点（图6-32）。

因学龄前儿童在踢腿时较难维持身体平衡，所以初次接触太极拳的幼儿踢腿高度在腰部以下即可，教学重点在于感受身体平衡点，踢腿时尽量保持身体中正，以免失去重心，身体后仰，从而摔倒。

(1)　　　　(2)

图6-31　转身右踢脚

图 6-32 转身左踢脚

8. 转身左右蹬脚

右蹬脚：左腿单立，右腿提膝过腰，两手握拳十字交叉抱于胸前，右手在外左手在内。右腿发力向右下方蹬踹，两拳同时伸展，左拳在头部斜上方，右拳与右腿平行。

左蹬脚：右脚落地时脚尖外摆45°，身体同时右转，右腿单立，左腿提膝过腰，两手握拳十字交叉抱于胸前，左手在内右手在外。左腿发力向左下方蹬踹，两拳同时伸展，右拳在头部斜上方，左拳与左腿平行，眼睛看着蹬脚方向（图6-33）。

幼儿很难感受向斜下方"蹬"的力，往往会将该动作做成伸腿。建议教师在教学过程中借助轮胎等有弹性的物体（防止关节损伤），运用游戏的方式，引导幼儿向斜下方跺轮胎，感受向下蹬地的发力点。

图 6-33 左蹬脚

9. 裹身鞭（图 6-34）

眼看左前方，身体略左转，两腿呈马步开立下蹲。同时两手握拳十字相交于腹前，右拳在外，左拳在内。两拳同时提起到胸部时，左右拳同时发力向两边打开，曲臂下砸。可原地反复练习，手臂下砸时可以伴随发出"哈"声。也可行进间练习，行进间练习时，步法移动以交叉步前行为主。

图 6-34　裹身鞭

10. 穿地龙（图 6-35）

左脚向左落步呈左仆步，左拳向左下方穿出，右拳在额头前方，目视左方。

图 6-35　穿地龙

11. 金刚捣碓（图 6-36）

左腿直立右腿提膝，左手掌心朝上在腹前，右手为拳平抬于脸前，跺右脚的同时右拳砸于左掌。

图 6-36　金刚捣碓

12. 十字手收势（图 6-37）

两手平举十字相交，然后打开与肩同宽，下落收于体侧，收左脚站定。

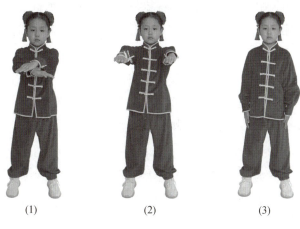

图 6-37 十字手收势

(二)幼儿园大班太极拳十二式完整套路

太极拳与儒家中庸之道紧密相连,在拳法中主要体现为以下三点:(1)动中求静,身形愈动而心愈静,打拳之时要保持心态平和;(2)身形要中正安舒,太极拳有修正身姿的作用,整套拳法中都应保持身形中正,不可前倾,亦不可左右摇摆;(3)力气要适度,柔中带刚,过之则莽,未及则弱。

视频:少儿太极完整示范

儿童性格涵养教学法强调环境对人的影响,在太极拳的教学中亦是如此。活动开始之前,教师应当选择一处安静、空旷的户外场所并调整好自身状态,做到平心静气、身体放松。活动开始时,可播放节奏慢、曲调柔和的音乐,如《太极拳入静放松音乐》《心游太玄》等。

1. **起势**(图 6-26)

首先,身体立正站好两脚并拢,两手放于大腿两侧,挺胸抬头目视前方,起势时左脚向左侧横向开步与肩同宽或略宽于肩。两手同时自然平抬与肩同宽,屈膝下按到腰间。

2. **十字手**(图 6-27)

起势后两手从腰间十字手相交,左手在外、右手在内,左手往下、右手往上,分别胸前画圆后两手相交于胸前,右手在外左手在内。

3. **右单云手**(图 6-28)

十字手后,左手掐腰,右脚开步呈半马步,身体右侧 45°,右脚外摆 45°。右手在身体右侧胸前位置顺时针画圆,顺序为上-右-下-起点,画三圈。

4. **左单云手**(图 6-28)

右手圈画完后,右手掐腰,身体左侧 45°,扣右脚,左脚外摆 45°,呈半马步。左手在身体左侧胸前位置顺时针画圆,顺序为上-右-下-起点,画三圈。

5. **双云手**(图 6-29)

左单云手体式不变,原地做双云手,膝盖微屈,在原单云手基础上两手同时交替画圆。

6. **左右野马分鬃**(图 6-30)

双云手结束后往前方开步野马分鬃,先上左弓步,同时上体左转,左右手随转体慢慢分别向左上、右下分开,肘微屈,目视左手。左腿收回弓步右腿向前方迈出,呈右弓步。同时,上体右转,左、右手随转体分别慢慢向左下、右上分开,肘微屈,目视右手。原地反复做四次。

7. **右踢脚与左踢脚**(图 6-31、图 6-32)

野马分鬃结束后两手胸前画圆呈十字手,左右腿呈十字交叉状垂直下蹲,两腿同时发力起身踢右脚。踢完右脚后身体左转,侧身往前迈步,双手呈十字手,双脚交叉下蹲,继而两腿同时发力起身踢左脚。

8. 右蹬脚与左蹬脚(图6-33)

踢完左脚后落地两脚脚尖朝前,两手同时按于腹前,两膝微屈。两手同时外翻画圆握拳呈十字状抱于胸前,同时左腿立而右腿提膝过腰做蹬腿动作。右脚落地时脚尖往外摆,身体同时右转,左右腿呈十字交叉状定式,其后右腿立而左腿提膝过腰做蹬腿动作。

9. 裹身鞭(图6-34)

两脚左右开立宽于肩,两手握拳十字相交于腹前,吸气时两手上提于脸前,随之呼气且两臂自体侧展开下砸,身体屈膝下蹲呈马步状,反复做三次。

10. 穿地龙(图6-35)

左脚向左落步呈左仆步,左拳向左下方穿出,右拳在额头前方,目视左方。

11. 金刚捣碓(图6-36)

左腿直立右腿提膝,左手掌心朝上在腹前,右手为拳平抬于脸前,跺右脚的同时右拳砸于左掌。

12. 十字手收势(图6-37)

两手平举十字相交,然后打开与肩同宽,下落收于体侧,收左脚站定。

太极拳作为中华武术的一部分,亦是中华民族的国粹,它以中华民族哲学思想为指导,不仅能使体魄更加强健,更能使人从中感悟人生哲理。它于拳法套路中体现做事之道,从无意注意到有意注意,化被动为主动,为成功人生打下坚实基础。它于身形身段中体现为人之道,倡导做事适度,有礼有节,为好性格注入另一剂良方。在儿童性格涵养教学法中,我们将其提炼为"仁爱"与"专注"。

"仁爱"与"专注"不仅渗透于太极拳本身,更贯穿于教学过程之中,这也是儿童性格涵养教学法强调幼儿太极的原因之一。学前儿童太极拳教学,甚至武术教学,是一项系统的、科学的工作,一日不可成,不可心急,"滴水穿石非一日之功",教师应当给幼儿创造重复练习的机会,让幼儿循序渐进地在游戏中掌握动作要领,切不可急于求成,拔苗助长。学前儿童喜模仿身边的人、物,教师在育人子弟之前必先掌握太极拳的精髓,从阴阳相合中体悟教学过程中应有的耐心、恒心、对事物的包容心,随和而中正,用自身行为潜移默化地影响幼儿,扮演好榜样角色。

总而言之,教师在教学中要根据幼儿的年龄、生理、心理特点,运用切合实际的教学手段,不断加强身体、心理训练,逐步提高运动技术水平,同时培养幼儿高尚的武德、优良的作风和坚强的意志品质,促进幼儿全面发展、健康成长。

思考与实训

思考模块:

1. 练习太极对于学前儿童性格培养的积极意义有哪些?
2. 儿童性格涵养教学法中,太极拳教学的要点和方法是什么?为什么要注重这样的引导?

实训模块:

1. 完整演示一遍少儿太极的体能训练动作,并在实习实训中,在园所体育老师的协助配合下,带领幼儿尝试练习,注意动作规范和安全。
2. 完整演示一遍少儿五步拳和太极十二式,并练习一边向幼儿解说一边示范具体动作。

第七章 特色活动之中华智慧感统区角

> **本章学习任务**
> 任务1：全面了解中华智慧感统区角游戏的创设背景和游戏观。
> 任务2：掌握中华智慧感统区角游戏的设计原则和实施策略。
> 任务3：能够组织幼儿开展中华智慧感统区角游戏，并在过程中进行观察和指导。

第一节 中华智慧感统区角

一、中华智慧感统区角游戏创设背景

游戏是幼儿的基本活动。在儿童性格涵养教学法中，它不仅是幼儿建构对外部世界认识的重要途径，也是幼儿体验和感受中华优秀传统文化魅力的有效方式。

尽管我国学前教育领域关于游戏的实证研究晚于西方，但是中国的游戏史源远流长。"如果从有史记载的先秦时代算起，中国的游戏至少具有三四千年的历史；从地下发掘的考古资料来看，中国的游戏史更是可以追溯到遥远的原始时代"[①]。而中华民族游戏史的丰富、优秀，不仅仅体现在其历史的久远性上，更因中国历代人民在游戏材料、玩具的设计和游戏的玩法上体现出的精妙智慧及其背后的文化底蕴、人文情怀、礼仪、寓意等，成为世界游戏史上的瑰宝。譬如：西周时期，有射箭；春秋时期，有鲁班锁、投壶、蹴鞠；唐宋时期，有马球、推枣磨等。其中，射箭、投壶传承了古代的射礼，鲁班锁承载了古代工匠木艺的智慧，蹴鞠体现了古代人民协作团结的运动精神。

如果仔细观察，就会发现：在这些游戏活动中，幼儿的举手投足，奔跑嬉戏，每一个动作都与他们的感官、肢体协调能力密切相关。这些不正是目前儿童发展研究领域中提出的儿童感觉统合能力的外在表现吗？感觉统合究竟是指什么？它是脑神经系统将不同的感觉信息进行整理及组织，使我们能认识四周环境及自身的需要，继而有效地引发切合环境需要的适应性反应。[②] 可以说，它其实是我们的身体与环境交流并做出反馈的一个过程。从某种程度上说，是个体性格外在表现的一种生理性的基础能力。如果个体的感觉统合能力缺失，那么势必也会影响他对外部刺激做出稳定反应的能力。

---
① 李屏.教育视野中的传统游戏研究[D].华东师范大学,2005.
② 林伟明.感统训练对儿童行为影响的研究[J].中国校外教育,2019(33):28-30.

案例 7-1

小花今年三岁了,从小都是由奶奶带的,除了奶奶外,对别人的亲近行为都非常排斥,甚至也不喜欢跟妈妈太亲近,被碰到时常常会尖叫、大哭,尤其是给她洗澡、擦香香时,她都非常抗拒,会挣扎、大喊大叫。

分析:

小花的这些表现正是感觉系统中触觉功能失调造成的。在别人碰到她时,她做出的反应会有一些过激,触觉感统失调会影响孩子的睡眠、运动、社交、情绪、饮食等。常常表现为胆小怕事、黏人、讨厌被触摸,往往会偏食、挑食、不合群、性情孤僻、甚至是出现学习障碍。

感觉统合能力失调,会对幼儿造成不同的影响。本体觉失调的幼儿,往往表现为方向感差、容易迷路、无法控制力量、不善于玩积木或组装东西、害怕旋转、容易摔倒等;前庭平衡觉失调的幼儿往往表现为协调能力不好、语言发展迟缓、阅读有障碍、好动等。研究表明,学前期正是儿童感觉统合能力发展的关键期。① 如果在幼儿时期进行有效促进,则能增加幼儿机体对环境的适应能力。

感觉统合训练,是以丰富的材料为教具,通过模拟环境中的场景,从而针对性地发展幼儿的感觉统合能力的系列活动。基于对现有感觉统合玩教具及相关教育活动的研究,我们发现:感觉统合活动所使用的各种材料和活动的形式,其实都可以在中国古老的游戏材料和形式中找到影子。譬如,球类在感统活动中广泛运用,而蹴鞠就能很好地促进感觉统合能力中前庭觉、本体觉的发展。早在2 300年以前的春秋战国时期,就有了蹴鞠,它是现代足球的起源。刘向在《别录》中曾提及:"蹋鞠,兵势也。所以练武士,知有才也,皆因嬉戏而讲练之。"又有唐朝颜师古注云:"蹴鞠,陈力之事,故附于兵法焉。"古人早已认识到蹴鞠等传统游戏中包含的智慧和价值,并将其运用于军事训练,来发展军人的动作、力量以及团队协作能力。如果将蹴鞠运用到现代幼儿教育中,不仅可以发展幼儿的感觉统合能力、强身健体,还能增强幼儿的团队合作意识,加强对传统文化的了解。

再比如可以发展幼儿手部精细动作能力和空间知觉能力的鲁班锁,发源于2 000多年前的滕州,由中国木匠的祖师鲁班发明创造。相传是鲁班为了测试儿子是否聪明而做。他仅用6根木条制作了一件可拼可拆的玩具让其子拆装,看似简单的步骤,却让孩子花费了一天一夜的时间,由此可见鲁班锁中所蕴含的智慧。清末光绪年间唐芸洲石印的《鹅幻汇编》中称它:"乃益智之具,若七巧板、九连环然也。"②因此,鲁班锁与七巧板、华容道、九连环并称为中国古典四大智力玩具,有着一定的游戏价值,而且鲁班锁不单单是一个玩具,它也象征着鲁班文化中的"工匠精神""创新做事,造福世人的精神"。

综上,儿童性格涵养教学法体系正是秉持中华民族的游戏精神,深挖优秀传统中华文化中的游戏智慧,并进行现代化、低幼化的创造性改造,开创了一套中华智慧感统区角游戏支持系统,实现了对优秀传统文化在儿童教育领域的创造性转化、创新性发展。

---

① 胡秀杰.感觉统合训练融入幼儿园课程的策略研究[D].东北师范大学,2006.
② 魏锋,孙德栋.一把鲁班锁 藏尽天机巧[J].走向世界,2018(40):78-81.

二、中华智慧感统区角释义

中华智慧感统区角,是以中国优秀传统文化为基础,综合了古建筑智慧如"塔"、木艺智慧如"榫卯结构",古代"六艺"如"射"、"蹴鞠",以及宥器、都江堰为延展的水利智慧等,研发的一套让幼儿在游戏中了解中国文化并促进其智力和感觉统合能力发展的区角游戏系统。

三、中华智慧感统区角的重要价值

(一)在游戏中帮助幼儿体验和内化优秀传统文化里的大智慧

中华智慧感统区角创造性地运用了传统建筑"塔"、工匠木艺智慧榫卯结构、水利智慧、六艺等优秀传统文化元素,设计了拼搭、组合、投掷等不同游戏,让幼儿通过感受和探索,在充满内发兴趣的情况下,了解和内化自己的民族文化。

比如,如果我们跟幼儿介绍中国的木艺智慧——榫卯结构,说太和殿的大殿不用一根钉子,就可以牢固地衔接在一起,百年来屹立不倒,幼儿觉得难以理解。但是如果我们请幼儿拼插蕴含着榫卯结构的鲁班树(图7-1),幼儿则需要通过使鲁班树各板块间的小凹槽紧密咬合,从而拼装出一棵稳稳站立的树。在这个过程中,幼儿便了解了榫卯结构,了解了古代木艺的智慧。这也正是儿童性格涵养教学法中倡导的用可见的实物、直观的操作来代替抽象的假想。

图7-1 鲁班树

再如,古代学习射箭时,针对射箭的技能、礼仪、师资和场所等已有了一整套比较成熟的规范。在商代出现了"礼射",后经西周王又发展为大射、宾射、燕射、乡射等一系列活动,并设立了习射的学校,如庠、序、学、校等,古人通过学习射礼来提高人文修养。射箭对于现代幼儿教育,也有着不可估量的作用,不仅能让幼儿了解我国早期的体育精神和理念,感受射礼中彬彬有礼、互相谦让的氛围,还能让幼儿传承民族文化,增强民族自信。儿童性格涵养教学法就将"射"这一项活动,通过对其外观、大小、牵拉力量的科学调整,让它变成了中华智慧区角里的"射箭"游戏。

(二)在游戏中促进幼儿感统能力的发展,并培养专注、合作等积极性格要素

中华智慧感统区角以蕴含中华文化意蕴的玩教具为材料,从触觉、前庭觉、本体觉、听觉、视觉等方面组织多样化的感觉统合游戏,以促进幼儿大脑建立完善的神经通道,发展感觉统合的能力。这套游戏支持系统,不仅可以在室内外区角游戏活动中发挥重要的价值,在集体教学活动、亲子活动、日常活动中也能够很好地融合,在本章第三节中,会通过案例的形式进行介绍。

儿童性格涵养教学法指导下的中华智慧感统区角玩教具,在设计之初除了融入中华传统智慧,充分考虑每一款玩教具的感觉统合教育意义外,还考虑到了其性格涵养的价值。

譬如融合了中式建筑"塔"而设计的中华智慧感统区角玩教具之彩虹塔,作为一种建构类的材料,在游戏操作过程中,就可以进行拆装、拼搭等多种不同形式的游戏,可以发展幼儿的手眼协调、手的精细动作和大肌肉活动的协调,搬运重物时身体重心的变化、携物行走的能力。[1] 除此之外,它还有涵养

---

[1] 刘焱.儿童游戏通论[M].北京:北京师范大学出版社,2004.

幼儿良好性格的价值。有研究者就曾提到建构游戏除了能够发展幼儿手的协调动作,促进幼儿创造性思维的发展,丰富幼儿的知识、经验,还能够培养幼儿优秀的人格素质。[1] 教师在组织彩虹塔相关活动时,可以为幼儿创设小组合作的环境,引导幼儿共同探索,发展幼儿的同伴交往及合作能力。在幼儿遇到困难时,教师适时的引导,可以发展幼儿的受挫力,在游戏中涵养幼儿仁爱、专注的良好性格。

再如起源于"射礼"的投壶游戏,不仅玩法多样,深受幼儿喜爱,同时还蕴含着丰富的教育价值,儿童性格涵养教学法研究团队也通过对幼儿的行为观察和分析,证明了中华智慧感统区角在促进儿童感觉统合能力发展方面的积极作用。

1972年,美国南加州大学爱尔丝(Anna. J. Ayres)首次提出了感觉统合理论,指出感觉统合(SI)是大脑无意识的一个过程,处理组织来自各感觉器官的感觉信息,并赋予相应的意义,使个体做出有效的适应性反应。[2] 依据这一释义,结合信息加工理论与多名学者对于幼儿感觉统合能力的研究,不难发现,感觉统合能力会有与之相对应的外在行为表现,而各种行为都是由与其对应的动作模式加以执行和表现的。[3] 如触觉失调的幼儿常常表现出对外界刺激反应强烈的行为特点,这样的特点会外化为小动作多、坐不住、无法完成部分精细动作等动作模式。由此可见,感觉统合能力与人的行为动作表现是密切相关的。

乐学乐园儿童性格养正研究中心采用了单组前后测的实验方式,验证了中华智慧感统区角中的投壶游戏对2—4岁幼儿感觉统合能力的促进作用。研究选取了30名幼儿进行了为期40天的投壶游戏,研究结果显示,实验后幼儿投掷动作中的后引动作(B)、躯干转体(T)、上臂滞后(F)、脚步动作(S)与投掷准度(C和D)这五个动作发展序列较实验前均有了显著提升,具体表现为高水平动作序列的增多,和低水平动作序列的减少。例如,从表7-1中可以看出,投壶实验后,后引动作中的无手臂后引动作"球直接从最初持球位置出手(B1)"动作序列显著减少;而手臂呈弧形向后上引,球从头后侧位置出手(B3)动作序列显著增多,即大部分幼儿的后引动作序列较实验前上升了两个水平。依据研究结果,结合上述感觉统合能力与基本动作之间的关系,不难发现,投壶游戏对于幼儿本体觉、前庭觉与视觉的发展存在促进作用。

表7-1 投壶游戏中投掷动作发展序列配对样本检验

		M	SD	t	df	Sig(双侧)
B	B1前—B1后	0.232	0.388	3.267	29	0.003
	B2前—B2后	−0.064	0.517	−0.678	29	0.503
	B3前—B3后	−0.167	0.415	−2.212	29	0.035
T	T1前—T1后	0.347	0.308	6.172	29	0.000
	T2前—T2后	−0.347	0.308	−6.172	29	0.000
F	F1前—F1后	0.413	0.408	5.539	29	0.000
	F2前—F2后	−0.413	0.108	−5.539	29	0.000
S	S1前—S1后	0.192	0.367	2.869	29	0.008
	S2前—S2后	−0.122	0.380	−1.763	29	0.088
	S3前—S3后	−0.070	0.254	−1.504	29	0.143

---

[1] 王囡.大班幼儿在建构游戏中的合作行为研究[D].辽宁师范大学,2015.
[2] Ayres, A. J. (2005). *Sensory integration and the child*. Los Angeles, CA: Western Psychological Services.
[3] 董奇,陶沙.动作与心理发展(修订版)[M].北京:北京师范大学出版社,2004.

(续表)

		M	SD	t	df	Sig(双侧)
C	C1 前—C1 后	0.140	0.233	3.295	29	0.003
	C2 前—C2 后	0.179	0.391	2.510	29	0.018
	C3 前—C3 后	−0.178	0.290	−3.360	29	0.002
	C4 前—C4 后	−0.148	0.277	−2.920	29	0.007
D	D1 前—D1 后	0.2498	0.340	3.932	29	0.000
	D2 前—D2 后	0.120	0.410	1.602	29	0.120
	D3 前—D3 后	−0.232	0.337	−3.763	29	0.001
	D4 前—D4 后	−0.962	4.54666	−1.160	29	0.256

注：后引动作(B)、躯干转体(T)、上臂滞后(F)及脚步动作(S)涉及手臂、背、颈及头部肌肉的发展和手、脚、躯干的协调能力与平衡感，可反映幼儿的前庭觉、本体觉的发展；不同距离的投掷准度(C和D)涉及手眼协调、眼神追踪、深度知觉，可反映幼儿的视觉和前庭觉的发展，序列水平由1依次向上递增。

在投壶实验中，研究人员还通过非参与式观察(用实况详录法进行视频录制，用日记与轶事记录法进行观察记录，见表7-2)发现投壶游戏不仅能发展幼儿的投掷动作，促进感统能力发展，还对幼儿在游戏中所表现出来的行为产生了影响。主要表现为游戏中的自信、情绪控制、谦让、相互帮助、主动性、坚持性等社会性发展与学习品质，而这些，恰与儿童性格涵养教学法中所希望去培养的"仁爱""专注"的积极性格特质相吻合。

表7-2　幼儿投壶游戏个案观察记录表

观察地点：L园 观察时间：2019.12.07—2020.01.10 观察幼儿：M　　　　　幼儿编号：16		
12月7日	第一次进行投壶游戏	老师叫了M三次，M才走到投壶的相应位置，老师将沙包递到M手上，M接过沙包看了一会坐在一旁的小朋友，看了一会投壶，看了一会沙包，又看了一会四周的环境，一直僵持了一分钟都没有将沙包扔出。最后，老师请其回到了座位
12月8日	第二次投壶	一直用手做击打沙包的动作，老师和M一起投掷，M也不曾投出去，并且一直用摇头的动作表示不想投
12月30日	第四次投壶	老师问："可以帮我和你都挑一个沙包吗？"M听到后挑选了两个沙包，老师说"我们一起丢到大大的莲藕壶里面去吧"，并举起手将沙包扔了出去，但M没有扔出去，反而摇了摇沙包，说："里面装的是沙子！"又说："我们要投到那个里面去。""上面有个东西，我把它弄掉了。"最终，M还是没有将沙包扔出
1月8日	第八次投壶	M在老师叫到名字的时候，马上站到了投壶区域，拿起了沙包，右脚往前跨了一步，将手举了起来，但是没有将沙包扔出去，而是说："不能乱丢。"然后走到投壶口面前，看了一眼老师，看了一眼投壶器皿，又看了一眼老师，接着慢慢把沙包放进了投壶口里面
1月9日	第九次投壶	排队投壶的时候，M自己从队伍外面走到了队伍里面，排在了第二个，前面的小朋友投完了，轮到M了。M第一次投，没有投进去，看了一眼老师，又看了一眼其他小朋友。老师说："你好棒啊！差一点就扔中了，继续扔一个吧。"M第二次投，投得很远，依然没有投进，M往后退了一步，缩起了肩膀，接过老师递给他的沙包，做起了双手拍打沙包的动作。第三次依然没有把沙包扔进，M双手拧在一起，听到老师说你今天很厉害，把沙包扔出去了的鼓励式话语，松开双手，微笑着转身走回了座位

在表7-2幼儿M的个案中可以发现，其游戏中行为的主动性发生了变化，主动性得到了发展，包括肯接受任务、愿意参与游戏，并能够尝试有难度和有挑战性的任务。个案中幼儿M从初始时的"不愿上前""不愿投掷"到后来的"主动排队""在老师的鼓励下投出手中的沙包"，能看出其游戏主动性是逐步上升的。个案中还能发现该幼儿的自信也得到了相应的发展。张春兴将自信表述为："个人信任

自己，对自己所知和所能者具有信心，对自己所做的事或所下的判断不存在怀疑。"[①]个案中 M 从刚开始的"一直做双手拍打沙包的动作"到"说要投到那个壶里"，再到最后的"主动投出"以及"没有投中之后的身体收缩动作""松开双手，微笑着转身走回了座位"，都能够看到幼儿在游戏中随着自信心变化带来的肢体和动作表现的改变。

实际上，根据数年来在实验园所中的观察和实践，中华智慧感统区角中的其他游戏也兼具发展幼儿的感觉统合能力及"仁爱""专注"的积极性格特质这两大功能，并直接地表现在一个个幼儿的变化上。例如：蹴鞠游戏可以发展幼儿的方向感、平衡性、身体肌肉的力量与速度，提升感觉统合能力中的前庭觉与本体觉；还可以发展幼儿的团队协作意识、抗挫能力以及有意注意的持久性，提升"仁爱"与"专注"意识。

正是由于每一款玩教具都具有独特的教育意义，所以教师在利用不同的玩教具进行教学时，需要结合玩教具本身的特性去涵养幼儿良好的性格。譬如：在投壶、射箭等游戏中，教师需要引导幼儿有序排队，在轮到自己时，专注于游戏中，在没有轮到的时候，能够耐心等待；在大型彩虹塔、鲁班树拼装游戏中，引导幼儿以小组为单位，互相帮助，共同完成任务；在小型桌面彩虹塔、鲁班树、鲁班球拼装游戏中，引导幼儿静心探索，在遇到困难时，不放弃，多多尝试。通过针对性的指导，从规则意识、同伴交往能力、专注坚毅的品质、问题解决能力等方面来涵养幼儿的良好性格，同时鼓励幼儿的创造性发挥。

第二节　中华智慧感统区角游戏的设计原则与实施策略

一、中华智慧感统区角游戏的设计原则

（一）创设环境、激发兴趣

良好游戏环境的创设能够很好地激发幼儿游戏的兴趣，而兴趣则是专注做事的重要前提。通过教师创设的环境，充分激发幼儿对游戏的兴趣，幼儿便能专注于游戏中，这正是儿童性格涵养教学法要涵养的性格中的专注的品质。

每一堂活动都需要为了激发幼儿的兴趣创设环境，那到底该如何创设环境呢？以彩虹塔为例，在进行彩虹塔拼搭游戏时，教师可以先用彩虹塔进行创意拼搭，将彩虹塔拼搭成杠铃、颁奖台、爬行区、机器人等，然后通过不同的引导方式激发幼儿的兴趣（如图 7-2 至图 7-5）。

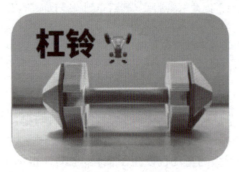

图 7-2　杠铃

图 7-3　颁奖台

---

① 张春兴.张氏心理学词典[M].台北：东华书局，1989.

特色活动之中华智慧感统区角　第七章

图7-4　爬行区

图7-5　机器人

案例 7-2

教师用彩虹塔拼成一个三人沙发，并用不同的方法来激发幼儿用彩虹塔进行拼搭游戏的兴趣。

方法一：具体联想

在拼装的三人沙发上放一个皮休布偶，让皮休①拿一本书，营造出一种看书的场景感。教师引导幼儿以主角皮休为线索进行相关联想，让幼儿看一看皮休在哪里？猜一猜皮休在做什么？联想一下皮休在哪里睡觉、在哪里吃饭，从而激发幼儿兴趣，为皮休搭建床、餐桌等（如图7-7至图7-10）。

图7-6　三人沙发

图7-7　皮休在看书

图7-8　床及床头灯

图7-9　拱形门

图7-10　灶台

---

① 巧手鲁班系列动画和儿童绘本中的重要角色之一，名字来源于上古神兽"貔（pí）貅（xiū）"，在动画片和绘本中，它的本领很强，会帮助小朋友们解决很多问题。

方法二：发散联想

在展示教师拼装的三人沙发后问幼儿：这是什么？是用什么拼的？原来彩虹塔还可以拼装成三人沙发，你想用彩虹塔拼什么？在激发幼儿搭建的欲望后，再为幼儿提供3—4组彩虹塔引导幼儿进行创意拼搭（图7-11）。

图7-11　创意建构

幼儿用彩虹塔塔层进创意拼搭这一活动的结构化程度比较低，更多鼓励幼儿的自由发挥。幼儿可以根据已有的经验创意拼搭出各种不同的作品，如搭建举重员、人行天桥（图7-12、图7-13）等，此时呈现出的彩虹塔搭建作品，也是千姿百态的。

图7-12　举重员

图7-13　人行天桥

在充分激发幼儿对游戏的兴趣后，后期可挑战更有难度的玩法，如高结构游戏"搭建彩虹塔"。儿童性格涵养教学法认为，不同结构程度的游戏，分别具有其不可替代的儿童发展促进价值和社会文化传递价值，教师在日常游戏活动中，不应偏废其一，而是要结合对幼儿的具体观察，结合自身对游戏材料的深入了解，有意识地进行游戏环境的创设、游戏材料的投放和设计。

案例 7-3

教师引导幼儿根据彩虹的七种颜色顺序，搭建七色宝塔（图7-14）。

分析：

游戏"搭建彩虹塔"结构程度高一些，有一定的规则，更能满足幼儿兴趣发展的需求，让幼儿根据自己的兴趣进行游戏，逐步提升不同的能力。游戏中，幼儿需要回忆已认知彩虹七色的顺序，并按照该顺序搭建彩虹塔。虽然结果统一，但过程中却需要充分调用幼儿的颜色和空间认知，也让幼儿进一步了解了中式建筑"塔"的基本结构。

图7-14　彩虹七色宝塔

游戏环境的创设及幼儿兴趣的激发虽不是教学主要环节,但却对整个教学活动有着直接的影响。一个精彩的教学活动,若缺少游戏环境的创设及幼儿兴趣的激发,则活动效果可能会大打折扣,教学目标也很难达到。由此可见,游戏环境的创设及幼儿兴趣激发对教学活动的重要意义。这也正是儿童性格涵养教学法非常强调的,创设游戏的环境、激发幼儿的兴趣。

(二)重视年龄特点,由易到难

皮亚杰在认知发展游戏理论中,将幼儿的游戏分为了三个类型:练习性游戏、象征性游戏、规则游戏。不同年龄阶段,幼儿的游戏发展水平不一样,中华智慧感统区角的活动设计充分考虑了不同年龄幼儿动作能力发展和其他能力发展的相关水平,同时也遵循由易到难的原则。正如苏联著名的心理学家维果茨基在论述最近发展区概念时谈到:"最近发展区强调了教学的本质特征不是在于训练和强化已形成的内部心理机能,而在于激发形成正处于成熟过程中而又未完全成熟的心理机能。"幼儿的学习,正是在已有经验和新的经验不断的交融之中,逐步往前。科学设置的游戏支持系统,也应该有一个循序渐进的过程。在实际的教学过程中,教师可通过提供进阶式的玩教具、创设逐步复杂的游戏场景、设置难度逐层递增的游戏规则等来调整游戏的难度。幼儿不同年龄段特征具体表现为:

小班幼儿处在具体形象思维期,以感知运动类游戏为主,模仿能力较强,但平衡能力、灵敏性、身体力量较弱。因而活动时重在培养幼儿对于体育活动的兴趣,而游戏规则的设定也会相对简单一些。例如,在曲水行舟游戏中,通过按压水泵向宥器中加水,来发现并理解"虚则欹、中则正、满则覆"的现象。

图 7-15 按压水泵

图 7-16 宥器倾斜

视频:
曲水行舟

图 7-17 宥器中正

图 7-18 宥器倾覆

中班幼儿以象征性游戏为主,即用一个东西来假装代替另一个东西。例如,用彩虹塔进行拼搭,用拼搭出的图形来代表"小花""小鱼""小汽车""笑脸"等。中班幼儿可以理解相对复杂的游戏规则,初步建立合作意识,因而,教师可以设置较复杂的游戏规则,并创设合作游戏的情景(如图 7-19 至图 7-22)。

图 7-19　拼图小花

图 7-20　拼图小鱼

图 7-21　拼图小汽车

图 7-22　拼图笑脸

大班幼儿处在规则游戏阶段,能够按照预先规定的规则进行游戏,已经有了一定的同伴合作意识。在肢体运动能力方面,大班幼儿能够较好地控制自己的身体,平衡协调能力都较强,并有一定的力量。例如,在蹴鞠游戏中,练习直线运球、带球过障碍物等。教师在设计游戏时,可以关注一下技能技巧的练习与掌握,如蹴鞠游戏中的两人传球、定点射门等;还可以和幼儿共同商定游戏规则,给幼儿更多的自主合作探索空间,如团队合作小组对抗踢球、足球进隧道等(如图 7-23 至图 7-28)。

视频:
蹴鞠球门&
球框拼装
方法

图 7-23　直线运球

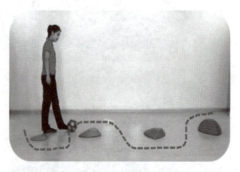
图 7-24　带球绕过障碍

图 7-25　2 人传球

图 7-26　定点射门

图 7-27　2V2 比赛

图 7-28　足球进隧道

儿童性格涵养教学法充分考虑了幼儿的年龄特点,并按照由易到难的原则来开展教学活动。因而在不同年龄段使用同一玩教具组织教学时,教学目标、游戏规则等设置的难易程度会不同。以彩虹塔系列活动之"宝塔建筑师"为例进行说明。

案例 7-4　宝塔建筑师

搭建宝塔（小班）

游戏规则:将彩色圆珠和宝塔拆分开,让幼儿自由选取任意颜色的塔层逐层搭建宝塔。

图 7-29　逐层搭建混色宝塔 1

图 7-30　逐层搭建混色宝塔 2

图 7-31　逐层搭建混色宝塔 3

定色建塔（中班）

游戏规则:将彩色圆珠和宝塔拆分开。幼儿先试着说出彩虹七色,然后按照彩虹七色的顺序或倒序逐层搭建宝塔,或幼儿根据教师指定的颜色找到相应的塔层和彩珠,然后逐层搭建宝塔。

图 7-32　彩虹七色宝塔

图 7-33　取件建塔

视频:
大彩虹塔
拼装方法

取件建塔（大班）

游戏规则:将幼儿均分为 4 组,每组 5—7 人,由每组挑选一名幼儿作为"取件师",一名幼儿作为"建筑师",其他幼儿作为中间传递者。取件师、建筑师分别一头一尾站好,中间是传递者。取件师每次选取一个零件进行传递,最后一名幼儿(即建筑师)进行拼搭,比一比,哪一组搭建得最快?哪一组的设计最好?

分析:

在该案例中,小班的活动目标为将塔建成即可,对塔层颜色顺序没有要求;中班的活动目标为根据教师指定颜色或彩虹七色的顺序建塔,即在建构的基础上,还需要理解教师提出的游戏要求。按照彩虹七色建塔时,在认知彩虹七色顺序的基础上,按照彩虹七色排列塔层,具有一定的逻辑性;大班的活动目标则不单单是建成七色塔,幼儿还需要对建塔时零件摆放的顺序做一定的思考,再有计划地与同伴完成配合。这样各小组幼儿就需要在建塔前商讨建塔方案,找到最优的办法,同时还要分工协作,分别承担取件、传递、搭建等不同的职责,寻求用最快的办法按照七色顺序建成宝塔。

在使用同一玩教具在不同年龄段组织教学时,所提供玩教具的类别也会有难易程度的区分。下面,以"投壶"活动为例进行说明。

案例7-5 投壶

投壶进阶式玩教具的使用:小班使用沙包进行练习;中班使用投壶球进行练习;大班使用壶矢进行投壶。

图7-34 投掷球　　　　　　　　　图7-35 投掷壶矢

分析:

幼儿依次使用沙包、投壶球、壶矢练习投壶时,游戏难度也在逐步增加。由于沙包有一定重量,更容易控制投掷方向,且无弹力,投掷时相对简单;投壶球偏轻,需要把握投掷的方向,投掷时有一定的难度;壶矢有一定长度,且箭头有一定弹性,在把握投掷方向的同时,也要把握投掷的力度,投掷难度最大。因而,在引导幼儿进行投壶游戏时,可以先让幼儿投掷沙包,然后投掷投壶球,最后投掷壶矢。

除此之外,在使用同一类型玩教具组织教学时,所提供玩教具的顺序也会有难易程度的区分。下面,以"解锁鲁班锁"活动为例进行说明。

案例 7-6　解锁鲁班锁

鲁班锁进阶式玩教具的使用：初次游戏时，可尝试解锁鲁班树；有解锁鲁班树的经验后，尝试挑战解锁三色鲁班球；熟练解锁三色鲁班球后，尝试挑战解锁原木色鲁班球。

图 7-36　鲁班树　　　　图 7-37　三色鲁班球　　　　图 7-38　原木色鲁班球

分析：

幼儿依次尝试解锁鲁班树、三色鲁班球、原木色鲁班球时，由于形状、颜色的区分提示越来越少，其拼装难度也在逐步增加，这便是中华智慧感统区角玩教具所强调的，活动设计应遵循的由易到难原则。这样不仅培养了幼儿的兴趣，在由易到难的过程中，也提升了幼儿的综合感觉统合能力。

视频：
三色鲁班球
拼装方法

（三）发挥创意，组合利用

中华智慧感统区角玩教具在设计之初，每一款玩教具都有着很多创意的玩法。教师可以结合地域文化特点、根据实际教具情况引导幼儿进行玩法创新。如大型戏水装置曲水行舟，除了引导幼儿按压水泵观察"虚则欹、中则正、满则覆"的现象、体验三峡船闸的泄洪原理、了解都江堰水利治沙的智慧外，还可以开展更多有趣的水面游戏。下面，以曲水行舟活动之"行进的小船"为例进行说明。

 案例 7-7　行进的小船

幼儿将小船放入水中，通过用嘴吹气、用手拨水等方式，让小船行进起来，可以比一比谁的小船跑得更快。

图 7-39　吹小船　　　　　　图 7-40　用手拨水帮助小船前行

图7-41 不同造型、材质的船

 分析:

该活动可以结合地域特色,折叠当地常见的不同风格的小船进行竞赛,例如:绍兴常见的乌篷船、永嘉常见的舴艋舟、武夷山常见的竹筏等。在船行进的过程中,船底可能会打湿导致沉船,教师还可以引导幼儿尝试用不同材质的纸折叠船(图7-41),如A4白纸、彩纸、水粉纸、珠光纸、卡纸等,试一试哪种纸不容易导致沉船,从而开展不同创意的活动。

中华智慧感统区角玩教具在便于教师进行创意教学的情况下,它的设计还充分考虑了各玩教具之间的组合利用性,即不同类型的活动除了可以独立开展外,还可以根据幼儿发展的水平有机融合在一起,进行搭配游戏,综合发展幼儿各方面的能力,实现游戏材料的开放式组合和有机渗透。

因此,在教师组织游戏活动时,可以结合场地的大小、参与活动的人数,进行具体的搭配调整。下面,以大班"建塔工程师"游戏为例进行说明。

案例 7-8　建塔工程师

组合渗透活动:投壶、彩虹塔

活动准备:教师在起点处放置投壶,在终点处放置提前拆分开的彩虹塔零件。

活动规则:除一位幼儿作为"建塔工程师"留在"基地"等候外,其余幼儿排队进行投壶,投中即可选择一块彩虹塔零件,并交给负责建塔的幼儿,然后返回队尾排队等候投壶。

 分析:

"建塔工程师"游戏以"投壶"作为"通关卡",在幼儿投进后方可进行下一步,即取件搭建宝塔。而取件的顺序则是另

图7-42 投壶取件建塔

一个"通关卡",会直接影响建塔的速度。这种将两个不同类别的游戏组合渗透的方式,不仅可以在投壶游戏中锻炼幼儿的手眼协调性,还可以在建塔的游戏中锻炼幼儿的空间思维,同时促进与同伴协同解决问题能力的发展。

在幼儿已具备投壶、建塔的经验且场地足够大的情况下,可将投壶和彩虹塔结合,鼓励幼儿分工合作共同完成任务。

二、中华智慧感统区角游戏的组织形式

中华智慧感统区角玩教具,作为一套完整、独特的儿童游戏支持系统,其组织形式是多样化的,可以与托育园、幼儿园的多种游戏活动和教育教学环节相结合。譬如:托育园的公共区角活动、班级活动及亲子活动等;幼儿园的集体活动、区角活动、日常活动以及亲子活动等。这里以区角活动、日常活动及亲子活动为例进行说明。

(一)区角活动

中华智慧感统区角玩教具在设计之初就考虑到了园所各个功能区域的需求,且丰富多样,能很好地丰富园所的区角游戏材料。可以和园内建构区、益智区、角色区、生活区、阅读区、运动区等进行有机的结合。

例如:小号木质彩虹塔和鲁班树,由于体积较小,易于单人在手部操作,可以投放在益智区,便于幼儿静下心来探索、尝试,培养幼儿的专注力;大型 EPP 材质彩虹塔和鲁班树,需要的空间较大,可以投放在建构区,便于小组之间合作拼搭,促进幼儿解决问题能力和同伴协作能力的发展;蹴鞠、射箭、皮休投壶和幸福村游戏毯等玩教具,教师则可以根据天气进行投放。晴天时,可以将它们投放在户外操场,让幼儿在阳光中进行游戏;在雨天时,则可以移至室内较大的运动区,让幼儿可以不受天气的影响,每天都能尽情享受运动带来的快乐。

视频:
拼装大鲁班树

(二)其他活动

除了区角活动,中华智慧感统区角玩教具还能用于日常活动或亲子活动中,丰富幼儿的日常生活,同时为亲子活动创造更多互动的机会。

视频:
小彩虹塔珠旋转归位

如举办"亲子创意拼搭活动",为每组家庭提供 2—3 套彩虹塔,让家庭进行创意搭建后展示介绍亲子合作完成的作品,并通过投票的方式选出最具创意的作品,为创意家庭颁奖;举办"亲子闯关活动",为每组提供若干投壶球,由爸爸或妈妈双脚夹住投壶球向前跳跃一段距离后将球运给终点处的幼儿,接着由幼儿进行投壶,哪组家庭最先投中 5 球则获胜。

三、中华智慧感统区角游戏的环节

(一)器械投放

器械投放对中华智慧感统区角游戏有非常重要的影响,是保障活动正常进行的前提条件,也是最基本的条件。合理的投放器械,能在一定程度上保障幼儿的安全、减少其他外界条件的干扰、激发幼儿对该活动的兴趣,让幼儿全身心参与到活动中。

在投放中华智慧感统区角玩教具时,教师需要注意以下事宜:

第一,投放的玩具干净无污染,完整无破损。

第二,投放玩教具的数量与人数适宜,即确保活动中幼儿的参与度,减少空白等待的时间。

第三,投放的玩教具需符合幼儿现阶段特点,即在投放器械时,需考虑幼儿的身高及不同年龄段的能力,从而将器械调整到相应的高度,并设置适宜的游戏距离。

第四,投放玩教具的场地适宜性,即投放的玩教具与场地的密度合适,让每位幼儿有足够的活动

空间。例如,射箭、蹴鞠需要的场地较大,而桌面飞行棋、小鲁班树需要的场地则相对较小。除此之外,还需注意同一场地内其他无关器械的隐蔽,避免分散幼儿注意力。

(二) 玩法引导

中华智慧感统区角游戏非常强调教师在游戏中的作用,在游戏中,教师有着四重身份。

第一,示范者。教师的示范在活动中起着重要的作用。正确的示范动作有利于幼儿学习标准的体能动作,如投壶时的投掷动作;有利于幼儿完成一定的体能动作,如走独木桥时,可张开双臂保持平衡;有利于保障幼儿完成体能动作时的安全性,如前滚翻时,标准的翻滚动作能有效保护幼儿的颈部;有利于向幼儿传达游戏中的礼仪,如竞赛开始和结束时,选手间互相鞠躬行礼;等等。

第二,引导者。教师需要根据幼儿当下的情况予以及时的指导,如彩虹塔珠归位的游戏中,最后一颗彩珠经过多次尝试都不能归位,教师则需及时予以恰当的指导,同时也要根据不同幼儿的发展水平给予不同的指导。如在指导托育阶段的幼儿时,由于幼儿的动手操作能力还在逐步发展中,且处于具体形象思维阶段,则操作示范指导会多一些;在指导大班幼儿时,由于幼儿已经有了很强的动手能力,则语言指导会相对多一些。

第三,鼓励者。教师的鼓励对于幼儿就如冬日中的阳光,有利于建立师幼之间彼此信任、愉悦的关系。教师的情感支持有利于帮助幼儿实现心理需求的过渡,帮助幼儿发展创造力,推进区角游戏的进程,教师对幼儿缺乏情感的支持,会使幼儿容易产生孤独感、无聊感和挫败感。[1] 中华智慧感统区角游戏强调教师对幼儿的情感支持,在活动中教师需要根据具体的观察及时予以情感的支持,如对失败的幼儿予以鼓励,对成功的幼儿予以具体的表扬及肯定。

第四,调控者。有时活动的预设与幼儿当下的发展水平、幼儿的兴趣点会有一定程度的误差,此时教师则需要切实根据自己的观察,结合幼儿的实际情况,从不同的方面,如规则、距离、高度等因素适时调整游戏,确保活动中幼儿的参与度。

教师所扮演的角色,在不同的活动中,侧重点有所不同,教师需要根据具体游戏进行具体调整。例如:在投壶、射箭游戏中,教师需要担当示范者的角色,清晰、完整地示范标准的动作,供幼儿模仿,但并不要求幼儿与教师做得一模一样,切忌刻板。但在彩虹塔搭建游戏中,教师则需要给幼儿更多自主创设的空间,这便淡化了示范者的角色,更多地承担着引导者、鼓励者的角色,并在观察幼儿游戏的基础上,择机提供支持和帮助。

(三) 玩法创新

在幼儿已熟悉现有玩法的基础上,教师可以引导幼儿对玩法进行创新,即幼儿成为游戏规则的制定者、游戏场地的布置者及游戏的参与者。例如:在"幸福村游戏毯"游戏中,除了传统的"飞行棋"玩法,教师可以引导幼儿分组探讨新玩法,如"颜色碰碰",根据指令迅速找到相应的颜色,并跳上去(图7-43)。儿童性格涵养教学法鼓励教师结合自身创意和幼儿的游戏水平,大胆开拓,积极创新。

图7-43 颜色碰碰之寻找红色块

---

[1] 王海荣.幼儿区域游戏中教师的情感支持探究[J].教育现代化,2018,5(1):328-330.

第三节　中华智慧感统区角游戏活动的具体开展——案例分析

以儿童性格涵养教学法为指导的中华智慧感统区角玩教具既蕴含了中华传统智慧，又具有很强的操作性。下面列举了以不同的玩教具为材料，根据不同类型的活动在不同年龄段开展教学的案例。

一、区角活动

下面以中华智慧感统区角玩教具中彩虹塔和小、大鲁班树为例，列举小、中、大不同年龄段区角活动的案例。

彩虹塔融入了极具中国特色的传统建筑塔的外形特征，幼儿在拼插、搭建的过程中不仅能提升感觉统合能力，还能感受中国传统建筑智慧的奇妙之处。以下为"彩虹塔系列活动"之"宝塔建筑师活动"在小、中班区角活动中的运用。

案例 7-9　宝塔建筑师

感统标签：手眼协调和触觉感受

建议年龄：小班

活动形式：□集体　■区角　□日常　□亲子
活动区角：□美工　□表演　■益智　□建构
　　　　　□语言　□科学　□生活　□角色

【关键经验】
尝试用散乱的组件搭建宝塔。
能够发展的感统能力：在逐层建塔的过程中，增强手眼协调性。

【活动材料】
2—4套彩虹塔。

【游戏玩法】
将彩色圆珠和宝塔拆分开，幼儿选取任意颜色的塔层及对应的彩珠，逐层搭建宝塔，如图7-44至图7-49所示。

【观察要点】
● 幼儿能否搭建出彩虹塔。

图 7-44 彩虹塔零件示意

图 7-45 彩虹塔拼搭一层示意

图 7-46 彩虹塔拼搭三层示意

图 7-47 彩虹塔拼搭五层示意

图 7-48 彩虹塔拼搭七层示意

图 7-49 混色彩虹塔拼搭完成示意

【小贴士】
● 小班幼儿进行拼搭时,可能需要几名幼儿协作(可分组进行)。同时,放回塔顶的动作略有难度,需要教师协助。
● 在游戏中引导幼儿轻拿轻放、低声交流,并在游戏结束后进行相应的归位整理。

小班幼儿在操作时,活动的重点在搭建宝塔。中班幼儿在操作时,则可提升难度。

 案例 7-10　定色建塔

感统标签:手眼协调;触觉感受
建议年龄:中班

活动形式:□集体　■区角　□日常　□亲子

活动区角：☐美工 ☐表演 ☐益智 ■建构
　　　　　☐语言 ☐科学 ☐生活 ☐角色

【关键经验】

能够根据指定颜色搭建宝塔。

能够发展的感统能力：在逐层建塔的过程中，增强手眼协调性。

【活动材料】

2—4套彩虹塔。

【游戏玩法】

玩法一：将彩色圆珠和宝塔拆分开。幼儿根据教师指定的颜色，找到相应的塔层和彩珠，然后逐层搭建宝塔。

玩法二：将彩色圆珠和宝塔拆分开。幼儿先试着说出彩虹的七色顺序，然后按照彩虹七色的顺序或倒序逐层搭建宝塔。

【观察要点】

● 幼儿能否根据指定颜色搭建出彩虹塔。

● 幼儿能否了解彩虹七色及对应顺序。

【小贴士】

● 建塔环节可引导幼儿思考：按照怎样的顺序选取零件，才能加快搭建彩虹塔的速度。

● 游戏中引导幼儿轻拿轻放、低声交流，并在游戏结束后进行相应的归位整理。

彩虹塔系列活动之"宝塔建筑师"针对小班、中班分别设置了不同的难易程度，体现了中华智慧感统区角游戏设计的年龄适应性原则。

中国智慧感统区角之鲁班树，是中国古代工匠传统技艺与现代幼儿教育的结合。幼儿在解锁鲁班树的过程中，不仅锻炼了手眼协调性，也在一步步了解古代木艺的精湛和智慧。以下为"鲁班树系列活动"之"拼装鲁班树活动"在大班区角活动中的运用。

案例 7-11　拼装小鲁班树

感统标签：空间知觉

建议年龄：中班

活动形式：☐集体 ■区角 ☐日常 ☐亲子
活动区角：☐美工 ☐表演 ■益智 ☐建构
　　　　　☐语言 ☐科学 ☐生活 ☐角色

【关键经验】

尝试按照拼装图纸拼装出鲁班锁。

能够发展的感统能力:在拼搭小鲁班树的过程中发展空间知觉能力。

【活动材料】

20套小鲁班树。

【游戏玩法】

玩法一:为每位幼儿准备一套小鲁班树零件,如图7-50所示。

图 7-50　拆开零件示意

玩法二:引导幼儿通过观察拼装图纸,不断地尝试,探索拼装小鲁班树。

参考操作步骤如下:

1. 先取有两个大切口的米白色板块垂直放于桌面作为底座,然后取只有一个很小切口的蓝色板块放在底座上方一侧,且切口紧密咬合,如图7-51所示。

2. 取只有一个长长的、大切口的蓝色板块放在底座另一边,使之与前一块形成一个圆形面,如图7-52所示。

视频:
拼装小鲁班
树方法

图 7-51　拼装第一步

图 7-52　拼装第二步

3. 将蓝色板块向下旋转90°,如图7-53所示。

4. 将有一个大切口的米白色板块放在底座上方,使之与底座形成一个树形面,如图7-54所示。

图 7-53　拼装第三步　　　　　　　图 7-54　拼装第四步

5. 将橙色板块分别推进圆形面中间的缝隙内,如图 7-55、图 7-56 所示。

图 7-55　拼装第五步　　　　　　　图 7-56　拼装第六步

6. 将蓝色块向上抬起,使其保持水平,完成鲁班树的拼装,如图 7-57 所示。

【观察要点】
● 幼儿能否通过观察图纸,拼装出小鲁班树。

【小贴士】
● 鼓励幼儿认真观察图纸的顺序,多多尝试,不轻易放弃。
● 在幼儿能熟练地拼装小鲁班树后,可进行计时赛,比一比谁能快速拼装出小鲁班树。

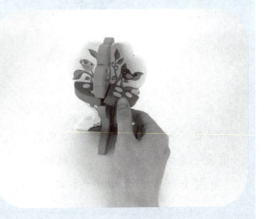

图 7-57　拼装第七步

　　小号鲁班树为桌面操作玩教具,幼儿可在益智区自由选取,并利用榫卯结构原理进行拼装。大鲁班树虽然也是利用榫卯结构原理进行拼装,但和小鲁班树拼装方法略有不同,强调团队协作,更适合投放在建构区,让小组合作探索共同完成任务。以下为在建构区拼装大型鲁班树的案例。

案例 7-12　拼拼乐

感统标签：空间知觉；沟通能力
建议年龄：中班

活动形式：□集体　■区角　□日常　□亲子
活动区角：□美工　□表演　□益智　■建构
　　　　　□语言　□科学　□生活　□角色

【关键经验】
用观察、探索的方法尝试拼装鲁班树。
能够发展的感统能力：在小组合作拼搭大鲁班树的过程中发展空间知觉能力和沟通能力。

【活动材料】
4套彩色大型鲁班树。

【游戏玩法】
将鲁班树拆分开，引导幼儿通过不断的观察、尝试、探索，利用榫卯结构的原理拼装成鲁班树。

- 先取有两个大切口的绿色板块垂直放在地面作为底座，然后取只有一个很小切口的红色板块放在底座上方一侧，且切口紧密咬合，如图7-58所示。
- 将紫色的半树形面推入红色面一侧，使其与底座紧密咬合，如图7-59所示。

图 7-58　拼装第一步

图 7-59　拼装第二步

- 取只有一个长长的大切口的蓝色板块放在底座另一边，使之与红色板块形成一个圆形面，并留出一定的缝隙，如图7-60所示。
- 将有一个大切口的黄色板块放在圆形面上方，使之与绿色底座形成一个树形面，如图7-61所示。

图 7-60　拼装第三步

图 7-61　拼装第四步

视频：
鲁班树
拼装方法

- 将蓝色的半树形面推入红色面另一侧,如图7-62所示。
- 将蓝色面板块向内推,固定各板块。完成鲁班树的拼装,如图7-63所示。

图7-62 拼装第五步

图7-63 拼装第六步

【观察要点】
- 幼儿的拼接方法是否正确。
- 幼儿能否通过互相协作完成拼搭。

【小贴士】
- 中班幼儿在进行拼搭时,可能需要几名幼儿协作(可分组进行)。
- 鼓励幼儿多多尝试,不轻易放弃。
- 在幼儿能熟练地拆拼鲁班树后,可进行个人赛或分组赛,比一比谁能快速拆分并拼装鲁班树。
- 在亲子活动中,如亲子运动会中,可以让幼儿和家长合作进行拼搭。
- 拼装鲁班树对于本体觉较弱的幼儿,有一定的难度,可引导幼儿先尝试拆鲁班树。
- 在课堂戏剧表演活动中,教师可以利用大型鲁班树来布置场景,如小树林、藏书架、装饰物等。

在幼儿能够拼装鲁班树之后(图7-64),还可尝试拼装三色鲁班球(见图7-65)、原木色鲁班球(见图7-66)。除此之外,还可以开展个人或小组赛,例如:在拼装大鲁班树的游戏中,可以为幼儿分组,比一比哪一组用时最短;在拼装小鲁班树、三色鲁班球或原木色鲁班球的游戏中,可以开展个人计时赛,比一比谁用时最短。

图7-64 拼装鲁班树

图7-65 拼装三色鲁班球

图7-66 拼装原木鲁班球

表7-3　拼装达人竞速游戏记录表

幼儿姓名(或小组名称)	完成游戏用时	游戏排名
	___分___秒	

二、日常活动

下面以中华智慧感统区角玩教具中的投壶和幸福村游戏毯为例,列举托育阶段和幼儿园阶段(小、中、大班)日常活动的案例。

中华智慧感统区角玩教具中的投壶将起源于春秋战国时期的投壶,进行了卡通画的改造,变成了背靠莲藕的皮休,同时配以鲜艳的颜色,更能激发幼儿对投壶的兴趣。幼儿在投掷的过程中,能很好地锻炼其上肢操控物体的技能,提高上肢力量,以下为投壶活动在托育阶段和幼儿园小、中班日常活动中的运用。

📖 案例7-13　投壶

视频：
幼儿投壶

感统标签:肢体协调性;视觉空间知觉
建议年龄:托育阶段

活动形式：□集体　□区角　■日常　□亲子
重点领域：□社会　■健康　□艺术　□语言　□科学

【关键经验】
尝试将沙包投入投壶的器皿内。
能够发展的感统能力:在投掷的过程中锻炼肢体的协调性;在瞄准目标的过程中发展视觉空间知觉能力。

【活动准备】
将6套投壶玩具放在教室外走廊或中庭等较空旷的区域,并在地面粘贴不同的投掷距离;沙包。

【活动过程】
在入园、餐后、离园环节,引导幼儿站在起点处向投壶器皿内投入沙包,投掷1—2次后,捡回投出的沙包,并排队有序进行游戏。

【小贴士】
● 托育阶段不同年龄段幼儿投掷能力有一定的差距,可按照年龄段分别设置不同的投掷距离,如75 cm、100 cm、120 cm,让幼儿尝试在最近的线进行投掷,在成功后,鼓励幼儿逐步挑战较远的投掷距离。
● 在日常活动中,教师可进行标准的动作示范,便于幼儿观察模仿。

● 教师在平日的活动中,扮演观察引导者的角色,不干预、不打断幼儿的投掷,同时需要对幼儿的投壶行为及时给到相应的反馈。例如:在幼儿投中时,予以及时表扬;在幼儿没有投中时,予以及时的鼓励,这有助于培养幼儿间的共情行为,形成互相肯定和鼓励的良好氛围。

托育阶段和小班幼儿手臂投掷的能力及瞄准目标的能力正在逐步发展中,可以运用沙包进行投壶;中班幼儿已经具备一定的投掷能力和瞄准目标的能力,可以运用投壶球进行投壶(见图 7-67);大班幼儿能力更强,可用壶矢进行投壶(见图 7-68)。而且,不同年龄段的投掷距离分级别设置。由于在投掷距离研究中,数据多为单一投掷距离的研究,即以投远为目的的研究,与投壶的投掷距离有一定的区别,投壶要求投进,需要瞄准投掷,距离设置会有所区别。在以投远为目的的研究中,幼儿园阶段单手肩上投掷平均距离为小班 450 cm、中班 540 cm、大班 690 cm。[①] 在投壶游戏中,教师可将小班投掷距离分别设置为 100 cm、120 cm、150 cm;中班投掷距离分别设置为 150 cm、200 cm、250 cm。

图 7-67　投掷投壶球示意

图 7-68　投掷壶矢示意

中华智慧感统区角玩教具之幸福村游戏毯是以幸福村场景作为背景的游戏毯,将传统桌面飞行棋变成大型地面游戏。游戏时,幼儿在毯面站立、走、跳等,能够很好地锻炼大肌肉群的发展,提高身体的协调性和平衡性。以下列举了"幸福村游戏毯系列活动"之"飞行棋活动"在大班日常活动中的案例。

案例 7-14　幸福村游戏毯

感统标签:前庭平衡觉;本体觉
建议年龄:大班

活动形式:□集体　□区角　■日常　□亲子
重点领域:□社会　■健康　□艺术　□语言　□科学

【关键经验】

能够根据投掷点数,按照规则行进。

能够发展的感统能力:在弹跳的过程中发展前庭平衡觉和本体觉。

---

① 庄弼.幼儿园体育活动大纲[M].广州:广东高等教育出版社,2006.

【活动准备】

4套游戏毯,多人开展活动的空间。

【活动过程】

- 2—4个幼儿一组,在起点处分别投骰子,如图7-69所示。

图7-69 投骰子示意

- 投到几点则前进几步,并停在原地,等待他人投掷前进后轮到自己时,再进行投掷。
- 行进过程中,需要根据幸福村游戏毯固定块上的"后退、过桥"等提示做相应的调整。
- 按照到达终点的顺序决定该轮游戏的名次。

【小贴士】

- 在投掷骰子时,幼儿需要耐心等待并按照投掷的顺序行进。
- 在行进中,注意避让他人。

视频:
幸福村游戏
毯玩法演示

三、亲子活动

下面以中华智慧感统区角玩教具中的蹴鞠为例,列举了托育阶段和幼儿园阶段(小、中、大班)亲子活动的案例。

蹴鞠运动,兴起于春秋战国时期,兴盛于汉魏时期,在唐代发展到了高潮,最终在宋代达到了巅峰,距今已有两千三百多年的历史,是中国古代最受欢迎的体育项目之一。[①] 中华智慧感统区角游戏系统,将这项古老的运动做了现代化的改造,运用在幼儿教育中不仅能让幼儿感受运动的快乐,还能很好地发展其动作的协调性和灵活性,培养幼儿立足于社会的责任感、规则意识、公平竞争意识等,促进身心健康发展。

案例7-15 射门高手

感统标签:协调能力;空间知觉

建议年龄:托育阶段、幼儿园阶段

---

① 宛霞,邢淑英.宋代蹴鞠运动对中国现代足球的启示[J].体育文化导刊,2017(8):174-178.

> 活动形式：□集体　□区角　□日常　■亲子
> 重点领域：■社会　■健康　□艺术　□语言　□科学

【关键经验】

在亲子合作中完成运球、射门等一系列动作。

感受亲子蹴鞠的快乐。

能够发展的感统能力：在运球过障碍的过程中发展身体运动能力；在射门的过程中发展空间知觉能力。

【活动准备】

4组蹴鞠球门及球；过河石；奖状。

教师提前在园所操场或大型活动室摆出起始线、过河石、射门线及蹴鞠球门。

【活动过程】

1. 每轮四组家庭进行比赛，家长在起始线运球绕过过河石，并将球交给幼儿，如图7-70所示。

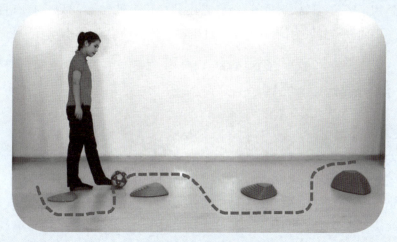

图7-70　S型运球示意图

2. 幼儿接球后在射门线进行射门，如图7-71所示。

图7-71　射门示意图

3. 记录每组家庭射进5球的时间,用时最短者胜出。
4. 教师为用时最短的前三组家庭颁发"射门高手"奖状。

【小贴士】
● 蹴鞠运动需要借助脚来使球动起来,若出现用手帮助球运动的情况,则属于犯规,需要从起点重新出发。
● 教师可以根据园所现有物料对活动材料进行一定的替换和调整,如用雪糕筒、轮胎等来代替过河石。
● 在射门时,提醒幼儿不着急,瞄准后再射击。

亲子蹴鞠游戏中,教师可以根据幼儿的年龄来调整游戏中的分工,例如:托育阶段幼儿可定点射门;小班、中班幼儿可以尝试沿直线运球一段距离后射门;大班幼儿可尝试运球过障碍物后射门,且教师可按照不同的年龄段分别设置射门距离。

以上列举了中华智慧感统区角玩教具在托育阶段和幼儿园阶段中区角活动、日常活动及亲子活动开展的案例。作为一套便于幼儿了解传统文化、促进感觉统合能力发展的玩教具,中华智慧感统区角玩教具不仅仅适用于区角、日常、亲子等活动,它还具有其普遍意义,可以支持有目的、有意义的集体活动的开展。下面以彩虹塔为例,列举了彩虹塔在集体活动中的应用。

案例7-16 彩虹"魔方"

感统标签:手眼协调;触觉感受
建议年龄:大班

活动形式:■集体 □区角 □日常 □亲子
重点领域:□社会 ■健康 □艺术 □语言 □科学

【活动目标】
了解彩虹塔珠归位的方法,如转一转、推一推。
对彩虹塔珠归位游戏感兴趣。
能够通过小组合作的方式帮助彩珠归位。
能够发展的感统能力:在帮助彩珠归位的过程中提高手眼协调性;在触摸颗粒塔层、推动塔层旋转的过程中促进触觉发展。

【活动准备】
不少于4组打乱彩珠颜色的彩虹塔。

【活动过程】
● 教师呈现打乱彩珠颜色的彩虹塔,使每层彩珠的颜色与塔层颜色不一致。
● 教师邀请3—4名幼儿通过快速的手眼协作,用双手转动彩虹塔各层,并拨动彩珠调整其位置,使原本杂乱无序的彩色圆珠滑动至对应颜色的塔层上,如图7-72所示。

图 7-72 彩珠归位示意

- 教师将幼儿分成 3—4 组,并为每组幼儿分发一座打乱彩珠颜色的彩虹塔,鼓励小组协作帮助彩珠回到正确的位置,即每层彩珠的颜色与塔层颜色一致。

【小贴士】
- 游戏难点在于转动不同的塔层为彩色圆珠找到归位路径,教师可以鼓励幼儿多多尝试,并给幼儿提供必要的帮助。
- 游戏可单个幼儿进行,也可鼓励多名幼儿利用多组彩虹塔开展比赛,比一比哪一组用时最短。

表 7-4 百变彩虹塔竞速游戏记录表

幼儿姓名(或小组名称)	完成游戏用时	游戏排名
	___分___秒	

- 在游戏过程中,教师可引导幼儿相互合作、礼让,感受共同努力完成挑战的快乐。

中华智慧感统区角游戏活动在园所中应用的形式是多种多样的,教师可以根据园所的实际情况进行选择和调整,从而找到最适合自身园所幼儿发展水平和实际情况的活动形式。

思考与实训

思考模块:
中国古代六艺背后的礼仪与规则,对现代儿童游戏有怎样的启发?

实训模块:
请结合本章游戏活动设计原则,以彩虹塔为例设计 1 个创意亲子游戏并在实训园所开展。

第八章 幼儿园、家庭合作共育

> **本章学习任务**
>
> 任务1：深刻理解并能阐述家庭教育对于儿童性格养正的重要作用。
> 任务2：掌握儿童性格涵养教学法中，家庭培养幼儿良好性格的原则和策略。
> 任务3：在实践中，能够通过与家长的积极沟通、亲子活动策划等，帮助家长和园所共同构建涵养儿童良好性格的有机环境。

第一节　家庭教育对于儿童性格涵养的重要作用

案例 8-1

商场里，一个三四岁左右的小男孩，在餐馆里和家人一起吃饭。服务员上菜时，不小心把他的玩具小车碰到了地上，还没等服务员说对不起，小男孩就从椅子上猛地跳起来，大声冲着服务员喊："你眼睛瞎了啊！"语惊四座。这时，小男孩的爸爸有些尴尬，生气地吼了孩子一句："你怎么说话呢！不说话没人把你当哑巴！"

思考：

这样类似的场景，或许你也见到过。如果说小男孩的言语和行为，让我们觉得诧异并且失望的话，那么，这位年轻爸爸说出的话更让人感觉悲哀，并由此可以想象这个小男孩所接受到的家庭教育环境。学前期的儿童，从他们所听到、看到的环境中进行模仿和学习，构建起他们对人、对事的反应模式，并在日积月累中形成自然而然的习惯。在这个案例中，如果小男孩的爸爸平时待人谦和有礼，能够尊重自己的孩子和他人，也许情况就大不一样了。由此可见，家庭教育对于个体性格养成产生的重要影响。

一、从儒家文化视角看家庭教育的影响

儿童性格涵养教学法，倡导将儒家文化中符合核心价值观的优秀成分融入学前儿童的教育过程，从而培养他们的仁爱之心和专注之性。强调成人要为学前儿童创设充满爱意、涵养性情的良好环境。

而这里的"成人",并不仅仅包括教师,更包括儿童的直接养育者,也就是家长。实际上,在中华文明的历史长河之中,我们对于家庭教育之于儿童人生发展的重要而深刻的影响早有体会,并有先贤和后续的学者、研究者们不断发展与完善。早在先秦时期,孔子和孟子作为儒学代表人物,其自身的成长经历,就充分地体现了家庭教育之于个人成长的重要性,并流传至今。

孔子的母亲颜氏由于受到她饱学的父亲的影响,从小能够识字识礼,有很好的修养。在小孔子三岁丧父时,她就带着孔子离开了鄹邑,到国都曲阜的阙里居住。当时家境相当贫苦,但是她却把孔子外公家的全部书籍都搬运到新家,选三间房子的一间作书房,准备在孔子满五岁的时候教他念书。孔母颜氏在自己家里先收了五个学生,教他们启蒙书籍,然后用学生的学资(五斗小米和一担干柴)养活母子两人。孔母教孩子们习字、算数和唱歌三门功课,同时也教孩子们学习礼节和仪式。小孔子不到六岁就开始跟班学习,由于爱琢磨,肯动脑,记忆力又很出众,喜欢帮助别人,成为同学们的榜样。不到十岁的小孔子,已经学完全部发蒙功课,后来还成为他母亲的小帮手。按照当时的规矩,童子十岁就要外傅(去跟别的老师学习)。孔母就关闭了自己的学堂,把孔子送到城内最好的学堂,学习诗歌、典籍、历史等功课,即被后世称为《诗》《书》《礼》《乐》的内容。当时的学堂属于官办学府,集中了鲁国最优秀的老师,实施非常严格的教育。可以说,孔母的启蒙教导、以身示范和为孔子努力提供的良好教育条件,对孔子以后办私学、兴教育,起到了直接的影响,也正是前期良好的学识、德育和礼仪的积累,才为孔子成为中国历史上最伟大的教育家、思想家奠定了坚实的基础。

如果说孔子的故事已经能很好地体现母亲素养和积极的引导对于孩子的正面影响,那么,家喻户晓的孟母三迁的故事则更加直观地体现了环境的变化对于童年时期个体行为、习惯等的重要影响。

两汉时期的刘向在记叙孟母三迁的故事时写道:昔孟子少时,父早丧,母仉[zhǎng]氏守节。居住之所近于墓,孟子学为丧葬,躄[bì]踊痛哭之事。母曰:"此非所以居子也。"乃去,舍市,近于屠,孟子学为买卖屠杀之事。母又曰:"亦非所以居子也。"继而迁于学宫之旁。每月朔(shuò,夏历每月初一日)望,官员入文庙,行礼跪拜,揖[yī,拱手礼]让进退,孟子见了,一一习记。孟母曰:"此真可以居子也。"遂居于此。

年幼的孟子早先随母亲居住在墓地旁,看到送丧的人披麻戴孝,哭哭啼啼,于是也模仿他们的样子玩起哭号跪拜的游戏,孟母就觉得这里并不适合自己的孩子居住,于是就带着孟子搬到了城里。战国初期,城市商业已经很发达,小孟子又学起了商人做买卖和屠宰猪羊的事,孟母仍然觉得"亦非所以居子也",直到搬家到了城东的学宫对面。学宫作为国家兴办的教育机构,夏历每月初一,官员们都会到这里行礼跪拜,互相礼待,孟子都逐一学习和记住,孟母这才满意和放心。在那样一个年代,孤儿寡母,搬一次家绝非易事,而孟母为了儿子的成长,竟然接连三次搬迁,可见孟母深知客观环境对于儿童成长的重要性,纵然很难,也要不断做出调整。而孟母《买肉啖子》《断机教子》等故事,都让人们看到,良好的周围环境和孟母对教养方式的注重,使得孟子很早就受到礼仪风习的熏陶,并养成了他日后诚实不欺的品德和坚韧刻苦的求学精神,最终成为儒学四圣中地位仅次于孔子的大思想家。这两位对中华文化的发展影响至深的人物的成长故事,十分朴素却又有力地反映了我国古代家庭在处理人与环境关系时的态度:重视客观环境对家庭教育的影响,并设法为子女的教育寻求较好的环境,不断尝试解决人与环境之间可能存在的矛盾,以使它最终达到最有利于子女成长的调和状态。

后来,颜之推在我国第一部系统完整的家庭教育专著《颜氏家训·慕贤篇》中对这种认识更是做了明确的论述:"人在年少,神情未定,所与款狎,熏渍陶染,言笑举动,无心於学,潜移暗化,自然似之……与善人居,如入芝兰之室,久而自芳也;与恶人居,如入鲍鱼之肆,久而自臭也。墨子悲於染丝,是之谓矣,君子必慎交游焉。"指出"人性如染丝",周围的环境对儿童的影响是潜移默化、悄无声息的,但也是十分明显的,而父母,毫无疑问为子女在人生发展的最初阶段,也是性格特征养成的最重要阶段提供了最直接的环境。

二、从中外研究看家庭教育之于儿童性格涵养的重要作用

如果说儒家学说穿越千年的古老智慧在最初就为良好家庭教育的环境和方式指明了方向,那么后来的东西方学者的持续研究,则为家庭教育对于儿童性格发展的影响以及对他们未来人生幸福所产生的积极作用,做出了更加深入和细化的探讨。

(一)家长作为养育者是子女直接的模仿对象

首先,家长作为子女亲密的养育者和日常生活的照料者、行为的引导者,他们的一言一行,为幼儿行为习惯的培养,提供了最直接、最鲜活的模仿对象。儒家学说认为正己才能正家,只有家庭施教主体修养得法,才能培育出良好的家风。[①] 说的正是这个道理,所谓行之以躬,不言而信。[②] 如果一个家庭中,父母的性格暴戾乖张、自私冷漠,对待孩子和自己身边的人呼来唤去,那么孩子生活在这样的环境中,又从何去获得正确、适宜的行为榜样和引导? 这是一个显而易见的道理,也是儿童性格涵养教学法十分强调的要点。在这一方面,美国著名心理学家阿尔伯特·班杜拉(Albert. Bandura)在其所提出的社会学习理论中就有系统论述:人的成长和知识获得是在不断的观察和模仿他人的过程中进行的。学龄前儿童心理发展过程中的一大重要特征就是强烈的好奇心、求知欲和好模仿,因此父母的教养行为在无形中会直接影响儿童各方面的发展。

(二)家庭因素从不同角度影响儿童的性格形成

1. 从发展科学的角度看家庭之于儿童性格的影响

从发展心理学的角度看,大量实证研究证明:家庭对于儿童在与他人关系中表现出来的观点、情感、态度和行为等方面发挥着巨大而权威的影响作用。应该说,各种家庭因素,如父母教养方式、家庭气氛、依恋关系等都不同程度地影响着儿童社会性发展。[③]

国外研究者,如最早研究父母教养方式对儿童社会化影响的美国心理学家珀西瓦尔·西蒙兹(Percival M. Symonds)就提出了亲子关系中的两个基本维度:一是接受-拒绝,二是支配-服从,以此来说明父母的教养方式对孩子的影响。西蒙兹的研究发现:被父母接受的孩子一般都表现出社会所需要的行为,如情绪稳定、兴趣广泛、富有同情心等;被父母拒绝的孩子大多都情绪不稳定、冷漠、倔强,并具有逆反心理倾向。受父母支配的孩子比较被动顺从,缺乏自信心,依赖性强;让父母来服从自己的孩子表现为独立性和攻击性强。之后,日本心理学家诧摩武俊和美国心理学家鲍德温(A. L. Baldwin)等都进行了母亲养育态度与儿童的性格关系的研究,得出了比较一致的结论(如表8-1)。[④]

[①] 王永祥.儒家家庭教育思想研究[D].兰州大学,2017.
[②] (宋)欧阳修.连处士墓表,https://baike.baidu.com/item/%E8%BF%9E%E5%A4%84%E5%A3%AB%E5%A2%93%E8%A1%A8.
[③] 方建移,何伟强.家庭教育与儿童社会性发展[M].杭州:浙江教育出版社,2005.
[④] 张丽华.父母的教养方式与儿童社会化发展研究综述[J].辽宁师范大学学报,1997(3):20-23.

表 8-1　母亲教养态度与儿童的性格特征

母亲态度	孩子的性格特征
支配	消极、缺乏主动性、依赖、顺从
干涉	幼稚、胆小、神经质、被动
娇宠	幼稚、被动、神经质、温和
拒绝	反抗、冷漠、自高自大
不关心	攻击、情绪不稳定、冷酷、自主
专制	反抗、情绪不稳定、依赖、服从
民主	合作、独立、温顺、社交

中国当代的心理学研究者则更多地开始考虑到社会文化对亲子关系的影响,在借鉴国外研究成果的同时,加强了亲子关系本土化的研究,并利用大量的本土数据,从多个维度验证了家长的教养方式对儿童社会性发展的重要作用。例如,张建新运用因素分析法将家庭教养方式分为四个类型:理解鼓励型、过分约束型、冷漠专制型和限制保护型。理解鼓励型父母大多与孩子较为亲切,孩子做事或遇到困难都会积极鼓励和帮助。过分约束型的父母会给孩子诸多约束,无论孩子的作息时间,还是看的电视节目,甚至吃什么样的零食都要由他们来安排。冷漠专制型父母基本不太在意孩子遇到的困难和问题,或者不顾孩子的感受,强迫孩子按照自己的意愿做事。限制保护型父母对孩子的去向以及活动追根问底,不给孩子自主活动的空间。他进一步用适合中国文化背景的人格量表 CAPI 探讨父母教养方式对青少年人格的影响,发现积极的父母教养方式有利于儿童形成健康的人格特点和良好的人际关系。[1] 有研究者也发现 3—6 岁儿童在社交能力、自主能力、独立性、同情心等社会适应性特征方面与儿童的家庭教养存在相关关系。[2] 杨丽珠考察了中国城市中幼儿父母教育观念的类型及其对幼儿个性的影响,认为家庭教育反映出中国传统文化的价值体系,中国文化通过影响父母的教育观念而影响幼儿的个性发展。[3]

可以说,无论家庭之于个体发展的影响研究的学术切入点如何转换,研究的学术话语在概念上如何表述,其实都是在从不同角度,更为精确细致地印证着中国儒家智慧中,关于家庭教育环境对童蒙养正至关重要的作用这一朴素而真切的道理。

2. 从儿童德育的角度看家庭之于性格的影响

如果从道德教育的角度看,家庭对于儿童性格中分享、谦让、他人意识等"道德"维度的影响有着极为重要的作用。瑞士教育家裴斯泰洛齐就指出:对儿童的德育基础应在家庭奠定。应对儿童实行"爱的教育"。他认为儿童对其他人的爱起步于对母亲、对家人的爱。因为母亲会本能地照料、爱以及及时适当地满足孩子需求,得到关怀的孩子内心便会感到快乐,这样爱的情感便在孩子的心里萌芽了。20 世纪后,苏联教育家马卡连柯亦认为,家庭是教育儿童最适宜的场所。训斥和说教是最没有效果的。这些观点,其实在当前人们所熟知的意大利教育家蒙台梭利的教学理论,在艾米·皮克勒博士(Emmi. Pikler)的 0—3 岁婴幼儿照护理论,及在美国著名婴幼儿教育专家玛格达·嘉宝(Magda. Gerber)等人的观点和实践中,都能找到共同的影子。同时,我国有学者更是准确地提出:道德教育要从最基础层次开始,应当从怜悯、同情、爱等开始;过去我们的教育从最高层次讲得很

---

[1] 王中会,罗慧兰,张建新.父母教养方式与青少年人格特点的关系[J].中国临床心理学杂志,2006(3):315-317.
[2] 印小青.家庭教养方式与儿童发展关系研究综述[J].学前教育研究,2004(10):49-50.
[3] 邹萍,杨丽珠.父母教育观念类型对幼儿个性相关特质发展的影响[J].心理与行为研究,2005(3):182-187.

多,一开始就讲爱祖国、爱民族。其实,我们要从基本的教起,比如爱妈妈、爱同胞,而且爱是要自己体验的。奥运会志愿者到奥运赛场体会到了爱国情怀,比之前教多少遍要他爱祖国都管用,所以我们要从最基本的教起,要从爱母亲、爱同伴、爱大自然开始。幼儿教育时期是培育情感最好的时期。情感教育要按照幼儿情感发生的时序、心理和生理年龄及特征进行培养,不同的情感品种具有不同的萌发时序。[①]

这种强调道德认知和情感教育要从幼儿做起,从他们身边的经验体验做起,由小见大,推己及人,正是儿童性格涵养教学法所倡导的。儒家文化中的仁爱精神,讲"己欲立而立人,己欲达而达人""己所不欲勿施于人",都是推己及人的。儿童性格涵养教学法对幼儿性格中良好特质的培养,也正是从引导他们爱自己、爱家人开始的,而后推及对周围外物、对自然、对社会的爱。可以说,儿童性格涵养教学法对于儿童仁爱、专注的良好性格特质的提出和解读,对于将家庭教育环境的构建作为儿童性格涵养教学法落地的重要一环的建议,都是在对儒家文化的优秀成分进行深入研究,并将之进行现代化的学术创新之后系统提出的。它既肯定和重视了家庭教育在这个过程中不可替代的作用,又引导良性的家庭教育与幼儿园的教育、与社区的教育的联动,真正为幼儿创造涵养良好性格的环境。

3. 从生态的角度构建家、园、社会一体的性格涵养环境

1979年,布朗芬布伦纳出版了著名的《人类发展生态学》一书,提出了人类发展生态学理论,认为个体发展的环境是一个由小到大、层层扩散的复杂的生态系统,具体包括微观系统、中间系统、外层系统以及宏观系统等,每个系统都会通过一定的方式对个体的发展施加影响。他认为"发展是人与环境的复合函数",即 D=f(PE)。其中,D 指 Development(发展),P 指 People(人),E 则指 Environment(环境)。这一理论说明了儿童的发展受到与其有直接或间接联系的生态环境的制约,教育研究者和实践者应该从幼儿园与家庭、社区的相互关系中来研究影响儿童发展的因素,改善儿童成长的环境。[②]儿童性格涵养教学法则提出,培养儿童"仁爱""专注"之良好性格的手段,应该是涵养式的。在性格涵养教学法中,"涵养"是个动词,它有三层意思:①为幼儿提供一个正面的成长和学习环境,让幼儿从头发梢到脚后跟都完完全全"浸泡"其中,帮助幼儿形成积极的性格;②这个环境具有有机性,家庭、园所、社区乃至更大范围的社会都是幼儿获得良好性格的影响因素,它们彼此交织、相互作用,共同影响着幼儿的身心发展过程,而处于同一滋养环境下的不同个体,因其兴趣、选择不一样,其收获也是不一样的;③性格涵养是以温柔的、润物无声的方式来传递和实现的,而不是强制粗暴的方式。应该说,儿童性格涵养教学法提出的涵养环境的创设理念,与布朗芬布伦纳的理论,在对于儿童成长环境的解释上有着共通性,都具有生态的视角。不同的是,儿童性格涵养教学法用中国传统文化的智慧,形象地用"涵养"一词,概括了儿童成长中一切由近及远的环境因素。儿童之于环境,如鱼儿之于水。水中的各个构成要素,在涤荡流动、互通互融,更加形象地表达了儿童成长的各种环境因素之间复杂的交互作用;儿童性格涵养教学法重视后天积极环境的构建而不仅仅是对客观环境和其之间关系的描述;更重要的是,强调以润物细无声的方式,育人、化人,培养幼儿的良好性格,为家长如何对待孩子、教师如何对待学生提出了一个具体的方法论。

[①] 解艳华,朱小蔓.至情至性投入情感道德教育[N].人民政协报,2008年9月10日,第C03版。
[②] Bronfenbrenner, U.(1979). *The ecology of human development: Experiences by nature and design.* Harvard University Press: 209-294.

第二节 家庭教育原则

儿童性格涵养教学法认为,家庭是教学法实施中不可缺少的环节,它与其他因素共同构成了涵养幼儿性格的外部环境。亲密、安全、充满爱的亲子关系更是幼儿感知外部世界、探索外部世界和建立联系的基础。因此,家长就需要从幼儿来到这个世界上开始,用心为幼儿创设一个温暖的、充满爱意的环境,其中既包括了成人自己的榜样示范作用,也包括了成人如何回应幼儿的需求,让他们感受到关注和爱护,同时还包括家人之间和谐关系的构建。具体而言,家长需要掌握以下原则,这些也是实施儿童性格涵养教学法的幼儿教师需要向家长们传递的要点。

一、成人应以身作则,为幼儿树立榜样

构建涵养仁爱之心、专注之性的环境的首要原则,是家长的"以身作则"。家长应以自己的一言一行为幼儿良好行为习惯的养成,提供榜样,发挥示范作用。如前文所述,0—6岁的儿童,对外部世界充满了探索欲和好奇心,其模仿能力更是不容小觑。出生不到72小时的婴儿便会张开嘴巴伸出舌头来模仿成人。所以,新生儿带着一种通过模仿他人的行为来进行学习的基本能力来到世界上,并具有着主动的倾向性。通过模仿他人,婴幼儿也可以慢慢地让自己站在他人的立场来换位思考,以理解对方的感受。在通过自己模仿去了解他人的同时,也会通过感受他人的内心活动来塑造自己的性格。"蓬生麻中,不扶而直;白沙在涅,与之俱黑。"一个小生命自来到这个世界上开始,便受到原生家庭、学校环境、社会环境、文化环境等的影响,正面的环境对人性的影响如麻之于蓬,生于其中,不扶而直;负面的环境对人性的影响如涅之于白沙,位于其中,与之俱黑。幼儿可通过模仿家长和教师来掌握和学习日常生活的规范,树立良好的日常行为,同时改掉不良的习惯。[①] 家长若想幼儿有良好的言行,自己就要成为好的示范者,为幼儿提供良好的涵养环境,潜移默化地影响幼儿。正是明白了这个道理,我们才为本章开篇的时候所举案例中的小男孩的父亲感到惋惜,倘若他能够思考自己给儿子带来了怎样的影响,以身作则,那么小男孩也就更有可能拥有一个滋养生命、培育良好性格的童年。

无论是0—3岁的婴幼儿,还是已经进入幼儿园的3—6岁儿童,家长都可以通过在家中的一日生活环节,来充分发挥自己的榜样示范作用。例如:早上起床,父母是否会神情愉悦地跟孩子道"早上好"? 还是会不停地催促孩子"快点快点",神情气愤不满? 全家人吃饭,父母是否会围坐一桌,愉快专心地吃饭,不会嘴里含着食物大声交谈,也不会随意浪费食物? 在家庭中,父母是否能够做到彼此恩爱,相互关心,为彼此挤一次牙膏,送一杯热茶,时不时说一句"你照顾宝宝真是辛苦了"之类的话? 在家庭物品整理中,父母是否能够做到认真铺床叠被,保持家中环境干净整洁? 父母是否能够每天有1个小时左右的专心阅读时间或者用来提升自己的学习时间? 可是在实际生活中,我们得到的答案却不尽如人意,很多父母会抱怨自己的孩子从小习惯不好,缺乏他人意识,乱扔物品,到了大班或者幼儿园,根本坐不住,他们忘记了自己一边让孩子专心搭积木,一边只顾吵闹看球,或者埋头玩手机的场景。

---

① 朱小蔓,梅仲荪.儿童情感发展与教育[M].南京:江苏教育出版社,2012.

这里需要指出的是，0—3岁儿童的大脑神经元正处在非常快速的发展期，他们对于外部世界的感知和理解、模仿能力是超出成人想象的。实际上，新生儿在出生之后的6—8周左右，他们一些本能的、自发的反应就会渐渐变为有意识的行动，开始逐步变成有自主意识的个体。[1] 所以，家长一定不要忽视这个阶段的每一次微笑、每一个细微的声音、每一个积极及时的互动给孩子带来的引导作用。切不可因为认为"孩子不懂"，而忽视了自己的行为可能对孩子产生的长远影响。

二、积极回应，建立家庭内部相互关爱、彼此尊重的关系

一切教育的起点，必始于人与人之间关系的建立。儿童性格涵养教学法所倡导的涵养幼儿的仁爱之心，本身也正是在启迪幼儿获得处理人与人之间关系的智慧。这种智慧的获得，最初的场所必是家庭，源于父母与子女在他们生命早期的互动。犹如一只爱的舞曲，幼儿通过他们的情绪情感、语言和行为等表现出自己的舞步，而成人则以不同的态度、言语和行为等作出反应，润养幼儿的心灵。但是，如果这段舞蹈充满了紧张、不和谐、错乱的舞步，甚至忽视，那么成人和幼儿之间的关系就无法很好地建立，这段舞蹈也将以失败告终。

其实，已经有大量的实证研究表明父母教养方式对儿童的依恋关系和儿童性格形成会产生影响。家庭中独特的人际关系，特别是亲子间建立的依恋关系，往往是儿童在社会环境比如学校和社区中人际关系形成和发展的最初模型。因此，教学法认为，在家庭中构建涵养良好性格的环境，建立稳定、安全、充满爱的亲子依恋关系和家庭成员之间的关系，才能够为儿童性格养正提供正向的浸润和滋养。

需要提醒家长们注意的是，儿童性格涵养教学法所倡导的家庭教养方式，不仅是温暖和充满爱的，更是要注意"度"的把握的。一方面，儒家思想中庸之道的精髓运用在家庭教育中，就应该是讲究协调有度的，一定不是过分的溺爱，而是要有节有度；另一方面，儒家注意到家庭成员间的"亲亲"有可能发展成为溺爱，故强调"知爱与知教"的结合，不能置应有的教育和引导责任于不顾。这其实，与后来实证研究中所普遍认可的"权威型"的教养方式更容易养育出优秀的孩子同样对应。其实，中华民族在育儿问题上的研究，很多基本的原则和道理，早已被提出，而实证科学的发展、教育教学理论的不断完善和深化，一方面验证了传统文化经典中的很多观点，同时也为创造性地继承和发展儒家文化中的家庭教育指导思想，提供了更广阔的视野，更符合现代核心价值观和当代育儿需求的实践指导。

为了真正做到构建积极的家庭亲子关系，并引导幼儿建立起仁爱意识，家长应尽量做到以下六点。

（一）积极地回应婴幼儿的情感表达与各项需求

对需求的及时回应，是让幼儿感受到被关注和被爱的重要途径。比如，3个月的宝宝可能在自己的需求无法得到满足的时候，会大声啼哭，但是这种哭声究竟意味着饿了，还是渴了，或者是尿湿了？这时家长就需要及时、积极地查看，并予以适宜的回应和满足。

（二）保持稳定的情绪，以积极乐观的心态处事待物

如果父母的情绪像坐过山车一样起起伏伏，像演戏剧一样夸张无可预测，那么对于幼儿而言，他们会非常没有安全感，会觉得爸爸妈妈是"变脸王"，成人的脾气毫无规律可言。

---

[1] 丹尼斯·博伊德,海伦·比等.儿童发展心理学[M].夏卫萍,译.北京:电子工业出版社,2016.

（三）构立与家庭中其他成员之间亲密友爱的关系

父母通过彼此之间充满爱、平等、愿意为彼此分担和解决困难的互动，提供良好的家庭心理氛围和涵养环境。在这种平等、充满爱的关系中，幼儿不仅能感受到爱，更能够从家庭获得通往外部世界和未来的力量，知道如何处理自己日后的亲密关系和与朋友、同事之间的关系。

（四）规范家庭中规律的饮食和作息

通过有序、稳定的照料流程来培养幼儿的内心秩序，并在日常的起床、穿衣、吃饭、游戏等环节，引导幼儿注重礼仪礼节，爱惜物品和粮食。幼儿对外部世界的爱意和珍惜、感激之心，也正在这些细节中逐步被培养起来。

（五）有意识地培养幼儿的他人意识，由近及远地进行引导

在幼儿园教学中，教学法将"仁爱"在幼儿的具体教学中拆分为爱自己、爱他人、爱外物（社会）三个维度。其中外物（社会），具体指身边的物品及外部的环境，如社区、社会、大自然。了解了这些，家长就可以引导幼儿从学会保护自己、学会爱惜自己的一个玩具、学会珍惜每一顿饭做起；而对他人的爱，家长可以利用生活里的细节择机开展。例如，妈妈下班回到家，还需要忙着去做饭。这时候爸爸就可以请孩子帮妈妈送一杯水，或者帮妈妈揉揉肩。告诉孩子："妈妈今天上了一天班，很辛苦了，肩膀和腿都很酸了，但是还要给我们做吃的。我们帮妈妈揉一揉，妈妈会很开心的。"当孩子做出了这样的行为，要记得及时予以鼓励，如"你看，妈妈的脸笑得像花一样好看，你给她揉了揉肩膀，她就舒服多了"等。

（六）重视规则的建立，正确处理幼儿的负面行为

一方面，鼓励家长对引起幼儿负面情绪的事件或者问题耐心倾听，寻找背后的原因，给予安抚，教会孩子如何面对困难和处理不开心、害怕等负面情绪。例如，不开心的时候可以先把坏情绪放在一边，让自己和喜欢的玩具安静地待一会儿。另一方面，也希望家长们能够帮助孩子明辨是非，对于关乎安全、关乎道德的诸多具体问题，要建立清晰的、明确的规则。例如，孩子喜欢探索新鲜事物是好事，值得鼓励，但是如果这种探索到了危害自己和他人的人身安全、破坏财物的程度，父母是必须要及时制止的。

三、通过优秀绘本的阅读涵养幼儿的性格

在儿童性格涵养教学法中，无论在家庭教育还是在幼儿园教育中，绘本阅读活动都是十分重要的。自古以来，读书一直被认为是能够涵养性情、扩展认知和视野的重要途径，如"腹有诗书气自华""立身以立学为先，立学以读书为本"。绘本（Picuture Book）因其图文并茂的设计，充满童趣的故事语言和画面的创意表达，被认为是最适合幼儿阅读的图书，也是幼儿认知世界和融入社会的重要途径。近年来，中外学者对于图画书在促进儿童语言和认知发展，如提升学龄前儿童语言的词汇丰富性、表达流畅性及想象力等方面的研究非常丰富。但实际上，绘本阅读对于儿童情感教育和社会性发展的促进作用也十分明显。例如，国内学者张彤经过深入研究后认为，绘本的魅力就在于它用儿童可以感知的方式引导儿童对社会意义进行深入理解，利用绘本阅读教育的方式促进幼儿更快实现社会化的过程。[①] 在儿童性

---

① 张晶.传统绘本与数字绘本对幼儿情感教育效果的比较研究[D].华东师范大学,2018.

图 8-1　巧手鲁班系列儿童绘本《香香讲故事》

图 8-2　亲子共读绘本

格涵养教学法中的原创绘本故事，正是突出运用了绘本对于儿童情感教育的价值，让儿童在读故事和理解情节、人物感受的过程中，懂得自爱自信，理解他人的情绪感受，鼓励分享和关爱等（图 8-1、图 8-2）。例如，儿童性格涵养教学法中 3—4 岁年龄段的一本原创绘本《香香讲故事》，它想传递的是"君子不惧"这句论语的含义。但是，对于 6 岁前的儿童来说，不惧怕意味着什么呢？可能是不惧怕黑暗，不惧怕上台表演等。香香就是一个有些害羞，不敢在大家面前表演讲故事的小女孩，故事中的小伙伴们想了一些好办法来帮助她，鼓励她慢慢变得勇敢自信。当看到故事中的香香勇敢地站上台、表达自己的时候，那些正在听故事的孩子们也一定会体会到一种振奋感。因此，家长一定要坚持挑选优质的绘本故事为孩子讲故事，但故事内容要是能够传递真、善、美的价值引导，鼓励良好性格品质的。对于 0—2 岁幼儿，家长可以声情并茂地给孩子讲故事；对于 2—6 岁的幼儿，家长可以和孩子一起共读。已经有研究表明：采用亲子共同参与阅读绘本的方法有助于幼儿更好地理解不同的情绪变化与各类行为方式，对于幼儿语言能力提升具有重要作用，并且能帮助幼儿更准确地表达自身的感情，这种亲子共读的方式能帮助幼儿建立健康、良好的情绪管理模式。当然，在进入了幼儿园大班之后，幼儿养成了良好的阅读习惯，具备了基本的自主阅读能力，家长也可以鼓励幼儿的自主阅读，为进入小学阶段的学习奠定基础。同时，家长需要了解阅读对于儿童性格涵养的作用，包括对于语言和认知发展的促进，都不是一朝一夕可以见效的，而是需要成人对儿童的鼓励和每日不断的坚持。

四、有意识地培养幼儿的专注能力

专注能力意味着儿童能够对某一个活动、某一个目标保持相对长时间注意的集中，并有遇到困难还能不断坚持的能力。在婴幼儿阶段，由于无意注意占优势，有意注意尚处于发展期，所以，对于幼儿专注能力的培养就更加需要依据他们的年龄特点来展开，家长平时可以注意做到以下四点。

（一）保障幼儿的身体健康和规律的日常作息

根据已有研究，体质比较弱的幼儿专注时间会相对较短，生活没有规律的孩子，注意力也更容易分散。因此,家长需要为幼儿提供均衡的营养,增强体质,并让幼儿作息时间有规律,保证睡眠时间,这样才能有助于提升其专注力。

(二) 重视幼儿选择玩具和活动的自主性

专注的行为表现,一定是源于内部的兴趣驱动,它是自发的、内驱的。因此,兴趣是最好的老师。特别是0—6岁的儿童,没有兴趣驱动的活动,都是不可长久的。所以,家长千万不要强硬地要求幼儿在他们不感兴趣的活动上去表现出专注和坚持,短时间也许可以实现,日复一日则会不利于儿童学习的主动性、长久的专注力的发展。

(三) 尽量不打扰幼儿的专注探索和游戏

当幼儿在从事一项具体的活动的时候,尽可能地为他们排除一切干扰因素,让他们能够安静专注地玩或者探索。比如,很多家长总是会喜欢在幼儿专心拼图或者搭积木的时候,去问:"宝宝你要喝点水吗?""来,把这个苹果吃了!"或者在幼儿吃饭的时候,总是让他们边看电视边吃,或者是边吃边玩。类似这些家长在日常养育中会不知不觉做出的行为,会造成幼儿注意力分散的习惯,时间久了,幼儿也就不容易有沉下心来的定性了。

(四) 陪幼儿开展一些能够帮助提升专注力的活动

家长可以有目的地选择一些针对性的活动。例如,手工活动、拼图游戏、剪纸折纸等。无论是手工活动,还是拼图、剪纸折纸等(如图8-3),它们的共同特点首先在于能够激发幼儿的兴趣,让他们乐于参与;其次,需要调用幼儿的手眼协调,让幼儿在注意力十分集中的情况下进行观察、辨别、拼贴、折叠等,这让幼儿能够在有意注意维持的时间之内将多重感官集中于一个具体活动;同时,这些活动往往能够导向一个具体的作品,在幼儿坚持完成之后,能够给予他们成功的喜悦,这种正面的反馈也符合这个时期幼儿的心理特点。因此,家长还要注意,在上述活动的选择上,一定要选择符合自己孩子年龄特点的适宜难度,让孩子略有挑战但能够完成。最后,在幼儿遇到困难的过程中,要不断鼓励,积极引导,让幼儿坚持到任务结束,那种收获作品和成功克服困难的喜悦也会提高幼儿的自信心,让他们更加愿意去专注、坚持。

图8-3 我们一起做手工

第三节 家园合作的途径与案例

一、家园合作的主要途径

(一) 综合运用三条路径开展家园合作

如果托育园所和幼儿园在实践儿童性格涵养教学法的过程中,想要切实做到将儒家文化中的精神内涵融入日常教育实践,和家长一起构建一个正面引导的环境,就需要帮助家长了解性格之于儿童个体一生发展的重要价值意义;了解儒家文化中优秀的精神内涵在儿童性格涵养教学法中是如何被现代化、创新性地加以运用的;更要了解自己的孩子在园所中是如何通过儿童性格涵养教学法的教学引导,获得五大领域的综合发展和良好性格的。

在家园合作的具体策略上,建议考虑以下三条路径。

1. 以幼儿园教育教学为线索的日常课程活动

通过日常的课程来开展家园合作活动,是儿童性格涵养教学法展开家园合作最主要的途径。其目的主要在于以每一天具体的教学活动为线索,帮助家长了解:儿童性格涵养教学法是如何培养幼儿仁爱、专注的良好性格,同时让幼儿获得五大领域的全面发展的。通过帮助家长了解日常教学主题、参与亲子活动等,使他们成为课程的参与者、环境的共创者。

2. 家长课堂

家长课堂是指园所通过线上和线下相结合的专题活动来帮助家长解儿童性格涵养的重要意义,传递儿童性格涵养教学法的家庭教育原则和具体做法。主要的形式如线上教学法育儿讲座、亲子共读绘本故事打卡活动,线下的家长会、智慧宝盒育儿图书漂流、性格涵养专题工作坊等。

3. 家委会

儿童性格涵养教学法鼓励园所通过有序、有组织的家长委员会(简称"家委会")的形式,来开展性格涵养教学法的实践落地工作。通过家委会的讨论和组织,让家长参与到班级主题课程资源建设、班级管理建议和教学法的节日节庆活动、戏剧表演活动的组织中,最大化发挥家长自发自主参与的积极性。例如,在儿童性格涵养教学法的经典戏剧活动中,家委会就会成为园所戏剧节的组织者,和幼儿一起参与到道具和场景的制作中,甚至是参与亲子演出。

上述三个途径,以课程活动为主线,以教师发起的家长课堂和家长发起的家委会活动为辅助,结合起来开展便能充分引导家庭、园所之间彼此带动,最终建立起一个双向互动的家园共同涵养良好性格的环境(如图 8-4)。

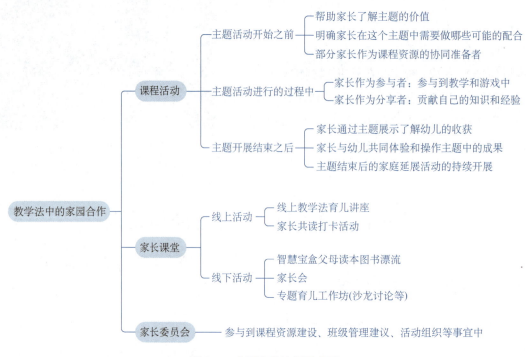

图 8-4 家园合作途径示意图

（二）课程活动中开展家园合作的具体方法

由于儿童性格涵养教学法专用教案是按照主题活动的形式来进行编制的,因此,建议教师在开展每个主题之前,通过"给家长的一封信"向家长传递"为什么要开展这个主题的活动,它对于儿童的身心发展、性格养成的积极作用在哪里",以及主题中,家长能够如何更好地配合来实现课程的有效开展。在课程具体进行的过程中,儿童性格涵养教学法为老师们也精心设计了与主题相关的集体教学活动延伸和亲子活动,让家长能够在每一个主题中,作为课程的实际参与者;或者有的家长有一技之长、从事某些特别的职业,比如医生、消防员等,那么,教师可以邀请他们贡献自己的专业知识和经验,到幼儿园给孩子们讲解和演示等。在每个主题开展结束时,儿童性格涵养教学法希望园所和教师能够以主题展示分享的形式,邀请家长一起到园,进一步了解孩子们通过这一个主题的学习和游戏,经验水平发生了哪些变化,掌握了哪些新本领,有哪些引以为傲的作品,有哪些新的疑问和能够在家庭中持续开展哪些活动等,让涵养式的教育能够真的以静水细流的形式,贯穿到幼儿的每日生活中。

在此,我们以小班第一个主题"你好,幼儿园"为例,分别为老师们举例呈现给家长的一封信、亲子活动教案,以及主题分享与展示活动。

1. "你好,幼儿园"主题介绍及给家长的一封信

在每个主题开始之前,年级组长或者教研负责人可以通过主题介绍,向刚接触该主题的教师和家长,介绍这个主题的选择背景、与幼儿现有经验水平的关系、主题内容,以及主题内容是如何运用儒家思想的精髓来涵养幼儿性格的。再通过给家长的一封信传递这个主题的价值,阐明每个阶段孩子可能会遇到的成长问题,以及家长在这个即将开展的教学主题中可以如何做。

案例8-2 "你好,幼儿园"主题介绍

> 幼儿园是幼儿进入社会生活的重要起点,是成长的必经之路,也是幼儿从充满爱的家庭走向充满爱的集体的伊始。从这一刻开始,幼儿将离开父母的怀抱,走入一个全新的世界,开启丰富生动的集体生活,并在这里学会如何与他人相处。在进入幼儿的初期,幼儿要适应学会没有父母陪伴的生活,学会融入同伴和幼儿园环境中,理解活动规则,并积极专注地参与到每一项活动中,同时开始懂得合作与分享。
>
> 在"你好,幼儿园"主题活动中,幼儿可以和老师、同伴一起认识、熟悉和探索幼儿园的环境,发现"幼儿园真好玩";可以通过亲身体验和动手操作,尝试独立地生活,学会自己洗手、吃饭、漱口、穿脱鞋袜等等,感受"我真能干"的成就感;可以通过绘本故事、音乐、游戏等活动,感受"认识新朋友"的温暖与美好。
>
> 这个主题旨在让幼儿喜欢上幼儿园,较快地适应集体生活,结交新朋友,保持较稳定愉快的情绪状态。并在这个过程中掌握简单的生活自理技能,让每一位幼儿都能够快乐地说出"你好,幼儿园"。

案例8-3 "你好,幼儿园"给家长的一封信

亲爱的家长:

你们好!

恭喜您,您的孩子长大了,要上幼儿园了。

从孩子踏入幼儿园的那一刻起,他的生活将有巨大的变化,因为他将不再只面对家中的养育者,而是需要迈出家庭,步入集体,认识他身边社会生活中的人和事。

面对这些变化,孩子们可能会出现"分离焦虑"等消极情绪。唯有尽快熟悉和适应新环境,对园所产生安全感和归属感,孩子们的焦虑情绪才能得以慢慢缓解。因此我们设计了"你好,幼儿园"的系列主题活动,让孩子在开学的第一个月内尽快适应集体生活,感受上幼儿园的快乐。而且,孩子还将学会专注探索、独立自主和关心他人,这些性格特质都会成为孩子一生中最为宝贵的财富,为他的人生奠定坚实的基础。

"你好,幼儿园"的系列主题活动分为三个子主题:幼儿园真好玩、我真能干和认识新朋友。在这一个月内,孩子将熟悉园所和班级环境,了解幼儿园的一日生活流程,逐渐适应集体生活;同时他们还将学习洗手、吃饭、漱口等基本的生活自理技能,学会自己的事情自己做;集体生活绝对少不了人际交往,孩子们将认识新朋友,学会和同伴一起友好地生活与游戏。

当然,为了帮助孩子们平稳渡过分离焦虑期,您与家人的配合支持也非常重要。在此,我们为您提供了以下建议和方法:

1. 家长面对孩子入园也会产生担心、不舍的焦虑情绪,常常会在园所或班级门口久久停留。请您放心,调整好自己的心态,更多地信任老师,不要将自己的焦虑情绪传递给孩子。

2. 当孩子因分离产生哭闹现象时,您可以倾听、接纳孩子的想法,给予孩子拥抱和鼓励,告诉孩子您会在宝宝睡好午觉、吃完点心、做好游戏后来接他,切忌恐吓、威胁孩子。

3. 每天放学后,您可以多和孩子聊一聊正面的内容,例如讲一讲幼儿园里开心的事情,说一说有哪些好玩的玩具,交到了哪位新朋友,等等,让孩子感受幼儿园生活的快乐,给予孩子积极的心理暗示。

4. 配合老师的教育主题做好相关的家园互动工作,如在家里培养孩子的生活自理能力,鼓励孩子自己吃饭、洗手、上厕所等;同时教会孩子大胆地表达自己的感受,或有困难了可以向老师寻求帮助。

我们相信通过这些丰富多彩、生动有趣的游戏活动,经过您与家人的积极鼓励和配合,孩子一定能够很快地适应幼儿园生活,以稳定快乐的情绪去面对新挑战。

2. 主题活动中的亲子活动

随着主题教学活动的开展,教学法为教师提供了一系列可参考的亲子活动创意。这些亲子活动,大多可以与中国传统的节日节庆活动相结合,或者以引导幼儿体会父母之爱,启发父母懂得如何培养幼儿的良好性格为主旨。

案例 8-4　"你好，幼儿园"主题亲子活动之"中秋美食分享会"

【关键经验】

初步了解中秋节及其习俗，体验中秋节的团圆、热闹氛围。

感受与他人分享美食的乐趣，尝试与同伴大胆交流自己的快乐感受。

【活动准备】

巧手鲁班原创节日绘本《中秋节的晚餐》；轻音乐；桌布；餐具；家长提前协助幼儿收集有关中秋节的资料，并与幼儿共同准备分享的美食，尤其是时令性美食，如月饼、水果等；教师提前布置中秋节的相关环创，营造节日氛围（该活动建议在中秋节前后进行，并邀请家长到园参与）。

【活动过程】

1. 幼儿自由交流，说一说对中秋节的认识，自己和爸爸妈妈一起做了哪些迎接中秋节的准备，在这个过程中的感受如何。

2. 教师引导每组家庭分享收集到的中秋节相关资料，了解中秋节的相关习俗和传说故事，明白中秋是一家人和睦团圆、共话亲情的日子。

3. 教师讲述绘本故事《中秋节的晚餐》。

4. 共同分享中秋美食，体验热闹的节日氛围和亲人彼此爱护的美好。

【小贴士】

● 中秋节是中国最重要的传统节日之一。在小班幼儿入园的第一个月，结合中秋节开展亲子活动，除了能让幼儿认识和感受中秋节及其习俗外，也能增强幼儿与同伴、家长和教师之间的情感联系，体验分享的快乐。

● 在活动开展前，教师可以在阅读区投放中秋节相关绘本，在美工区投放轻黏土等材料制作月饼，让幼儿进一步了解中秋节。教师也可以在《我最喜欢的节日》教案中找到更多中秋节相关活动的建议与参考。

3. 主题活动结束时的分享与展示活动

在一个主题结束之后，向家长进行分享和展示是儿童性格涵养教学法中的必要环节。在这个环节中，教师应向家长分享幼儿在该主题里获得的本领、新的经验、创作的新作品，或是学习中发生的一系列"乐学""仁爱""专注"的真实小故事，并帮助家长了解可以如何在家中继续巩固和扩展幼儿已经获得的经验。

 案例 8-5　"你好，幼儿园"主题分享与展示

在"你好，幼儿园"这个主题里，幼儿挥别父母，掌握了照顾自己的方法，探索了幼儿园环境中无处不在的小惊喜，尝试了与好朋友一起友好生活、合作游戏……这些美好的成长和变化，都值得与幼儿的照料者、养育者一同分享。因此，本月的主题月结家长展示中，我们给老师提供如下建议：

入园适应小明星活动：教师和家长配合提供幼儿以不同情绪状态上学的照片和小故事，如刚入园时哭闹不舍，适应幼儿园生活后平静愉快告别的照片。在月末结束的时候，做"入园适应小明星"的奖励。

好性格成长档案：家长提供幼儿在家中自己的事情自己做的相关照片，如自己吃饭、穿脱袜子、背书包等，并捕捉幼儿在礼貌礼节方面的变化。教师将之与平时园内记录结合，共同纳入幼儿成长档案册。

图 8-5　我会自己收玩具　　　　　　图 8-6　我帮妈妈打扫卫生

月结分享会：教师向家长通过视频、PPT 等形式，展示"你好，幼儿园"这个主题中幼儿获得的相关经验，分享平时在集体教学、区角游戏、户外、生活活动等活动中记录的过程性照片和描述，帮助家长了解幼儿在本主题中的收获，并能够配合教师，在家中继续巩固和扩展这些经验。

我带爸爸妈妈逛幼儿园：幼儿带领家长参观班级环境，重点向家长介绍贴自己的"标志"的地方，如放书包的柜子、自己的小床、喝水的地方；家长与幼儿一起根据一日生活路线参观幼儿园，路线如"大门-晨检室-教室-操场-食堂"等，幼儿可介绍自己在该区域会进行哪些活动。

二、家园合作案例实录

在儿童性格涵养教学法家园合作共育的实践中，教师通常会围绕培养幼儿的仁爱之心和专注之性这一目的，以中国传统节日或者儒家文化中的一些经典故事为切入点和题材，开展一系列有趣的、能够调动起家长和幼儿情感体验的活动，让家长和幼儿共同来感受爱、理解爱，从而真正为幼儿的成长创造出充满爱意的涵养环境。这种爱的教育，具有中华民族的儒家文化基因特质，又能够在涵养儿童的性格方面具有切实的可操作性，受到家长们的欢迎。现以教师在乐学乐园开展的中华母亲节半日亲子活动为例进行具体呈现。

案例 8-6 "中华母亲节"①亲子活动

【活动目的】

1. 在中华母亲节,感恩母亲的特殊日子,通过一系列活动帮助幼儿感知来自妈妈的爱、家人的爱,并尝试用自己的方式向家人表达爱,从而涵养感恩父母的意识。

2. 引导父母树立正确的育儿理念,发挥父母在家庭中的榜样作用。

3. 促进家园合作共育,增进亲子情感。

【活动准备】

1. 活动推广准备。

(1) 活动前期通过微信等向家长预告活动、推广报名。

(2) 活动前天用微信等提醒参加活动家长有关注意事项。

(3) 活动前天组建当日活动妈妈群,上传相关活动游戏视频让参加活动家长提前了解活动流程及游戏玩法。

2. 环境、场地布置。

(1) 会议室装饰粉色、紫色气球。

(2) 投影仪海报、KV板报。

3. 物品准备。

(1) 文件用品:签到表、活动通知回执、活动反馈、背景音乐、宝贝在园视频。

(2) 游戏道具:用彩纸打印物品名称,抽奖箱、臂贴、磁写板、勺子、圣女果、棒棒糖、棒棒糖小图片、游戏起点地标桌子、河流岛屿。

(3) 父母沙龙:PPT、表演头饰、表演道具(椅子、手机、iPad)、幼儿在园视频收集。

(4) 烘焙用品:面粉、黄油、白糖、模具、贴纸、围裙、帽子、盘子。

【活动过程】

1. 签到、拍照(可用于该月的环境创设)。

2. 活动前亲子游戏:全家一起猜。

3. 热场节目。

(1) 合唱《连心》。

(2) 开场舞《我爱我的家》。

(3) 亲子律动《全家福》《向快乐出发》。

4. 亲子游戏:甜蜜的果实我们一起来品尝。

5. 家长活动:我是你的引路人。

(1) 情景模拟:不做假妈妈。

(2) 育儿分享:做个真妈妈。

6. 共同活动。

(1) 用PPT和视频分享孔母、孟母育儿之道,家长或幼儿分享自己的事例。

(2) 幼儿祝福感恩视频分享(提前录制幼儿对妈妈和家人的祝福)。

---

① 中华母亲节为每年农历四月初二,即孟母生孟子之日,以赞颂以孟母为代表的中华贤母,表达子女爱母、敬母,对母亲的感恩之心。

(3) 幼儿烘焙:我为妈妈做饼干。

【具体活动内容】

一、亲子游戏:全家一起猜

游戏准备:用彩纸打印物品名称,抽奖箱、臂贴、提示画板。

游戏规则:妈妈抽取纸片获得信息,通过动作向爸爸传递纸片信息,爸爸通过观察妈妈动作在提示板上画出相应物品,幼儿根据爸爸画的内容猜出答案。

二、亲子游戏:甜蜜的果实我们一起来品尝

游戏准备:游戏起点地标、圣女果、勺子、桌子,用感统道具搭建出来的"河流岛屿"。

游戏人数:每轮5组。

游戏规则:幼儿双脚踩爸爸脚上,爸爸和幼儿手拉手,听到口令后,爸爸带着幼儿向前跑,通过障碍时幼儿双脚不能离开爸爸的脚。到达终点后,用幼儿勺子舀圣女果给妈妈吃。妈妈吃下后快速上台取下蛋糕图标,即可获得小蛋糕与爸爸及幼儿分享。每轮游戏放置2张蛋糕图标,取不到蛋糕图标的2名家长则要通过斗鸡游戏来获得蛋糕图标。

三、家长活动:我是你的引路人

【活动准备】

PPT、表演头饰、表演道具(椅子、手机、平板电脑等)、幼儿在园视频收集。

【活动内容】

1. 情景表演:不做假妈妈。

一名教师扮演妈妈,另一名教师扮演幼儿进行情景表演。

情景1:孩子要妈妈陪她一起玩,妈妈正沉迷于看电视剧,便不耐烦地让孩子去玩玩具,孩子哭闹不止。妈妈为安抚孩子,随手给孩子一个平板电脑玩。母子二人一同沉迷于电子产品,表情一致,动作一致。

情景2:引导一名教师扮演妈妈,另一名教师扮演幼儿进行情景表演:逛商场的时候,宝宝非要买玩具,可是家里已经有很多类似的玩具,妈妈不同意买。宝宝在地上翻滚,哭闹。妈妈先是劝说,劝说无效后便责骂、打屁股。

教师引导家长思考:您在家里,是这样的家长吗?您觉得这样做,对幼儿可能会产生什么影响呢?

2. 育儿分享:做个真妈妈。

(1) 专家分析点评案例,并引申孟母三迁、孟母断机杼等育儿之道。

(2) 专家、教师及家长共同讨论与分享家庭教育的经验与心得。

四、幼儿烘焙:我为妈妈做饼干

活动准备:盘子、小叉子、湿纸巾、提前和好的面团、每名幼儿一条围裙和一顶厨师帽、若干张桌布。

【活动内容】

(1) 教师提前和好面。

(2) 幼儿洗手,穿好围裙、戴好厨师帽,在教师引导下利用模印制作饼干。

(3) 饼干烘烤时,教师引导幼儿收拾好材料和厨房。

(4) 为妈妈送上节日礼物——爱心饼干(图8-7)。

图 8-7 我为妈妈做饼干

思考与实训

思考模块：

1. 为什么构建如水浸润的"涵养式"性格引导的环境需要家长的参与？家庭教育与儿童性格养成之间的关系是什么？

2. 儿童性格涵养教学法中，托育园和幼儿园有效开展家园工作共育的具体途径有哪些？

实训模块：

1. 请在"中华母亲节"这一天，参考本章中的活动方案或者自主创设一个活动，开展一个以培养孩子感恩父母的意识为主题的亲子活动。

2. 家园沟通过程中，如果遇到家长无法理解幼儿习惯和性格培养的重要性，质疑幼儿园邀请自己积极参与园所活动的情况，你将采取哪些方法与家长达成共识？可以小组合作，进行场景模拟练习。

3. 请设计一个"中国故事我来讲"的亲子故事大赛活动，并尝试在实训园所落地开展。要求以家庭为单位报名参加，甄选中国优秀传统文化中符合社会主义核心价值观的故事，然后通过亲子配音、亲子戏剧等多样的形式展示和评比，建议增加故事视频通过新媒体平台进行广泛传播和投票，增强文化自信从娃娃抓起的活动影响力。

主要参考文献

[1] 中共中央马克思、恩格斯、列宁、斯大林著作编译局编译:《马克思恩格斯全集》(第42卷),人民出版社1979年版。

[2] 陈鹤琴著:《陈鹤琴全集》(第2卷),江苏教育出版社1989年版。

[3] 董奇、陶沙主编:《动作与心理发展》,北京师范大学出版社2002年版。

[4] 丹尼斯·博伊德、海伦·比等编著:《儿童发展心理学》,夏卫萍译,电子工业出版社2016年版。

[5] 佩里·诺德曼、梅维丝·雷默著:《儿童文学的乐趣(第三版)》,陈中美译,少年儿童出版社2008年版。

[6] 郝广才著:《好绘本如何好》,二十一世纪出版社2009年版。

[7] 周兢主编:《学前儿童语言教育》,南京师范大学出版社2001年版。

[8] 程式如著:《儿童剧散论》,中国戏剧出版社1994年版。

[9] 朱莉·布拉德著:《0—8岁儿童学习环境创设》,陈妃燕、彭楚芸译,南京师范大学出版社2014年版。

[10] 林玫君著:《儿童戏剧教育活动指导:肢体与声音口语的创意表现》,复旦大学出版社2016年版。

[11] 德廖莫夫等著:《美育原理》,吴式颖、臧仲伦、方苹译,人民教育出版社1984年版。

[12] 林琳、朱家雄编著:《学前儿童美术教育(修订版)》,华东师范大学出版社2006年版。

[13] 刘焱著:《儿童游戏通论》,北京师范大学出版社2004年版。

[14] 董奇、陶沙主编:《动作与心理发展(修订版)》,北京师范大学出版社2004年版。

[15] 张春兴编著:《张氏心理学辞典》,东华书局1989年版。

[16] Bronfenbrenner, U. *The ecology of human development: Experiences by nature and design*. Harvard University Press, 1979.

后 记

教育,是人类历史探讨的恒久命题,它关乎人生命本身的启迪、成长和教化,受到来自政治、经济、文化和它所处的历史时代的综合影响。这个过程,伴随着人类历史的进步和社会分工的变化而不断推进,从被人们熟知的家庭教育(经典例证如孟母教子)到后来各种各具特色的教学方法,这是一个从家庭散养到集中照料看护,从重养到更加重育的过程。在这个过程中,人们探索的脚步从未停歇,试图越来越贴近儿童身心发展的规律,为代表人类未来的幼儿提供适宜的教学理论和方法。

19世纪末,意大利人玛利亚·蒙台梭利博士创新性地提出:合适的教育可以代替医疗手段,帮助有心智问题的儿童过上正常的生活。在一所特殊学校工作的实践中,蒙台梭利也的确用教育方式改变了一些儿童的心理健康状况。不久之后,她便离开特殊学校,创立了为贫困儿童服务的幼儿园——儿童之家。

在儿童之家的工作中,她结合实践并广泛吸收来自卢梭、福禄贝尔、裴斯泰洛齐等自然主义、自由主义哲学家和教育家的理论,形成了独特的教育哲学。① 她相信万事万物都有其生长的自然规律,认为初生的婴儿具有"潜在生命力",在生命之初有着生理和心理的"胚胎期"。她主张幼儿拥有特有的"吸收性心性",在此心性下,幼儿最终形成有自我意识的心理,并可以通过这样的自我意识控制自己的肉体。她又提出儿童分阶段的敏感期,强调敏感期内儿童不同能力的飞速发展。② 通过实践,她还指出了"工作"在儿童日常活动的重要性,且提出教师的工作重点不应是灌输知识,而是为儿童提供有准备的环境,帮助儿童自动自发地探索世界。

蒙台梭利多次发表演讲,推广自己的教学成果。她的教学理念被后人总结提炼,形成了蒙台梭利教学法,迄今仍是世界范围内最负盛名的教学法之一,对学前教育产生了极为深远的影响。然而,限于当时科技和研究的发展,蒙氏儿童观的论据支持基本停留在以临床观察为基础的总结层面;蒙台梭利博士本人受当时哲学家伯格森(Henry Bergson)以及自己宗教信仰的影响,也把一些生命现象神秘化了。蒙氏的论述尽管有其道理,却没有科学研究的支持。后人对蒙台梭利教学法的总结和研究多数来自她的演讲,呈现给大众的蒙氏教育观以点为主,并没有太多自成体系的论述。③

四十多年后,意大利的另一个小镇上,瑞吉欧教学法诞生了。当时的意大利刚经历过二战,民生凋敝,百废待兴。法西斯独裁主义瓦解,整个社会充满了变革的气氛。君主制被废除,改为了共和制政体,人民要求一个更为公正、民主的社会。在这一背景下,曾是中学教师的罗利斯·马拉古奇(Loriz Malaguzzi)④

---

①③ 鲍亚.蒙台梭利儿童课程研究[D].南京师范大学,2007.
② 霍力岩.论蒙台梭利的儿童观.中国地方教育史志研究会、《教育史研究》编辑部.纪念《教育史研究》创刊二十周年论文集(16)——外国教育思想史与人物研究.中国地方教育史志研究会、《教育史研究》编辑部:中国地方教育史志研究会,2009.
④ 罗利斯·马拉古奇生于意大利瑞吉欧—艾米利亚的卡瑞吉欧(Correggio),获得乌尔比诺大学教育学专业学位,罗马国家研究中心心理学学位。1946年,作为一个中学教师的他开始进行积极幼儿学校教育活动,与八所"人民幼儿学校"一起工作;1950年,他成立了市心理学研究中心,并在那从事了20多年心理学研究工作。在工作期间,他致力于市早期幼儿教育研究。1963年,他开办了第一所市立幼儿学校,并积极推进了瑞吉欧地区的幼儿学校公立化。在他和当地教师、家长和社区的共同努力下,形成了著名的瑞吉欧幼儿教育法。

和一批志同道合的教育者与家长，在瑞吉欧小镇上开办了第一所瑞吉欧学校。随着战后意大利经济的恢复与发展和妇女地位的提升，社会对托育机构的需求大增，瑞吉欧幼儿园厚积薄发，最终脱颖而出，名扬欧洲，并逐渐传遍全世界。①

瑞吉欧教学法在相当程度上吸纳了以杜威(John Dewey)为代表的进步主义教育思想和以皮亚杰(Jean Piaget)、维果茨基(Lev Vygotsky)为代表的建构主义心理学思想的理论成果，并与本国独特的社会文化背景、教学实践互相融合，形成了自己的教育哲学。

瑞吉欧教学法强调儿童中心论，认为儿童有相当的能力，是自己发展的主人。他们在与同伴、老师和环境的充分互动中，自然地构建自己的知识体系。同时，瑞吉欧教育者们深信儿童有"一百种语言，一百种说话，游戏，和思考的方式"，艺术、体育、语言等等，都可以作为表达自我的媒介，在教育环境中被儿童充分利用。②

和蒙台梭利教学法相比，瑞吉欧在教育观的论述上更为流畅，也去除了宗教性、神秘性的观点。这一时期，对瑞吉欧教育影响颇深的建构主义、进步主义思想，也逐渐引起北美教育界的关注，并最终成为教育界重要的思想。③

时间继续流逝，二十年后在美洲大陆上的另一种教学方法开始萌芽，并逐渐为世界瞩目，它就是高瞻(High Scope)教学法。1960年代，正值美、苏冷战期间。美国决策层中有强烈发展优质教育、培养杰出人才的意愿；同时美国国内也面临着各类问题，尤其是社会中有着相当程度的贫富分化。政府意识到，社会中的贫富不均将对整个国家带来极大的负面影响。在这样的背景下，一套针对贫困儿童的教育、健康、营养的全面服务"佩里学前教育研究计划"(Perry Preschool Program Study)应运而生，在这些计划中发挥作用的教学方法即是高瞻课程的前身。参与"佩里学前教育研究计划"的孩子们接受了长达数十年的随访。访问者们发现，参加过该计划的孩子在短期和长期都明显受益，有着更低的辍学率、犯罪率，和更高的就业率、薪水。社会学者据此认为，优质的学前教育是重要而回报率极高的投资。

随着"佩里学前教育研究计划"和高瞻模式的初步成功，美国联邦政府在1964年推出了"开端计划"(Head Start Project)，也同样沿用了高瞻的教学模式。发展至今，"开端计划"和高瞻模式的不断发展和完善，已经使数千万美国儿童从中受益。④

由于旨在帮助贫困儿童顺利融入社会，最初的高瞻课程偏重对儿童认知能力的培养。在其后的发展中，高瞻课程又加入了对儿童的社会情感能力的关怀与支持、儿童自主学习等要素。今天的高瞻教学法除了支持儿童自主探索，强调良好的幼师互动关系、环境创设等内容，还增加了儿童发展评估、教师培训等完整体系，给多个国家和地区提供了学前教育方案。

和美国文化一样，高瞻课程模式博采众长，融合了许多现代西方优秀的教育理念。但它的核心教育哲学，仍然以杜威、维果茨基和皮亚杰思想为主，认为儿童在自然状态下主动学习，在体验中不断探索，建构自己的认知世界。在这样的教育哲学下，高瞻课程模式中的教师观也与其他西方学前教育流派一脉相承，鼓励教师以儿童为中心，观察儿童，鼓励儿童，给儿童有效的支持，帮助他们自然地发展。

可以看出，不同的教学理论和实践的发展，必根植于它所处的文化历史、政治背景和现实需要，具有其合乎历史、合乎地域的合理性。与以上几种教学法相比，儿童性格涵养教学法是以儒家文化的优

---

① 刘永凤.瑞吉欧幼儿教育法述评[D].华中师范大学，2008.
② 龚楠.瑞吉欧教育观对我国学前教育的启示[J].科教导刊(上旬刊)，2019(12)：146-147.
③ 孙贺群.嬗变与走向：美国学前课程发展变革的历史研究[D].东北师范大学，2011.
④ 闫颖.美国学前高瞻课程模式研究[D].哈尔滨师范大学，2013.

秀成分为指导的，以涵养儿童仁爱、专注的良好性格为目的的系统教育方法。从立足的文化基因上，它的缘起是异于上述诞生于西方的教学方法的，但它却是我们希望通过对儒家文化的创造性继承、创新性发展而奉献给不仅是中国儿童，同时也是世界儿童的一份珍贵的、有温度的礼物。时间倒回到16世纪，利玛窦来到中国传教，后又把儒家文化带到欧洲，影响了西方的启蒙运动。启蒙运动的杰出代表伏尔泰在这一时期深深为孔子的思想所折服，认为中国是注重"天理"的文明国度。他融合以孔子为代表的儒家思想，发起了理性主义的思潮。这一思潮随后影响整个西方的思想。在历史上，东南亚、东亚各个国家也曾在文化政治上深受中国的影响，而这些中国文化因子都可被溯源到儒家文化思想上。① 在文明交流的历史中，儒家思想不仅曾经在世界各地广泛传播，更引发了与当地文化的强烈共鸣。这样的文明碰撞，充分证明了春秋时期的儒家思想是符合人类文明共同价值的，且具有着绵延不断的内在生命力。在信息爆炸和充满不确定性的人类现代社会，我们认为儒家思想中的仁爱意识，不仅能够为个体一生的发展种下最珍贵的种子，更是为教育这一项让人成为人的活动提供了具有全球性价值的启迪。

儿童性格涵养教学法尊重并认可关于儿童发展的理论成果，但同样强调社会文化对教育的深刻影响；尊重儿童的自主性，但同样注重成人为幼儿提供的涵养环境的创设和积极教育引导。儿童性格涵养教学法将性格视为儿童一生成功与幸福的底层驱动，并明确地指出让幼儿具备仁爱之心和专注之性，是学前期的教育应该努力实现的目的。这些观点的创造性提出，不仅站在个体一生发展的角度来看待学前教育，更是站在人类文明和命运的视角，对教育在最基础也是最关键的阶段应有的责任和担当做出了深刻思考。

君子和而不同，儿童性格涵养教学法的研究和发展一定是开放的，但同时也是坚定的。抱着对优秀儒家文化的信仰，我们相信：儒家思想中最优秀、最包容、最符合人类共同价值的核心思想会再次在历史的舞台上发挥它的力量；扎根于儒家思想的儿童性格涵养教学法，也必将帮助更多的儿童获得仁爱与专注的良好性格特质，让他们无论作为个体还是社会的一员，都具备通往幸福人生的能力和为明日世界做出贡献的力量。

编　者

---

① 陈苗.浅谈中国文化对世界的辐射及影响[J].戏剧之家,2020(2):221.

图书在版编目(CIP)数据

儿童性格涵养教学法简明教程/赵先德主编. —上海：复旦大学出版社，2020.11(2024.8 重印)
ISBN 978-7-309-15165-7

Ⅰ.①儿…　Ⅱ.①赵…　Ⅲ.①学前教育-教学法-教材　Ⅳ.①G612

中国版本图书馆 CIP 数据核字(2020)第 123551 号

儿童性格涵养教学法简明教程
赵先德　主编
责任编辑/赵连光

复旦大学出版社有限公司出版发行
上海市国权路 579 号　邮编：200433
网址：fupnet@ fudanpress.com　http://www.fudanpress.com
门市零售：86-21-65102580　团体订购：86-21-65104505
出版部电话：86-21-65642845
上海丽佳制版印刷有限公司

开本 890 毫米×1240 毫米　1/16　印张 12.25　字数 328 千字
2024 年 8 月第 1 版第 2 次印刷

ISBN 978-7-309-15165-7/G·2135
定价：45.00 元

如有印装质量问题，请向复旦大学出版社有限公司出版部调换。
版权所有　　侵权必究